위빠사나 수행자의 근기를 돕는 아홉요인

옮긴이 **김봉이**__ 연세대학교 졸업, 한국 위빠사나 선원 회원
주해자 **묘원**妙圓__ 현재 한국 위빠사나 선원장

위빠사나 수행자의 근기를 돕는
아홉 요인

2009년 1월 10일 1판 1쇄 인쇄
2009년 1월 15일 1판 1쇄 발행

지은이 우 쿤달라 비왐사
옮긴이 김봉이
주해자 묘원

편집 한승희 | 표지 이희재
펴낸이 곽준 | 펴낸곳 (주)행복한 숲

출판등록 2004년 2월 10일 제16-3243호
주소 | 서울시 강남구 논현동 98-12 청호불교문화원 1층
전화 (02) 512-5255 | 팩스 (02) 512-5856
E-mail sukha5255@hanmail.net | http://www.vipassanacenter.com
ISBN 978-89-955675-9-3 (03220)
값 15,000원

잘못된 책은 바꾸어 드립니다.

위빠사나 입문서

위빠사나 수행자의 근기를 돕는 아홉요인

우 쿤달라 비왐사 지음 | 김봉이 옮김 | 묘원 주해

행복한 숲

Publishing Permission Letter

Sayādaw : Ashin Kundalā Bhivamsa
Saddhammaraṃsi Meditation Centre
Yangon, Myannmar

Date : 30. Dec, 2007

We are requesting to translate in Korean language and print as Dhammadana of the book which are written by venerable Sayādaw Ashin Kundalā Bhivamsa.

If Ashin Kundalā Bhivamsa give us permission to translate and publish as Dhammadana, we will do our best to distribute Buddhasasana in Korea.

Kwak Joon
President
Korea Vipassanā Meditation Centre
1-202, Keukdong Apt., Oksu-2-dong
Seongdong-gu, Seoul, Korea

permitted by

Ashin Kundalā Bhivamsa
Saddhammaramsi Meditation Centre

우 쿤달라 비왐사U Kundala bhivamsa는 1921년 미얀마에 있는 윈다카트라는 마을에서 태어났다. 10세 때 와우 사원의 사미승으로 출가하여 12세에 수계를 받았으며, 쉰타 숲 선원과 메디니 숲 선원에서 공부하였다.

1956년에 법사 자격을, 1958년에 또 다른 법사 자격을 얻어 모두 세 곳에서 법사 자격을 얻었고, 메디니 숲 선원에서 20년간 200명의 비구에게 경전을 가르쳤다. 그 후 마하시 사야도의 지도를 받으면서 1년간 수행한 뒤 수행을 지도하는 법사가 되었다. 그리고 1979년에는 '사담마란시 명상센터'를 설립하여 지금까지도 지도스승으로 있다. 현재 이 선원에는 200여 명의 수행자가 수행하고 있으며, 다섯 곳에 분원이 있다. 1998년에는 국가에서 주는 최고의 수행 지도법사의 지위를 수여받았다.

우 쿤달라 비왐사는 수행에 관련된 많은 글을 집필했고, 그의 법문이 책으로 출판되었다. 현재 양곤에 있는 마하시 선원의 지도법사로 있으며, 아시아, 호주, 유럽, 북미 등 많은 국가에 초청받아 수행을 지도하고 법문을 펼쳤다.

서문

이 책은 우 쿤달라 비왐사가 사담마란시 명상센터에서 위빠사나 수행을 하는 열흘 동안 말씀하신 법문 내용이다. 주제는 위빠사나 수행을 돕는 아홉 요인에 관한 것이다.

최근 많은 사람들이 위빠사나 수행에 관심을 가지고 선원을 찾는다. 어떤 사람은 이 위대한 법을 깨닫기 위해 오랜 세월을 선원에서 수행하기도 한다. 많은 사람들이 오랫동안 인내하며 노력함에도 불구하고 깨달음을 얻지 못한다. 여러 번 수행하기를 반복하지만 결국 실망만 안고 돌아가기도 한다.

반면, 짧은 기간 동안에도 법을 얻은 수행자들은 자신의 의식의 연속체santāna에서 일어나는 다섯 가지 강한 힘의 균형을 경험하였다. 많은 수행자들이 이런 경험을 하고 사야도의 가르침에서 큰 도움을 얻었다는 말을 들었다. 이 강의는 바로 사야도께서 설명하신 수행자의 오근五根을 강화시키는 아홉 요인에 관한 것이다.

이 책은 많은 이들이 수행에 도움을 주는 요인에 관한 지도를 받아
법을 얻을 수 있기를 바라는 마음으로 출판하였다.

위빠사나 수행자의 근기를 돕는 아홉 요인

차례

서문__8

1 위빠사나
수행__13

2 위빠사나 수행자의 근기를 돕는
첫 번째 요인__35

3 위빠사나 수행자의 근기를 돕는
두 번째 요인__75

4 위빠사나 수행자의 근기를 돕는
세 번째 요인 I __102

5 위빠사나 수행자의 근기를 돕는
세 번째 요인 II __139

6 위빠사나 수행자의 근기를 돕는
네 번째 요인__183

7 위빠사나 수행자의 근기를 돕는
다섯 번째 요인__225

8 위빠사나 수행자의 근기를 돕는
여섯 번째 요인__243

9 위빠사나 수행자의 근기를 돕는
일곱 번째 요인__294

10 위빠사나 수행자의 근기를 돕는
여덟 번째 요인__301

11 위빠사나 수행자의 근기를 돕는
아홉 번째 요인__343

옮기고 나서__374

위빠사나 수행자의 근기를 돕는 아홉 요인

♣

첫째 요인, 정신이나 물질에서 현상이 일어날 때마다 정지하는
습성이 있으니 그것을 항상 알아차려야 한다.
둘째 요인, 알아차리기 위해서는 공손함과 꿰뚫어보는 마음이 필요하다.
셋째 요인, 한순간도 쉬지 않고 멈추지 않으며 매 순간 알아차림을 지속한다.
넷째 요인, 적절하여 이득이 되는 조건에는 일곱 가지가 있다.
이 일곱 가지는 서로 연관되어 있다.
다섯째 요인, 마음의 집중을 계발하기 위해서는
이전에 집중했을 때 나타난 현상들을 잘 기억해야 한다.
여섯째 요인, 성스러운 깨달음의 요소에 대하여
적절하게 숙고하는 것이 지속되어야 한다.
일곱째 요인, 몸이나 생명 어느 쪽에도 가담하지 않고 공평해야 한다.
여덟째 요인, 알아차릴 때마다 무엇이 일어나든
그 고통은 제압되어야 한다.
아홉째 요인, 수행의 마지막 길에 이르기 전에는
두 손을 높이 들어올리지 말고,
불굴의 의지를 가지고 계속해야 한다.

1 위빠사나[1)]

수행

우리가 사는 인간세상은 사회와 국가, 일상생활 등에서 일어나는 여러 가지 일들로 가득 차 있다. 또한 천상이나 범천[2)]에 비하면 수명도 매우 짧다. 인간세상의 1년은 천상의 1시간 30분에 지나지 않는다.

인간은 이렇게 아주 짧은 생애에 많은 일들을 겪으며 살고 있지만, 한편으로 인간으로 태어났다는 것은 선한 바라밀[3)]을 쌓아 고통이 소멸

---

1) 위빠사나vipassana는 올바른 직관 또는 내관內觀이라는 뜻으로 위vi와 빠사나 passana의 합성어다. 위vi는 분리하다라는 뜻이고, 빠사나passana는 계속해서 주시한다는 뜻이다. 그러므로 위빠사나는 대상을 객관적으로 분리해서 지속적으로 주시한다는 의미를 가지고 있다. 이렇게 주시한 결과로 무상, 고, 무아의 법으로 보아 깨달음을 얻게 된다.

2) 천상계는 인간계 위에 있는 생명들이 사는 세계로 욕계欲界와 범천계梵天界가 있다. 욕계에는 여섯 개의 천상이 있으며, 범천계에는 색계色界와 무색계無色界가 있다.

3) 빨리어인 빠라미parami를 바라밀波羅密이라고 하는데, 수행의 완성 또는 피안으로 건너가 깨달음을 얻는다는 뜻을 가지고 있다. 바라밀은 보살이 붓다가

하는 열반4)에 이를 수 있는 최고의 기회를 얻은 것이기도 하다. 열반에 이른 모든 부처님5)과 벽지불6), 아라한7)들은 온갖 선한 바라밀을 쌓아서 인간으로서 열반을 성취한 분들이다.

이와 같이 '얻기 어려운 것'을 얻기 위해서는 이를 얻는 데 도움이 되는 일을 해야 하는데, 여기서 가장 유익한 것이 바로 알아차림을 확립하는 위빠사나 수행8)이다. 위빠사나 수행은 최고의 보상을 얻을

되기 위해서 행하는 10가지의 덕목을 말한다.

4) 열반涅槃을 빨리어로 닙바나nibbana라고 하는데, 탐욕과 성냄과 어리석음이라는 번뇌의 불이 꺼진 것을 의미한다. 열반에는 살면서 체험하는 유여有如의 열반이 있고, 죽을 때 체험하는 무여無如의 열반이 있다.

5) 빨리어로 붓다buddha는 깨달음을 얻은 자라는 의미를 가지고 있다. 그래서 붓다는 모든 번뇌가 소멸되어 윤회가 끊어진 자다. 또한 스스로 깨달음을 얻은 자, 위없는 깨달음을 얻은 자라는 칭호도 가지고 있다.

6) 벽지불辟支佛은 붓다와 마찬가지로 스스로 깨달음을 얻어서 윤회를 끊은 분이다. 하지만 위없는 깨달음은 얻지 못해서 법을 펴지는 못한다.

7) 아라한阿羅漢은 번뇌가 불타버려 열반을 성취한 성자이다. 공양을 받을 자격이 있다는 뜻에서 응공應供이라고도 한다. 탐진치 번뇌가 불타버린 점에서는 붓다나 벽지불과 같지만, 스스로 깨달음을 얻지 못하고 스승의 가르침에 의해 깨달음을 얻어 윤회를 끝낸다. 그래서 성문聲聞이라고도 한다. 아라한의 도과를 성취하면 욕망의 세계(慾界)에 존재를 붙들어 매는 족쇄 10가지인 유신견, 회의적 의심, 계율이나 금지조항에 대한 집착, 감각적 욕망, 악한 의도의 5가지(五下分結)와 색계에 대한 욕망, 무색계에 대한 욕망, 아만, 들뜸, 어리석음의 5가지(五上分結)가 모두 사라진다.

8) 수행修行은 마음을 계발하기 위해서 실천하는 행위다. 위빠사나 수행은 신(身, 몸), 수(受, 느낌), 심(心, 마음), 법(法, 마음의 대상) 4가지를 알아차려서 고요함을 얻고 그 집중의 힘으로 지혜를 계발하여 열반에 이르는 수행이다.

수 있는 최선의 방법이다.

위빠사나 수행은 '알아차림'9)이라는 아주 단순한 방법으로 시작하지만 결과적으로는 탐욕(貪), 성냄(瞋), 어리석음(癡)10)의 번뇌11)가 소멸하여 사악도(四惡道)12)에 떨어지지 않게 된다.

또한 위빠사나 수행을 통하여 집중13)과 지혜가 성숙하면 수행의

9) 알아차림을 빨리어로 사띠sati, 한문으로는 염念이라고 하는데, 기억과 알아차림이라는 뜻을 가지고 있다. 기억은, 알아차림을 기억하여 지속적으로 알아차리는 것이다.

10) 탐욕, 성냄, 어리석음(貪瞋癡)은 선하지 못한 마음으로서 번뇌의 원인이 된다. 탐욕은 빨리어로 로바loba라고 하는데 달라붙음, 집착, 헐떡거림이라는 뜻을 가지고 있으며, 엉겨 붙어 포기하지 않는 특성이 있다. 성냄은 빨리어로 도사dosa라고 하며 화, 분노, 혐오, 질투, 인색, 피하고 없애려는 마음이다. 어리석음은 빨리어로 모하moha라고 하며 무지, 무명, 둔함, 망상, 현혹, 맹목성, 들뜸, 의심 등이 모두 어리석음이다.

11) 번뇌는 욕망으로 인해 오염되어서 괴로움을 주는 것이다. 탐욕, 성냄, 어리석음 그리고 자아가 있다는 유신견有身見 등이 번뇌의 원인이 된다.

12) 사악도四惡道는 욕계 중 낮은 단계에 속하는 지옥, 축생, 아귀, 아수라가 머무는 세계를 말한다. 잔인하고 살생을 많이 하면 지옥으로, 우치와 탐욕이 강하면 축생으로, 인색함과 집착이 강하면 아귀로, 성냄이 강하면 아수라로 간다. 사악도의 수명은 색계, 무색계와 달리 각자의 업에 따라서 결정된다. 업의 과보가 클수록 오래 머물고 그 업이 다해야 수명이 끝이 난다. 수행자가 수행을 하여 수다원이 되면 사악도에 떨어지지 않는다. 이는 사악도에 떨어질 원인을 만들지 않기 때문이다.

13) 알아차림이 지속되면 마음이 고요해지고 집중의 상태가 된다. 집중에는 근본집중, 근접집중, 찰나집중이 있는데 위빠사나 수행에서는 찰나집중을

가장 높은 경지인 열반에까지 이를 수 있다. 그래서 자신에게 가장 큰 이익을 주는 위빠사나 수행에 전념할 필요가 있는 것이다.

위빠사나 수행을 하면 사악도라는 낮은 세계의 고통에서 벗어날 뿐만 아니라 도과道果14)를 성취할 수 있다. 열반을 향한 가치 있는 행行을 통해서 궁극적으로 열반에 이를 수 있다는 것이다. 도과와 열반에 이르는 길은 오직 위빠사나 수행을 통해서만 가능하다.

그러므로 수행자 여러분은 그 무엇보다도 알아차림을 확립하는 위빠사나 수행을 최우선으로 행해야 한다.

위빠사나 수행은 매 순간 변화하는 몸과 마음의 실재하는 성품을 알아차리는 것이다. 매 순간 변화하고 있는 몸과 마음의 실재하는 성품을 알아차리는 데에는 네 가지 방법이 있다.

신념처身念處__육체적 현상이 일어날 때마다 알아차리는 것
수념처受念處__세 가지 느낌15)이 일어날 때마다 알아차리는 것
심념처心念處__정신 또는 의식의 과정을 아는 알아차리는 것

한다.

14) 도道와 과果를 빨리어로 막가 팔라magga phala라고 하는데, 도는 바른 길로서 깨달음을 지향하는 것이고, 과는 결과를 얻은 것을 말한다. 도와 과가 합쳐져서 열반의 상태가 이루어진다.

15) 부처님께서는 알아차려야 할 대상으로 즐거운 느낌sukha vedanā, 괴로운 느낌dukha vedanā, 즐겁지도 괴롭지도 않은 덤덤한 느낌uppekha vedanā의 3가지를 말씀하셨다.

법념처法念處__이상 세 가지 범주에서 나타나는 것 이외의 모든 현상을 알아차리는 것

1. 신념처身念處__몸을 알아차리는 수행

몸을 알아차리는 수행은 행위가 일어날 때마다 그것을 알아차려서, 일어나는 현상의 실재하는 성품을 아는 것이다.

몸으로 하는 행동은 다음과 같은 것들이 있다.

―걷기
―서 있기
―앉기
―눕기
―일어서기
―팔과 다리를 구부리거나 펴기

처음 수행을 시작할 때는 몸에서 일어나는 행동을 모두 알아차리는 것이 어렵다. 이때 좌선을 통해 마음을 고요하게 하는 것이 도움이 된다. 좌선으로 마음을 고요하게 하면 머지않아 몸에서 일어나는 모든 현상을 알아차릴 수 있다.

1) 좌선을 하는 방법

좌선을 할 때는 등과 머리를 똑바로 세우고 결가부좌나 반가부좌, 또는 두 발을 가지런히 놓는 평좌平坐의 자세로 일정 시간 앉아 있다. 이때 마음은 배에 집중한다.[16)

숨을 들이쉴 때는 배가 점점 팽창하는 것을 알아차리는데 가능한 한 배의 형태나 모양은 알아차리지 말고[17) 대신 배의 단단해지는 느낌에 집중하고 '일어남'[18)이라고 알아차린다.

---

16) 마하시 선원의 방식은 좌선 할 때 주 대상을 아랫배의 일어나고 꺼짐에 둔다. 아랫배의 움직임은 호흡이 아니고 호흡과 함께 일어나는 풍대風大의 현상이다. 몸을 알아차리는 수행을 할 때, 수행 방법에 따라 주 대상을 다양하게 선택할 수 있다. 『대념처경大念處經』에서는 코의 들숨과 날숨을 주 대상으로 한다. 마음을 알아차리는 수행을 할 때는 호흡을 알아차리는 위치가 코, 가슴, 배, 몸의 일부 중에서 가장 강하게 나타나는 곳을 대상으로 한다. 또한 몸이 아닌 전면前面에서도 호흡을 알아차린다.

17) 사마타 수행을 할 때는 대상의 표상을 알아차려서 근본집중을 하지만, 위빠사나 수행을 할 때는 대상의 실재하는 성품을 알아차려서 찰나집중을 한다. 순수 위빠사나 수행을 할 때도 처음에는 모양의 특성을 알아차릴 수 있다. 처음 수행을 할 때는 대상을 붙잡기나 어려우므로 먼저 모양을 알아차리고, 차츰 집중력이 생기면 다음 단계로 대상의 고유한 특성인 느낌을 알아차린다. 그러나 알아차리는 힘이 생긴 수행자는 대상의 모양을 알아차리지 말고 대상이 가지고 있는 고유한 특성인 느낌을 대상으로 알아차려야 한다.

18) 마하시 방식은 대상을 알아차릴 때 명칭을 붙인다. 좌선 중 배의 움직임을 알아차릴 때는 일어남, 꺼짐이라고 명칭을 붙인다. 명칭은 대상을 분명히 드러나게 하여 집중하는 효과가 있다. 그러나 대상의 실재하는 성품을 알아차리는 데 장애가 될 수도 있다. 그러므로 처음에 대상을 겨냥할 때는 명칭을

숨을 내쉴 때는 배가 점점 내려가는 것을 알아차려야 한다. 이때도 가능한 한 배의 형태나 모양은 알아차리지 말고 배가 꺼지는 느낌이 점점 사라지는 성품에 집중하여 알아차려야 한다. 이때 '꺼짐'이라고 알아차린다.

배의 일어남과 꺼짐을 분명하게 구별할 수 없을 때는 '앉음', '닿음'[19]을 알아차리는 쪽으로 마음을 돌린다.

'앉음'을 알아차릴 때는 커다란 자루를 머리에서부터 바닥을 향해 씌우면서 내려가는 것과 같은 느낌으로 위쪽에서 아래쪽으로 천천히 알아차린다. 이때도 머리, 몸통, 다리의 모양을 보는 것이 아니라 단단함과 같은 몸의 느낌에 집중하여 알아차린다.

'닿음'을 알아차릴 때는 엉덩이, 다리의 모양을 보는 것이 아니라 뻗을 때의 무거운 느낌과 닿았을 때의 단단한 느낌을 알아차린다.

'일어남', '꺼짐'을 알아차리고 있는 중에도 마음이 다른 대상으로 돌아다니고 있으면 '닿음'을 추가해 '일어남', '꺼짐', '닿음'을 알아차

사용해도 좋으나 느낌이나 마음을 알아차리는 단계에서는 명칭을 사용하지 않아도 된다. 이 책은 전편에 명칭을 사용하는 방법으로 기록되었다. 그래서 명칭을 사용하지 않는 수행자는 단지 대상의 실재하는 느낌을 알아차리면 된다.

19) 앉아 있는 자세에서 엉덩이가 바닥에 닿아 있는 느낌인 단단함, 무거움을 알아차릴 때 '앉음'이라고 한다. 앉아 있는 자세에서 발이 바닥에 닿아 있는 느낌을 알아차릴 때 '닿음'이라고 한다.

린다. 이렇게 하면 마음이 다른 대상에 머물지 않아 알아차림이 더 강해진다.

'닿음'을 알아차리더라도 수행이 안 될 때는 '앉음'을 추가해 '일어남', '꺼짐', '닿음', '앉음'[20]을 알아차린다.

2) 경행經行[21]을 하는 방법_걸으면서 알아차리는 방법

경행에는 다음의 네 가지 방법이 있다.

－한 걸음에 한 번 알아차리는 것
－한 걸음에 두 번 알아차리는 것
－한 걸음에 세 번 알아차리는 것
－한 걸음에 여섯 번 알아차리는 것

---

20) 호흡을 알아차릴 때 처음에는 '일어남, 꺼짐'을 알아차린다. 이렇게 알아차리다가 '꺼짐' 뒤에 쉼이 있을 때 '앉음'을 넣어서 알아차린다. 이렇게 '일어남, 꺼짐, 앉음'을 알아차렸는데도 쉼이 있을 때는 다시 '닿음'을 넣어서 알아차린다. 알아차림을 진행하는 중에 짧은 순간이라도 쉼이 있을 때는 마음이 달아나서 알아차림을 놓치고 망상과 졸음에 빠지기 때문에 위치를 지정하여 알아차린다.

21) 걸으면서 알아차리는 수행을 경행經行 또는 행선行禪이라고 한다. 경행은 게으름을 극복하는 정진력을 키운다. 수행은 경행과 좌선과 일상의 알아차림을 균형 있게 해야 발전한다. 경행의 이익은 지구력을 키우고, 소화에 도움을 주어 건강해지고, 집중력을 키운다. 특히 움직이면서 생긴 집중력은 쉽게 사라지지 않는다.

(1) 한 걸음에 한 번 알아차리는 방법

'오른발'[22]을 알아차릴 때 오른발의 움직임에 마음을 집중한다.
'왼발'을 알아차릴 때 왼발의 움직임에 마음을 집중한다. 발의 움직임
을 일부러 천천히 할 필요는 없다. 너무 느리지도 않고, 너무 빠르지도
않은 보통의 속도로 움직인다. 알아차릴 때는 가능한 한 발의 모양을
보지 말고 발이 움직이기 시작해서 움직임이 끝날 때까지 단계적으로
앞으로 나아가는 움직임의 느낌에 마음을 집중하도록 노력한다.

(2) 한 걸음에 두 번 알아차리는 방법

발을 '들어서'와 '놓음'에 마음을 집중한다. 걸을 때 발은 들어올려
졌다가 내려진다. 발이 천천히 올라올 때는 올라오는 다리의 모양을
보지 말고 발이 들려지기 시작해서 완전히 들어올려질 때까지의 가벼
운 느낌에 마음을 집중하도록 노력하고 가능한 한 세세하게 지켜본다.

발을 내려놓을 때는 내려가는 다리의 모양을 보지 말고 발이 내려가
기 시작할 때부터 발이 땅에 닿을 때까지의 무거운 느낌에 마음을
집중하도록 노력하고 가능한 한 세세하게 지켜본다.

(3) 한 걸음에 세 번 알아차리는 방법

발을 '들어서', '앞으로', '놓음'에 마음을 집중한다. 발의 움직임을

---

22) 처음에 오른발, 왼발을 알아차리지 않고 발이 바닥에 닿는 것부터 알아차릴
   수도 있다. 그래서 오른발이 바닥에 닿는 것과 왼발이 바닥에 닿은 것을
   번갈아가며 알아차린다. 이렇게 '닿음'을 알아차리다가 집중이 되면 다음
   단계로 '오른발, 왼발'의 움직임을 알아차리고, '들어서, 놓음'과 '들어서,
   앞으로, 놓음'을 차례로 알아차린다.

일부러 천천히 할 필요는 없다. 너무 느리지도 않고 너무 빠르지도 않게 보통의 속도로 움직인다. 너무 천천히 움직이려고 하면 노력이 지나쳐서 법(法23))을 얻을 수 없다.

발을 들 때는 다리의 모양을 보지 말고 발이 떨어져서 완전히 올려질 때까지 가벼움이 증가하는 느낌을 알아차리며 가능한 한 세세하게 지켜본다. 가벼운 느낌과 점점 위로 들려지는 느낌을 아는 것은 화대火大24)와 풍대風大25)를 아는 것이다.

발을 앞으로 내밀 때는 다리의 모양을 보지 말고 발이 점점 앞으로 나가기 시작해서 끝날 때까지의 움직임에서 가벼움이 증가하는 느낌을 알아차리며, 가능한 한 세세하게 지켜본다. 이때 가벼운 느낌을 아는 것은 화대와 풍대를 아는 것이다.

---

23) 법(法, Dhamma)에는 여러 가지의 의미가 있는데 크게 두 가지로 나눈다. 첫째, 법은 수행을 할 때 알아차릴 대상을 말한다. 둘째, 진리인 무상, 고, 무아를 말할 때 법이라고 한다.

24) 몸에는 지地, 수水, 화火, 풍風이라는 네 가지 실재하는 성품이 있다. 그중 화대火大는 불의 성품으로서 따뜻함 차가움, 늘어남, 소모, 소화를 돕는 열기, 숙성과 쇠퇴, 성장과 늙음의 요소를 가지고 있다.

25) 풍대風大는 몸에 있는 바람의 본성으로서 몸의 움직임, 에너지, 운동, 긴장의 요소가 있다. 몸을 지탱하는 것도 풍대의 요소다. 재채기, 트림, 구토, 딸꾹질, 대소변을 보는 것이 모두 풍대의 역할이다. 호흡의 들숨, 날숨도 풍대의 하나다. 코의 호흡인 들숨, 날숨과 배나 가슴에서 일어나고 꺼지는 것도 풍대이다.

≪요약≫　　　　풍대風大와 화대火大의
　　　　　　　　두 가지 요소는
　　　　　　　　가벼움이 가장 큰 특징이다.

　발을 내려놓을 때는 가능한 한 발의 모양을 보지 말고 발을 내려놓기 시작해서 완전히 내려놓을 때까지의 움직임에서 무거운 느낌이 증가하는 것을 보며, 가능한 한 세세하게 지켜본다. 무거운 느낌을 아는 것은 지대地大[26]와 수대水大[27]를 아는 것이다.

≪요약≫　　　　지대地大와 수대水大의
　　　　　　　　두 가지 요소는
　　　　　　　　무거움이 가장 큰 특징이다.

(4-1) 한 걸음에 여섯 번 알아차리는 방법
이 방법에서는 다음과 같은 것들을 알아차린다.

—들어올림의 시작
—들어올림의 끝

---

26) 지대地大는 몸에 있는 흙의 본성으로 단단함과 그 강도를 나타내는 특성이 있다. 단단함 안에는 항상 부드러움이 함께 있다. 그래서 지대는 단단함, 부드러움, 무거움, 가벼움, 딱딱함 등을 통틀어서 말한다. 손이나 발이 어디에 닿아서 단단하거나 부드럽게 느껴지는 것이 지대의 성품이다.

27) 수대水大는 몸에 있는 물의 본성으로서 흐름과 유동성을 가진다. 눈물, 땀, 오줌 등 축축하고 습기가 있는 것, 세포가 모여 조직을 이루어 몸을 만드는 것도 응집성에 의한 수대이다.

—발이 앞으로 나가는 동작의 시작

—발이 앞으로 나가는 동작의 끝

—발을 내려놓음의 시작

—발을 내려놓음의 끝

더 분명하게 알기 위해서는 한 걸음에 세 번 알아차리는 것을 다시 시작과 끝으로 나눈다.

1단계__발의 뒤꿈치가 들려졌지만 발끝은 들려지지 않았을 때
2단계__발끝이 막 들려지기 시작할 때, 들음이 끝나는 순간
3단계__발이 막 앞으로 나아가려는 때
4단계__들어올리는 힘이 다하고 발이 앞으로 나아가려고 가속을 붙일 때, 그래서 약간의 쉼이 있는 순간
5단계__발이 막 아래로 향하려고 할 때
6단계__발이 땅에 닿을 때

(4-2) 한 걸음에 여섯 번 알아차리는 방법
—발을 들려고 하는 의도[28]
—발을 드는 동작
—발을 앞으로 내밀려는 의도
—발을 앞으로 내미는 동작

28) 몸이 움직이기 전에 의도를 보는 것은 하려는 마음을 알아차리는 것이다. 이렇게 의도를 보기 시작하면 몸은 반드시 마음의 의도에 의해서 움직인다는 것을 알게 된다. 이처럼 몸과 마음을 분리해서 보면 몸은 마음이 시켜서 움직인다는 원인과 결과를 알게 된다.

—발을 아래로 내리려는 의도
—발을 아래로 내리는 동작

원인과 결과를 아는 지혜[29)에 이르면 다음과 같은 사실이 분명해진다.

—발을 들기 전에 발을 들려는 의도가 일어난다.
—발을 앞으로 내밀기 전에 발을 앞으로 내밀려는 의도가 일어난다.
—발을 아래로 내리기 전에 발을 아래로 내리려는 의도가 일어난다.

이러한 마음의 요인 또한 알아차림에 포함되어 있기 때문에 이렇게 의도를 알아차리는 것도 한 걸음에 여섯 번을 알아차리는 방법이다.

발을 들려는 의도, 발을 앞으로 밀려는 의도, 발을 내려놓으려는 의도가 모두 '원인'이다. 발을 드는 동작, 발을 앞으로 내미는 동작, 발을 아래로 내리는 동작은 '결과'다.

(4-3) 한 걸음에 여섯 번 알아차리는 방법
다음과 같은 방법으로도 알아차릴 수 있다.

---

29) 원인과 결과를 아는 지혜paccaya pariggaha ñāṇa는 위빠사나 수행의 16단계 지혜 중 두 번째 지혜로, 정신과 물질을 구별하는 지혜가 성숙하고 난 다음으로 알게 되는 지혜다. 정신과 물질은 상호관계를 이루며 반드시 원인과 결과, 조건에 의해서 일어나고 사라지는 현상만이 있다는 것을 안다. 몸을 움직이려는 의도는 원인이고 움직이는 것은 결과라는 것, 이렇게 몸을 움직이는 모든 행위는 선행하는 마음이 있어서 일어난다는 것을 아는 지혜다.

—발을 약간 들음(들음의 시작). 뒤꿈치만 들고 발끝은 아직 들지 않은 상태일 때

　—발을 들어올림. 발끝을 들어올릴 때

　—발을 앞으로 내밂. 발을 점점 앞으로 내밀 때

　—발을 내림. 발이 바닥을 향해 내려올 때

　—발이 바닥에 닿음. 발의 한 부분이 바닥에 닿을 때

　—발을 바닥에 누름. 다른 쪽 발을 들기 위해 발을 완전히 바닥에 내려놓고 누를 때

(5) 발의 움직임에서 '일어남'과 '사라짐' 알아차리기

집중과 지혜가 점차 성숙해지고 어느 정도 강해지면 발을 들어올려서 앞으로 내밀고 놓을 때 여러 단계가 있음을 알게 된다.

'들어서'를 알아차릴 때는 점점 가벼워지는 느낌과 위로 올려지는 움직임이 있음을 안다. '앞으로'를 알아차릴 때는 점점 가벼워지는 느낌과 앞으로 나가는 움직임이 있음을 안다. '놓음'을 알아차릴 때는 점점 무거워지는 느낌과 내려지는 움직임이 있음을 안다.

집중과 지혜가 더 강해지면 연속적인 발걸음이 사실은 연속된 것도, 서로 연관된 것도 아니며, 개별적으로 떨어져 있음을 안다. 먼저 걸음과 다음 걸음이 연관되어 있지 않다는 것을 안다.

첫 번째 발걸음이 일어나고 나면 그 첫 번째 걸음은 사라져 버린다는 것을 안다. 또한 두 번째 걸음이 일어나고 나면 그 걸음이 사라지는

것을 알고 그다음에 오는 걸음도 마찬가지임을 안다. 모든 연속적인 것은 '일어남'과 '사라짐'의 반복이라는 것을 안다.

(6) 자세하게 알아차리기

앉으려고 할 때는 먼저 앉으려는 의도를 알아차리고 천천히 앉는다. 몸의 모양은 보지 말고 '앉음', '앉음' 하면서 앉음이 시작될 때부터 앉음이 끝날 때까지 몸이 내려가면서 점점 더 무거워지는 느낌에 마음을 집중한다.

일어설 때는 먼저 일어서려는 의도를 알아차리고 천천히 일어선다. 몸의 모양은 보지 말고 '일어남', '일어남' 하면서 일어섬이 시작될 때부터 일어섬이 끝날 때까지 몸이 점점 가벼워지는 느낌에 마음을 집중한다.

손을 굽힐 때는 먼저 손을 굽히려는 의도를 알아차리고 천천히 굽힌다. 손의 모양은 보지 말고 '굽힘', '굽힘' 하면서 손을 굽히기 시작할 때부터 손을 굽히는 것이 끝날 때까지 손이 점점 굽혀지는 움직임의 느낌에 마음을 집중한다.

손을 펼 때는 먼저 손을 펴려는 의도를 알아차리고 천천히 편다. 손의 모양은 보지 말고 '폄', '폄' 하면서 손을 펴기 시작해서 끝날 때까지 손이 점점 펴지는 움직임의 느낌에 마음을 집중한다.

(7) 먹으면서 알아차리기[30)]

음식을 보면 '봄', '봄'이라고 알아차려서 보는 순간을 알려고 해야
한다. 다음과 같이 알아차려서 알아차림을 유지한다.

—손이 음식을 향하여 움직일 때 '움직임'을 알아차린다.
—손이 음식에 닿을 때 '닿음'을 알아차린다.
—음식을 집을 때 '집음'을 알아차린다.
—음식을 가져올 때 '가져옴'을 알아차린다.
—머리를 음식 쪽으로 기울일 때 '기울임'을 알아차린다.
—입을 벌릴 때 '벌림'을 알아차린다.
—음식을 입 속에 넣을 때 '넣음'을 알아차린다.
—머리를 들 때 '듦'을 알아차린다.
—음식을 씹을 때 '씹음'을 알아차린다.
—음식의 맛을 느낄 때 '앎'을 알아차린다.
—음식을 삼킬 때 '삼킴'을 알아차린다.

음식을 먹을 때는 처음부터 알아차리면서 먹는 것이 잘 되지 않는
다. 그러나 계속 노력하여 습관이 붙으면 모든 과정을 알아차릴 수
있다.

처음 알아차림을 시작할 때는 가장 두드러진 것을 대상으로 삼아야

---

30) 마음을 알아차리는 수행자는 음식을 먹기 전에 먼저 '지금 무슨 마음으로
　　음식을 먹고 있는가' 하고 그 마음을 알아차린다. 만약 탐욕으로 먹으려
　　한다면 그 마음을 알아차리고 나서 먹기 시작한다. 이렇게 먹게 되면 탐진치
　　로 먹지 않아 계율로 먹는 것이다.

한다. 음식을 향해 손을 움직이는 것, 머리를 기울이는 것, 음식을 씹는 것 중 어느 하나만을 주 대상으로 알아차리도록 한다. 하나의 대상을 알아차리는 것이 잘 되면 나중에 위에서 말한 것들을 모두 알아차릴 수 있게 된다.

2. 수념처受念處[31]__느낌을 알아차리는 수행

부처님의 가르침에서 느낌을 설명할 때는 즐거운 느낌, 괴로운 느낌, 즐겁지도 괴롭지도 않은, 세 가지 느낌의 순서로 설명한다. 이처럼 느낌을 말할 때 가장 먼저 즐거운 느낌을 말하지만 실제로 수행을 할 때는 괴로운 느낌을 맨 처음 접하게 된다.

괴로운 느낌을 알아차리는 데는 세 가지의 다른 방법이 있다.

첫째, 괴로운 느낌이 사라지기를 바라고 알아차리는 것
둘째, 괴로운 느낌을 한 번에 완전히 없애기 위해 적극적으로 알아

31) 수념처受念處는 느낌을 알아차리는 수행이다. 느낌의 종류는 매우 다양하다. 알고 있는 것이 모두 느낌이며 108번뇌도 108가지 느낌이다. 느낌을 크게 나누면 맨 느낌, 육체적 느낌, 정신적 느낌이 있다. 맨 느낌은 감각기관이 감각대상에 부딪쳤을 때 일어나는 느낌이다. 이 느낌에서 좋다, 싫다, 덤덤하다 등으로 반응한 느낌을 육체적 느낌이라고 한다. 다시 느낌에서 더 반응한 느낌을 정신적 느낌이라고 한다. 육체적 느낌이 일어났을 때는 화살을 한 번 맞은 것이고, 정신적 느낌이 일어났을 때는 화살을 두 번 맞은 것이라고 비유한다.

차리는 것

셋째, 괴로운 느낌의 성품을 알기 위해 알아차리는 것

첫 번째 방법＿괴로운 느낌이 사라지기를 바라고 알아차리는 것은 그것에서 벗어나려는 욕심이므로 탐심이다. 수행의 목적은 탐심으로부터 벗어나기 위한 것이다. 괴로운 느낌을 없애기 위해서 하는 알아차림은 탐심으로 하기 때문에 그 속에 번뇌가 들어온다. 그 때문에 법을 보는 것이 늦어지므로 이 방법은 버려야 한다.

두 번째 방법＿괴로운 느낌을 완전히 없애기 위해서 알아차리는 태도에는 '성냄'이 있다. 알아차릴 때 성냄이 함께 일어나서 번뇌가 들어오기 때문에 법을 보는 것이 늦어진다. 그러므로 이 방법 또한 수행자에게는 적합하지 않다.

세 번째 방법＿괴로운 느낌의 '성품'을 알아차리는 방법은 수행자가 지켜야 할 바른 마음자세다. 느낌의 성품을 알아차리려면 먼저 괴로운 느낌이 일어날 때 몸과 마음이 긴장하지 않도록 해야 한다. 몸과 마음이 긴장하고 있다는 것은 노력이 지나치다는 것을 의미한다. 노력은 모자라지도 지나치지도 않게 균형을 유지하면서 해야 한다.

알아차릴 때는 현재의 느낌에 마음을 두어야 한다. '다리가 아픔', '손이 아픔', '무릎이 아픔'과 같이 어디가 아프다는 관념이나 명칭, 모양을 아는 것이 아니다. 알아차릴 대상은 오직 괴로운 느낌에 있다. 이 방법을 통해서 느낌의 성품을 알게 된다.

수행을 하는 동안 괴로운 느낌이 일어나면 '통증', '통증'[32]이라고 알아차리는데 고통이 피부, 혈관, 뼈 속에 있는지를 주시하면서 느낌의 정도를 보도록 한다. 그다음의 알아차림과 또 그다음의 알아차림은 물론, 모든 알아차림에서 느낌의 정도를 지켜보아야 한다.

집중이 깊어지면 네 번에서 다섯 번 정도 주의 깊은 알아차림이 지나고 나서 괴로운 느낌이 더 커지는 것을 경험하게 된다.[33] 괴로운 느낌이 커지고 난 후 다시 네 번에서 다섯 번 정도 알아차림을 하면, 괴로운 느낌은 서서히 줄어들고 대신 다른 곳에서 괴로운 느낌이 일어난다는 것을 알게 된다.

알아차림을 계속하여 집중과 지혜가 더 강해지면, 괴로운 느낌이 항상 하는 것이 아니라 변한다는 것과 그 느낌이 일어났다 사라진다는 것을 알게 된다. 이것은 느낌의 성품을 아는 것이다. 이와 같이 느낌을 있는 그대로 알아차리다 보면 괴로운 느낌은 많이 가라앉는다.

집중이 한 단계 더 강해지면 '아픔', '아픔'이라고 한번만 알아차려도 느낌이 일어나고 바로 사라지는 것을 알 수 있다. 어떤 수행자는 '아픔', '아픔' 하고 알아차리자마자 괴로운 느낌이 사라지고, 괴로움을 아는 마음이 사라지고, 괴로움을 알아차린 그 마음까지도 사라지는

---

32) 통증을 알아차릴 때는 먼저 통증 때문에 반응한 마음을 알아차리고, 다음에는 통증의 실재하는 성품인 찌름, 당김, 화끈거림 등을 알아차린다.

33) 통증이 사라지지 전에는 더 강하게 나타날 수도 있으므로 통증이 심해지는 것에 흔들리지 말고 계속해서 알아차려야 한다.

것을 본다.

사라짐을 분명하게 경험하는 수행자는 느낌이나 알아차리는 마음이 영원한 것이 아니라는 무상의 성품을 알게 된다. 사라짐이 너무 빠르기 때문에 그것이 자신을 괴롭히는 것처럼 생각하게 된다. 그런데 사실 그것은 고통이다. 그 과정을 통해 괴로움의 성품을 이해하게 된다. 사라짐을 막을 수 있는 것은 아무것도 없다. 그것들은 스스로 사라지고, 스스로 괴로움을 겪고 있는 것이다. 수행자는 자신이 이것을 통제할 수 없다고 하는 무아의 성품을 알게 된다.

3. 심념처心念處__마음을 알아차리는 수행

마음을 알아차리는 것은 과거, 현재, 미래로부터 오는 감각대상에 대한 생각이 일어났을 때 그 마음을 놓치지 말고 '생각', '생각'이라고 알아차리는 것이다. 집중과 지혜가 깊어지고 **소멸의 지혜**[34]에 이르면, 어떤 생각을 한번 알아차리기만 해도 그 마음이 사라져 없어진다는 것을 알게 된다.

생각이 빠르게 사라지는 것을 보고 나면 사고의 과정이 영원하지 않다는 무상을 알게 된다. 사라짐이 너무 빠르기 때문에 그것은 고통이

34) 소멸의 지혜bhanga ñāṇa는 위빠사나 수행의 16단계 지혜 중에서 다섯 번째 지혜이다. 수행이 향상되면 일어남이 너무 빨라서 사라짐을 더 분명하게 알게 되는데 이것이 소멸의 지혜다.

다. 빠르게 사라지는 것을 막을 수가 없다. 그것들은 스스로 사라지고, 그것 때문에 스스로 괴로운 것이고, 또 그것들을 자신이 통제할 수 없기 때문에 무아인 것이다. 이 과정을 통해 수행자는 존재하는 것의 세 가지 특성인, '무상', '고', '무아'의 삼법인三法印을 분명히 알게 된다.

4. 법념처法念處__마음의 대상을 알아차리는 수행

볼 대상이 일어났을 때 우선 '보려함', '보려함'이라고 하면서 의도를 알아차린다. 대상을 볼 때, 눈꺼풀이 위로 올라가는 것, 눈꺼풀이 아래로 내려가는 것, 보기 위해 눈의 근육이 초점을 맞추는 것들을 '봄'이라고 한다. 이런 것들을 알아차릴 때 '봄', '봄'이라고 알아차린다. 어떤 대상을 바라볼 때 그 성품을 알기 위해서는 '바라봄', '바라봄'이라고 하면서 대상을 보는 순간의 알아차림을 유지한다.

집중과 지혜가 깊어지면 '바라봄'이라고 알아차리는 순간 바라봄과 바라보는 마음의 반복적이고 빠른 사라짐을 경험하고 그것이 영원하지 않음을 안다. 사라짐이 너무 빠르기 때문에 눈이 고통 받는 것처럼 느껴지고 그것이 괴로움임을 안다. 무엇도 이와 같은 빠른 사라짐을 막을 수 없기 때문에 이것이 괴로움이다. 그것은 스스로 사라지고 괴로움을 받고 있으므로 통제할 수 없다. 이 과정을 통해 수행자는 존재하는 것의 세 가지 특성인 삼법인을 분명히 알게 된다.

무상, 고, 무아를 경험하는 단계에 이르고 다섯 가지 근기(五根)35)가

균형을 이루고 있을 때 법을 얻는다.

수다원과36)의 지혜에 이르러 한번 열반에 도달한 수다원이 되면 다음 생에 지옥, 축생, 아귀, 아수라로 태어날 염려를 하지 않아도 된다. 두려움 없이 다음 생을 맞이할 수 있다.

이후에는 윤회를 하면서도 현재의 생보다 더 나은 존재로 태어난다. 수다원에 이른 사람은 다음 생에서 비록 위빠사나 수행을 잊고 윤회의 즐거움에 빠져 있다 하더라도 적어도 일곱 생이 되기 전에는 위빠사나를 기억한다. 마지막 일곱 번째 생에서 그는 참회하고 위빠사나 수행을 하여 열반을 얻어 아라한에 이른다. 그리하여 인간으로서 '가장 얻기 어려운 것'을 얻게 되는 것이다.

그러므로 우리는 알아차림을 확립하는 위빠사나 수행을 통해 인간으로서 가장 가치 있는 시간을 보내도록 해야 한다.

---

35) 수행에 임하여 반드시 갖추어야 할 5가지 근기를 오근五根이라고 하는데, 그 5가지는 믿음, 노력, 알아차림, 집중, 지혜를 말한다. 근기根基는 빨리어로 인드리야indriya라고 한다. 믿음이 앞에서 이끌어주고, 노력과 알아차림과 집중이 적절하게 균형을 이루는 수행을 하면 지혜가 일어난다.

36) 위빠사나 수행을 하여 최초로 열반을 경험한 수행자를 수다원(須陀洹, Sotāpatti)의 도과(道果, Magga phala)를 성취했다고 한다. 수다원의 도과를 성취하면 욕망의 세계에 존재를 붙들어 매는 족쇄 10가지 중에서 유신견, 회의적 의심, 계율이나 금지조항에 대한 집착 등 3가지가 사라진다. 수다원의 도과를 얻어 열반을 경험하면 최소한 일곱 생 이내에 아라한이 되어 윤회가 끊어진다. 그래서 예류과豫流果라고도 한다.

2 위빠사나 수행자의 근기를 돕는 첫 번째 요인

위빠사나 근기를 돕는 첫 번째 요인에서는 다음 세 가지에 대해 말할 것이다.

1. 위빠사나 수행을 통해 얻는 이익
2. 위빠사나 수행을 할 수 있는 기회를 만나기 어려움
3. 위빠사나 수행자의 근기를 돕는 아홉 요인 중 첫 번째 요인

빨리어[1]로 인드리야indriya는 조절 혹은 통제 능력, 근기를 의미한다. 수행을 하는 데 있어서 마음을 조절하거나 통제하는 것을 근기(根氣, indriya)라고 하는데, 수행자가 근기를 갖기 위해서는 아홉 가지의 요인이 필요하다.

---

1) 빨리pali어는 부처님 당시에 하층계급에서 사용하던 언어다. 부처님은 브라만, 크샤트리아 계급에서 사용하던 산스크리트어로 법문을 하지 않고 빨리어로 하셨다. 그리고 이 언어로 법을 펴라고 하셨다. 그래서 빨리어 경전은 부처님의 말씀을 기록한 것이다.

1. 위빠사나 수행의 이익

처음 수행을 시작하는 수행자는 위빠사나 수행의 이익을 잘 알수 없다. 그러나 수행을 시작하여 중간 혹은 나중 단계에 이르면 그이익을 분명히 알게 된다. 위빠사나 수행을 통하여 일정 수준의 집중에 이르면 다음과 같은 여섯 가지 이익이 있다는 것을 알게 된다.

첫째, 청정[2]한 마음을 갖게 된다.
둘째, 안정되고 균형 잡힌 마음이 된다.
셋째, 병이 치유된다.
넷째, 법에 대한 이해가 높아진다.
다섯째, 수행자라면 누구나 바라는 것으로 사악도에 떨어지지 않는다.
여섯째, 궁극적으로 성스러운 법을 얻는다.

첫 번째 이익__첫 번째 이익을 설명하기 위해서는 먼저 마음이왜 청정하지 않은가에 대하여 설명할 필요가 있다. 마음의 상태가오염되고 깨끗하지 못한 것은 다음 세 가지 때문이다.

─탐욕(貪)이라는 강한 갈애(渴愛)[3]가 있기 때문이다.

2) 청정淸淨을 빨리어로 위숫디visuddhi라고 하는데, 6가지 감각기관인 육문六門과 6가지 감각대상인 육경六境이 부딪쳐서 육식六識을 할 때, 있는 그대로 알아차리는 것을 말한다. 이때 불선업인 탐진치가 붙지 않아 계행을 지키게 되어 깨끗하고 선한 상태가 된다.

3) 갈애(渴愛, taṇhā)는 바라는 마음, 갈망을 의미한다. 갈애는 무명 때문에 일어난다. 갈애에는 감각적 욕망에 대한 갈애(감각기관이 감각대상을 만나 오욕을 즐기려는 마음), 존재에 대한 갈애(살고 싶어 하는 마음, 좋은 곳에 태어나고자 하는 마음), 비존재

―강한 성냄(瞋)이 있기 때문이다.

―어리석음(痴), 즉 알지 못함, 보지 못함, 이해하지 못함이 있기 때문
이다.

그러나 위빠사나 수행을 하면 알아차릴 때마다 다음 세 가지가
사라진다.

―탐욕이 사라지고,
―성냄이 사라지며,
―어리석음 또한 사라진다.

알아차리는 순간에는 무언가를 바라는 마음을 가질 수 없다. 그래
서 강한 갈애, 즉 탐욕이 일어나지 않는다. 위빠사나 수행을 하는 순간
에는 강한 성냄 역시 사라진다. 알아차림이 있는 곳에서는 성냄이
같이 일어날 수 없다. 위빠사나 수행을 하고 있을 때 수행자에게는
나태함이 없다. 이때 수행자의 마음은 탐욕, 성냄, 어리석음으로부터
자유롭기 때문에 청정한 마음을 유지할 수 있다.

평화로운 마음을 원하는 사람은 위빠사나 수행처로 가야 한다.
처음 수행을 시작해서는 잘 알 수 없지만 시간이 지나면 마음이 청정해
진다는 것을 분명히 알게 된다.

두 번째 이익_균형 잡힌 마음을 설명하기 위해서는 수행을 하지
않는 사람의 마음이 왜 균형을 유지할 수 없는가를 알 필요가 있다.

에 대한 갈애(죽기를 바라는 마음)가 있다.

그것은 탐욕 때문이다. 탐욕을 가진 사람이 감각대상을 만나면 쉽게 흥분하고 그것에 집착4)하려 한다. 그의 마음은 안정되어 있지 않아서 냉정을 잃는다. 집착이 커지면 자신의 행동도 절제하지 못한다.

쉽게 화를 내는 사람은 화를 일으키는 감각대상을 만날 때 이성을 잃고 행동을 절제하지 못한다. 이때 그는 마음의 균형을 잃고 약해진다. 이와 같이 균형을 잃은 마음, 약한 마음을 강하고 안정적인 마음으로 만들기 위해서는 위빠사나 수행을 해야 한다.

알아차리는 수행을 하는 매 순간마다
마음을 불안하게 만드는 탐욕과
마음을 동요하게 만드는 성냄이 사라질 것이다.

위빠사나 수행자는 집착을 일으키는 감각대상5)을 만나도 마음이 흔들리지 않는다. 수행을 하고부터는 감각대상에 집착하는 행위를 하지 않는다. 화를 나게 하는 감각대상을 만나도 화를 내지 않는다.

---

4) 집착執着을 빨리어로 우빠다나upādāna라고 하며 달라붙는 특성이 있다. 갈애를 집착함으로써 업을 생성하고, 업을 생성함으로써 연기의 고리를 끊지 못하고 윤회를 거듭하게 된다. 집착은 4가지가 있는데, 감각적 욕망에 대한 집착, 견해에 대한 집착, 계율과 의식에 대한 집착, 유신견에 대한 집착이 있다.

5) 마음은 대상이 있어야 일어난다. 이때 대상이란 6가지의 감각기관(六根, 안·이·비·설·신·의)이 6가지의 감각대상(六境, 색·성·향·미·촉·법)과 부딪치는 것을 말한다. 이것을 12처處라고 하는데, 이 12처가 마음을 일으키게 하는 대상이다. 육근은 내부의 알아차릴 대상으로서 육문六門 혹은 육입六入이라고도 하며, 육경은 외부의 알아차릴 대상이다. 수행은 반드시 알아차릴 대상이 있어야 한다.

수행자의 마음은 오히려 강하고 고요해진다.

어떤 법이 수행자를 강하게 하는가? 바로 위빠사나 수행이 나타난 대상에 넘어가지 않고 강한 의지를 갖게 한다. 탐욕을 일으키는 대상을 만나 매우 탐욕스러워지거나, 성냄을 일으키는 대상을 만나 화가 많이 난다면 의지가 약하다는 것을 의미한다. 그러므로 강한 의지를 가진 사람이 되기를 원한다면 위빠사나 수행을 해야 한다.

세 번째 이익_세 번째 이익은 병의 치유이다. 수행자가 **생멸의 지혜**6)에 이르면 소소한 질병과 통증이 사라진다. 여기에 있는 수행자들도 그것을 알고 있을 것이다. 알아차림이 있는 순간은 매우 강력한 힘이 작용하기 때문에 수행 중에 병이 생겨도 약을 먹으려 하지 않는다. 병을 치료하기 위해 약을 먹는 것이 오히려 치료 시간이 더 걸린다고 수행자들은 말한다. 그것은 목이 뻣뻣하거나 두통, 복통과 같은 통증이 오더라도 알아차리면 바로 사라지기 때문이다.

알아차림이 강한 수행자가 **생멸의 지혜**에 이르면 더 이상 약을 먹을 필요를 느끼지 않는다. 알아차리면 불편함이 사라지는 것을 알게 된다. 목의 뻣뻣함, 두통, 복통과 같은 불편함은 **생멸의 지혜**에 이르면

---

6) 생멸生滅의 지혜udayabbaya ñāṇa는 위빠사나 수행의 16단계 지혜 중에서 네 번째이며, 오온의 일어나고 사라지는 것을 아는 지혜다. 모든 현상은 일어남이 있으면 사라짐이 있고, 사라졌으면 일어난다는 사실을 지혜로 확실하게 알게 된다. 이 단계에서는 대상에 대한 집중이 잘 되고 알아차림이 섬세해진다. 이처럼 오온(정신과 물결의 무더기)의 생성과 소멸에 대한 확실한 앎이 생길 때 자신이 도를 이루었다고 자만하기 쉽다. 이때는 이를 좋아하지 말고 단지 일어나고 사라지는 현상이라고만 알아야 한다.

없어진다. 아무리 좋은 약을 먹어도 고칠 수 없는 고질병으로 오랫동안 고생하던 수행자가 **현상에 대한 평등의 지혜**[7])에 이르면 그 병이 사라지게 된다.

병이 잘 치유되지 않다가 수행을 통하여 차도를 보인 예는 수없이 많다. **현상에 대한 평등의 지혜**에 이를 때까지 열심히 수행하면 고질적인 병들이 사라진다. 아무리 좋은 약과 의사로도 치료되지 않던 병이 위빠사나 수행을 통해 자연스럽게 치유될 때 수행자의 법에 대한 믿음은 확고해진다. 이때 흔들리지 않는 믿음이 수행자에게 일어나며, 이 믿음은 수행을 하는 데 큰 도움이 된다. 이것이 바로 병의 치유가 주는 이익을 분명하게 보여주는 예이다. 적당히 노력해서 이런 결과가 오는 것은 아니다. 부단한 노력을 통해서만이 고질병도 치료되는, **현상에 대한 평등의 지혜**에 이를 수 있다.

네 번째 이익_수행자는 보다 높은 이해력을 갖게 된다. 수행을 통해 지혜가 성숙된 수행자가 바로 그 증거이다. 어려운 법문을 들으면 이해할 수 없던 사람이라도 위빠사나 수행을 통해 **현상에 대한 평등의 지혜**에 이르게 되면, 수행처를 떠나 다시 법문을 읽어도 모든 법문의 내용을 깊이 이해할 수 있다. 이해력이 깊어졌다는 의미다.

---

7) 현상에 대한 평등의 지혜sankhārupekkhā ñāna는 모든 현상이 평등하고 평정하다는 것을 아는 지혜이다. 대상의 일어나고 사라짐을 있는 그대로, 좋아하는 마음 없이 알게 되면 사라짐에 대한 두려움도 없어지고 평온한 마음으로 지켜보게 된다. 이것을 아는 마음이 연속되면 현상에 대한 평등한 지혜에 이른다. 일어남이 고苦이며 사라짐이 고라는 것을 알기 때문에 좋은 것도 없고 두려운 것도 없는 평정함이 있다.

어린아이의 경우, 위빠사나 수행을 해서 높은 단계에 이르면 학교에서 공부할 때도 자신의 이해력이 깊어져 있음을 알게 된다. 뛰어난 성적으로 시험에 통과할 수도 있다. 그래서 오늘날 미얀마의 학생들은 틈이 날 때마다 위빠사나 수행을 한다. 이 수행은 특히 학생들에게 유익하다. 다른 목적을 가지고 위빠사나 수행을 하더라도 수행의 이득을 얻을 수 있다. 위빠사나 수행으로부터 얻을 수 있는 이익의 하나가 바로 이해력이 높아진다는 것이다. 지금까지 말한 것은 세속적인 이득을 의미한다.

다섯 번째와 여섯 번째 이익__다섯째와 여섯 번째 이익은 앞서 말한 이익의 결과라고 할 수 있다. 위빠사나 수행의 진정한 이익은 바로 모든 지혜의 단계를 거쳐 수다원도須陀洹道의 지혜에 이르렀을 때 알 수 있다. 이때 모든 이익을 분명하게 알 수 있다.

수없는 생을 윤회하면서 만든 불선업과 사악도에 머무르는 원인이 되는 불선업이 모두 사라진다. 수다원과의 지혜에 이르면 모든 악업이 소멸된다. 현생에서도 수형자는 어리석음으로 인해 사악도에 떨어질 불선업을 많이 지었을 것이다. 그러나 수다원도의 지혜를 얻으면 그 모든 불선업의 뿌리가 뽑힌다. 그래서 다시 사악도의 세계로 돌아갈 일이 없어진다.

그런 수행자에게는 남은 인생에 대한 두려움이 없다. 수다원도의 지혜에 이르면 다시는 사악도의 세계에 태어나지 않는다는 것을 알게 된다. 즉, 다음 생에 동물로 태어날지도 모른다는 두려움이 사라진다. 또한 사악도의 세계에 태어나지 않을 것이라는 확신이 있기 때문에 이를 의심하지도 않는다.

　이 단계에 이른 수행자는 죽은 뒤에 아귀[8]로 태어날지도 모른다는 두려움도, 아수라[9]로 태어날지도 모른다는 두려움도 갖지 않는다. 다시는 사악도의 세계에 태어나지 않을 것이라는 사실을 알기 때문이다. 또한 윤회[10]에 대한 아무런 두려움이 없다.

　사람을 낮은 세계로 이끄는 모든 탐욕, 성냄, 어리석음은 수다원도의 지혜에 이르면 뿌리가 뽑힌다. 탐욕, 성냄, 어리석음을 제거함으로써 진정한 의미의 오계五戒[11]를 완성하게 된다. 수다원도에 이른 수행

---

8) 아귀餓鬼는 지옥, 축생, 아귀, 아수라라고 하는 사악도의 생명 중 하나다. 불선업의 마음 중에서도 인색하고 집착하는 마음이 강하면 아귀로 태어난다. 아귀는 독립된 주거공간이 따로 없이 어둡고 음습한 곳, 묘지 습지 등 인간들이 사는 세계에 산다. 아귀에는 항상 먹어도 배고픈 아귀, 피고름을 먹고사는 아귀 등 4가지 종류가 있다.

9) 아수라阿修羅는 고통 속에서 살아가는 사악도의 생명 중 하나로, 성냄이 강하면 이런 존재로 태어난다. 아수라의 수명은 업에 따라 다르다.

10) 윤회輪廻를 빨리어로 삼사라saṁsāra라고 하는데, 영원히 방황하는 재생再生의 순환, 원인과 결과에 의한 유전流轉, 생사, 상속, 흐름, 지속이라는 의미를 가지고 있다. 연기緣起의 원인이 되는 탐진치가 지속되는 한 우리는 그 결과로 이어지는 윤회에서 벗어날 수가 없다. 윤회는 한 일생의 윤회가 있고, 태어난 이래 매 순간 일어나고 사라지는 윤회가 있다.

11) 수행을 할 때는 제일 먼저 계율을 충실히 지켜야 한다. 계율은 삼가는 것이고, 선한 마음이며, 막아서 보호하는 것이며, 범하지 않는 것이다. 오계五戒는 재가자들이 기본적으로 지켜야 할 덕목으로 다음과 같은 5가지가 있다.
첫째, 살아 있는 생명을 죽이지 않는다.
둘째, 주지 않는 물건을 갖지 않는다.

자는 오계를 지키기 때문에 다음 생에 사악도에 떨어질 만한 행위를
하지 않는다.

여기서 '진정한 의미의 오계'란 무엇인가? 재가자를 포함한 모든
수행자는 오계를 지키기 위해 최선을 다한다. 그러나 수다원도에
이른 사람과 보통 사람들이 계율을 지키는 방법은 다르다. 보통 사람
들이 오계를 지키기 위해서는 많은 알아차림이 필요하다.

보통 사람은 누군가를 죽이려 하는 순간 다음과 같은 생각을 할
것이다.

―나처럼 나이 든 사람이 누군가의 생명을 빼앗는 것은 적절하지
않다.
―나처럼 좋은 집안에서 자란 사람이 누군가의 생명을 빼앗는
것은 적절하지 않다.
―나처럼 젊어서부터 계율을 지켜 왔던 사람이 누군가의 생명을
빼앗는 것은 적절하지 않다.

죄가 되는 행동을 망설이는 이유는 그것이 알려지는 것을 부끄럽
게 생각하는 양심 때문이다. 또한 자기 자신뿐 아니라 다른 사람으로
부터 받을 비난이 두려워서 망설이기도 한다. 그는 살인을 피하기
위해 이와 같이 많은 생각을 한다. 그러고 나서야 비로소 계율을

셋째, 부적절한 성관계를 하지 않는다.
넷째, 거짓말을 하지 않는다.
다섯째, 정신을 혼미하게 하는 물질을 취하지 않는다.

지킬 수 있다.

보통 사람은 도둑질을 하려는 순간 자신에게 이렇게 타일러야 한다.

"나처럼 나이 든 사람이,
나처럼 좋은 집안에서 자란 사람이,
나처럼 젊어서부터 계율을 지켜 왔던 사람이,
도둑질을 하는 것은 적절하지 않다."

이렇게 보통 사람은 도둑질을 하지 않기 위해 자신의 두려움과 수치심을 떠올려야만 한다. 그러고 나서야 계율을 지킬 수 있다.

보통 사람은 다른 사람과 부적절한 관계를 가지려고 할 때 자신에게 이렇게 타일러야 한다.

"나처럼 나이 든 사람이,
나처럼 좋은 집안에서 자란 사람이,
나처럼 젊어서부터 계율을 지켜 왔던 사람이,
다른 사람과 부적절한 관계를 갖는 것은 좋지 않다."

이와 같이 부적절한 관계를 갖지 않기 위해 자신의 두려움과 수치심을 떠올려야만 한다. 그래야만 계율을 지킬 수 있다.

그러나 수다원에 이른 사람은 보통 사람처럼 계율을 떠올릴 필요가 없다. 자연스럽게 계율을 지키게 된다. 수다원에 이른 사람의 마음은 다음과 같다.

누군가를 죽이려는 의도가 일어나지 않으며,
무엇인가를 훔치려는 의도가 일어나지 않으며,
다른 사람의 부인과 부적절한 관계를 가지려는 의도가 일어나지
않으며,
거짓말을 하려는 의도가 일어나지 않으며,
취하게 하는 것을 먹으려는 의도가 일어나지 않는다.

수다원에 이른 사람은 이와 같은 모든 것을 자동적으로 피하게
된다. 그렇기 때문에 수다원에 이른 사람이 계율을 지키는 것은 어렵
지 않다. 그는 자신을 잘 이끌어 나가기 때문에 결코 사악도에 떨어지
지 않는다.

수다원에 이른 사람이 다시 태어날 때는 귀한 존재로만 태어난다.
그는 귀한 마음가짐을 가지고, 부유하며, 높은 신분의 잘생긴 존재로
태어나게 된다.

보통 사람은 좀 더 나은 위치에 오르기 위해 열심히 노력하며,
그렇게 되기 위해 최선을 다한다. 보다 나은 지위에 오르기 위하여,
부를 얻기 위하여 자신의 인생을 건다. 현생에서 좋은 지위를 얻기
위해 위험을 감수하는 모험을 하기도 한다.

그러나 위빠사나 수행을 통해서 수다원에 이른 사람은 좋은 지위
를 얻기 위해 노력할 필요가 없다. 그가 얻은 법이 자동적으로 그를

높은 지위로 올려놓기 때문이다.

수다원을 포함한 성자(聖者, 번뇌를 제거한 사람)들은 현생에서 가지고 있던 지위보다 낮은 지위로 태어나지 않는다. 항상 더 높은 지위와 신분을 가지고 태어난다. 이것이 위빠사나 수행을 해서 얻는 이득이다. 수다원이 되면 다음 생에 태어나 부를 누리면서 마지막 목표를 잊고 지낸다 하더라도 일곱 생을 넘지 않는다. 일곱 번째 생에서는 참회를 하고 열심히 수행하여 모든 번뇌를 끊고 열반에 이르는 아라한이 된다.

수다원에 이른 사람은 일곱 생을 윤회하면서 부유한 가정에 태어나더라도 최소한의 감각적 즐거움에 젖는다. 좋은 외모, 좋은 소리, 좋은 향기, 좋은 맛, 좋은 감촉, 좋은 집, 최고로 좋은 차와 같은 다섯 가지의 감각을 즐기기는 하지만, 그것들에 깊이 빠지지 않고 오감의 즐거움을 아주 약간 즐길 뿐이다.

그가 정말로 즐기는 것은 무엇일까? 그는 보시[12]를 즐긴다. 보시할 때 즐거움을 느끼며 보시를 하기 위해서 돈을 벌 때 기쁨을 느낀다. 계율을 지키는 것을 좋아하고 사마타 수행[13]을 즐긴다. 사마타 수행

---

12) 보시(布施, dana)는 자선, 증여, 관대함을 의미한다. 보시는 선한 마음의 행위로, 먼저 관용이 생겼을 때 자연스럽게 나타나는 것이다. 보시에는 재물로 하는 재물보시財施가 있고, 법을 설하는 법보시法施가 있다.

13) 사마타(samatha, 止) 수행은 멈춤, 평온, 선정(禪定, jhāna)을 목표로 하는 수행이다. 사마타는 대상과 하나가 되는 근본집중을 통하여 고요함을 얻는 수행이다. 수행을 시작하면 나타나는 5가지 장애(五蓋)인 감각적 욕망, 악의, 혼침, 들뜸과 회한, 회의적 의심을 제거하기 위해서 강력한 집중을 한다. 그러나

이 보편화된 시대에 태어나면 사마타 선정의 기쁨을 즐긴다.

그는 승가의 일을 돕는 것을 좋아한다. 선원이나 사찰을 돌아다니면서 불사에 참여하는 것을 좋아한다. 수다원에 대한 기억이 없더라도 그렇게 승가의 일을 돕는 것을 좋아한다. 그렇다면 얼마나 오랫동안 수다원에 대한 기억을 하지 못하고 살 것인가? 일곱 번째 생이 되도록 수다원에 대한 기억을 못하고 살 수도 있다. 그러나 일곱 번째 생에서는 깊이 참회하고 위빠사나 수행을 하여 아라한이 되어 열반에 이른다. 이것이 위빠사나 수행을 통해 얻는 가장 중요한 이익이다.

2. 위빠사나 수행을 할 수 있는 기회를 만나기 어려움

위빠사나 수행을 하려면 무엇보다 사람으로 태어나야 한다. 사악도의 세계에서는 위빠사나 수행을 할 수 있는 단 한 번의 기회도 만날 수 없다. 사악도에서는 수행을 할 수 있는 힘을 갖지도 못하고 수행을 하려고도 하지 않는다. 사악도라는 세계는 온통 불쾌한 광경, 불쾌한 소리와 감각 그리고 원하지 않는 모습들뿐이라서 항상 괴로움으로 가득 차 있다. 더구나 사악도의 삶에 지쳐서 수행을 할 힘도 없다.

천상14)에 태어나면, 원하는 것은 무엇이든 즉시 얻을 수 있는

선정의 상태에서만 장애가 제거된다. 사마타 수행을 통해서는 색계선정色界禪定과 무색계선정無色界禪定을 얻을 수 있다.

14) 생명들이 사는 세계는 모두 31천인데, 크게는 욕계欲界, 색계色界, 무색계無色界로 나뉜다. 그중 맨 아래에 속하는 욕계는 성욕, 식욕, 수면욕 등 3가지의

행복한 생활에 둘러싸여 있기 때문에 위빠사나 수행을 할 동기가 생기지 않는다. 온통 행복한 느낌들로 가득 차 있기 때문이다. 반면 인간세계에서는 잉태되는 순간부터 태어날 때까지, 즉 어머니의 자궁에서 9~10개월간 머물면서부터 출생의 고통을 경험한다. 천상에서는 마치 하늘에서 소포가 떨어지는 것과 같이 고통 없이 태어난다. 천상의 존재는 자기가 살 저택의 문 앞에 갑자기 형상화하여 나타나는 형식으로 화생化生[15] 한다.

남자는 이미 천상의 장신구로 장식된 옷을 갖춘 20세의 청년으로 태어나고, 여자는 잘 갖춰 입은 16세의 소녀 모습으로 태어난다. 그들은 극심한 추위나 더위와 같은 고통을 겪지 않고 아주 안락하게 살아간다. 천상의 기후는 항상 적당하고 옷이나 마실 것은 그들이 원하기만 하면 바로 앞에 나타난다.

천인들은 가고 싶다고 생각하는 것만으로도 그곳으로 갈 수 있다.

욕망을 가진 생명들이 사는 곳이다. 여기에는 사악도의 생명을 비롯하여 인간과 사천왕, 도리천 등 육욕천六欲天이 속한다. 믿음, 지계, 보시를 하면 욕계천상에 태어난다.

이에 비하여 천인들이 사는 색계천은 음욕을 떠나 감각기관에 집착하지 않고 청정하고 미세한 것을 즐기며 남녀의 구별이 없다. 무색계천은 물질세계를 초월한 세계로 물질을 싫어하고 여기서 벗어나고자 하는 선정을 닦은 사람들이 머무는 곳이므로 공간 개념이 없다. 과보에 따라 4가지 세계로 나뉘며, 이를 무색계천無色界天이라고 한다.

15) 31천에 존재하는 생명은 각기 다른 과정으로 태어난다. 인간이나 축생과 같이 태생胎生, 난생卵生으로 태어나기도 하고, 천인과 같이 화생化生으로 모습을 드러내기도 한다. 한편 지옥의 생명과 아귀, 아수라도 화생한다.

그들은 아무리 멀리 떨어져 있더라도 듣고 싶거나 보고 싶은 것이 있으면 들을 수 있고 볼 수 있다. 이와 같이 이들은 매우 안락하게 살아가는 존재들이다.

그들은 결코 불쾌한 것을 보거나 만나지 않으며 나이 든 사람이나 아픈 사람, 죽은 사람을 보지도 않는다. 천인들 사이에서는 결코 늙어서 지팡이를 짚고 걸어 다니는 노인을 볼 수 없다. 그들은 허리가 굽거나 귀가 멀지도 않고 흰머리가 나지도 않는다.

천인은 병으로 병원에 가는 일도 없을 뿐만 아니라 죽은 천인의 장례를 치르는 일도 없다. 천인은 죽으면 작은 불꽃이 소멸하는 것처럼 사라져 버리고 만다. 그렇기 때문에 아무도 죽음을 맞이하는 끔찍한 광경을 보지 않는다.

좋은 것으로만 가득한 환경에서는 생로병사와 같은 불쾌한 것을 접할 수가 없기 때문에 절박함이나 후회와 같은 감정을 느낄 수 없다. 따라서 그들은 즐거움과 행복만으로 시간을 허비할 뿐 위빠사나 수행을 하겠다는 동기를 갖지 못한다. 오직 인간계에 태어난 존재만이 위빠사나 수행을 할 수 있다. 그렇다면 인간으로 태어난 모든 사람이 위빠사나 수행을 하려고 하는가? 그렇지 않다. 대다수의 사람들은 수행을 하지 않은 채 시간을 보낸다.

지금 법문을 듣고 있는 수행자 여러분들은 다음과 같은 행운을 얻은 것이다.

인간으로 태어났다는 것,

건강하게 살아 있다는 것,

정법正法16)과 위빠사나 수행이 살아 있는 곳에 태어났다는 것,

이는 부처님 시대에 태어난 것과 다름없는 행운을 얻은 것이다.

위와 같은 조건의 결과로 이 자리에 있는 여러분들은 위빠사나 수행을 할 수 있는 것이다. 이것이 쉬운 일인가? 그렇지 않다. 사실은 아주 어려운 일이다. 사악도에서는 수행을 할 수 있는 기회조차 없다. 천상에서는 수행을 하려는 동기를 갖기 어렵다. 오직 인간세계에 있을 때만 그 기회를 가질 수 있는 것이다. 그렇다면 우리가 인간으로 존재하던 과거 생에는 위빠사나 수행을 하였을까? 우리는 과거 생의 거의 모든 기간을 위빠사나 수행을 하지 않고 지냈다.

지금 수행을 할 수 있는 것은 과거 생에 쌓아온 바라밀의 완성과 선업17)이 있기 때문이다. 다시 말해 선업의 결과로 위빠사나 수행을

---

16) 역대 부처님께서는 모두 사념처 수행인 위빠사나를 통해서 깨달음을 얻으셨다. 이렇게 부처님께서 깨달음을 얻은 수행법을 정법正法이라고 한다. 그리고 부처님의 가르침에 따라 실천 수행을 할 수 있는 팔정도八正道가 있으면 정법시대라고 한다. 정법의 존속시간은 매우 짧으며, 정법시대가 사라지면 다음 부처가 출현할 때까지 법에 대한 암흑시대가 온다. 정법시대는 다음의 세 가지 조건이 성숙되어야 한다.
첫째, 부처님의 말씀이 담긴 빨리어 경전이 전해진다.
둘째, 부처님의 가르침을 실천 수행할 수 있는 팔정도와 위빠사나가 있다.
셋째, 부처님의 가르침에 따라 열반을 성취한 수다원, 사다함, 아나함, 아라한이 있다.

17) 선업(善業, kusala kamma)은 빨리어로 선하다는 의미의 꾸살라kusala와 깜마(행, 업)의 복합어로서 건전한 행위를 말한다. 선업은 마음의 작용(心所, csttasika)에

할 수 있는 기회를 얻은 것이다.

인간으로 태어나고,
건강하게 살아 있으며,
정법과 그 가르침을 받을 수 있는 곳과 가까이 있고,
부처님의 법이 살아 있는 시대에 태어나는,
이 모든 조건이 동시에 갖춰진 것이다.

이것은 결코 쉬운 일이 아니다. 이렇게 접하기 어려운 수행을 할 수 있다는 것은 실로 놀라운 일이 아닐 수 없다. 그러므로 위빠사나 수행을 하는 수행자는 기쁜 마음으로 수행에 임해야 한다. 부처님께서는 다음과 같이 말씀하셨다.

"법을 얻기 위하여 수행자는
그의 힘과 능력을 다하여 노력해야 한다."

그러므로 이곳에 있는 수행자는 모든 힘과 능력을 다하여 수행해야 한다.

위빠사나 수행을 하는 이유는 모든 고통에서 벗어나는 열반을 얻기 위해서이다. 적당히 수행하는 것으로는 열반에 이를 수 없다. 수행을 통해 얻는 가장 큰 이익은 모든 괴로움에서 벗어날 수 있다는

속하는 것으로서, 그중 '깨끗한 마음의 작용'을 말하며, 이에는 믿음, 알아차림, 양심 등 25가지 종류가 있다. 그 반대의 개념인 불선업不善業에는 어리석음, 성냄 등 14가지 종류가 있다.

것이다. 여기서 벗어난다는 것은 괴로움에서 일시적으로 벗어난다는 의미가 아니라 열반이라고 하는 영원한 해방을 얻는다는 것을 의미한다. 그렇기 때문에 적당히 수행한다는 마음가짐을 갖지 말고 확고한 노력으로 수행에 임해야 한다.

모든 고통에서 벗어나는 열반은 보통의 노력으로 되는 것이 아니다. 열반을 얻기 위해서는 최고의 정신적, 육체적 노력이 요구된다. 돈을 벌거나 사회생활을 하려면 적당히 노력하면 된다. 그러나 위빠사나 수행은 그렇지 않다. 열반의 기쁨은 평범한 기쁨이 아니라 다시는 괴로움 속으로 돌아가지 않는 영원한 기쁨이다. 그러므로 부처님께서는 다음과 같이 말씀하셨다.

"열반의 기쁨은 보통의 노력으로는 얻을 수 없고,
오직 최고의 노력을 통해서만 얻을 수 있다."

그러므로 수행에 모든 노력을 기울여야 한다. 몸이나 생명조차도 생각하지 않고 수행을 해야 한다. 다음과 같이 세 번 반복한다.

≪요약≫　　　나의 몸과 생명을 염려하지 않고,
오직 담담하게 수행에 전념해야 한다.

3. 위빠사나 수행을 돕는 첫 번째 요인

위빠사나 수행자가 통찰력과 지혜를 얻기 위해서는 강한 조절과 통제를 의미하는 근기根氣가 있어야 한다. 이 근기를 강하게 하려면 아홉 가지 요인이 계발되어야 한다. 이 아홉 요인을 갖추어야 위빠사나 수행을 할 때 마음을 조절하는 다섯 가지 근기를 강화할 수 있다. 따라서 수행을 지도하는 스승들은 수행자의 근기를 강화하고 수행을 진전시키려면 아홉 요인을 갖춰야 한다고 말한다. 마하시 사야도[18]는 다음과 같이 말하였다. 나를 따라 이 말씀을 세 번 반복한다.

≪요약≫　　　다섯 가지 근기가 강해지려면,
**　　　　　　　아홉 가지 요인을 갖춰야 한다.**

위빠사나 수행에는 마음을 조절하는 다섯 가지 원리가 있다. 이것을 다섯 가지 근기, 즉 오근五根이라고 하며, 이 다섯 가지 근기가 강해지고 깊어질 수 있도록 돕는 것이 바로 아홉 요인이다. 수행을 할 때 각각의 알아차림에는 다섯 가지 근기가 항상 함께한다.

마음을 조절하는 다섯 가지 원칙이 확고해지고 균형 잡혀 있을

18) 마하시 사야도의 법명은 우 소바나U Sobhana이다. 붓다의 위빠사나 수행법을 체계화하여 보급시킨 스승으로서 현재 미얀마 양곤에 있는 마하시 선원의 설립에 참여하였다. 마하시 선원은 미얀마뿐만 아니라 해외 약 40여 곳에 분원이 있다. 마하시 사야도는 빨리어 경전과 그 주석서를 두루 통달하였을 뿐만 아니라 수행에서도 뛰어난 재질을 보여 이미 20대에 그 명성이 알려져 지금의 마하시 선원을 설립하게 된 동기를 제공하였다. 1945년에 저술한 『위빠사나 명상 입문서Manual of Vipassanā Meditation』는 수행 방법론에 대한 이론과 실제를 상세하게 기술한 정통 입문서다. 1956년에는 붓다 탄생 2500 주년을 기해서 2년에 걸쳐 실시된 제6차 결집대회에서 구전으로 전해진 경전 승인 절차에서 질문자의 역할을 하였다. 70여 권의 저술과 번역서를 남겼으며, 1982년 78세로 입적하였다.

때 다음과 같은 것들을 이룰 수 있다.

수행에 성과가 없던 수행자는 성과를 얻을 것이고,
약간의 성과가 있던 수행자는 아주 많은 성과를 얻을 것이고,
수행의 마지막 목적지에 다가간 수행자는 목표를 이룰 것이다.

그러므로 수행자는 다섯 가지 근기를 강화시켜야 한다. 이 다섯
가지 근기를 순서대로 말하면 다음과 같다.

—믿음의 근기
—노력의 근기
—알아차림의 근기
—집중의 근기
—지혜의 근기

이 중에서 믿음의 근기가 근본이다. 빨리어로 삿딘드리야saddhindriya
라고 부르는 믿음의 근기는 믿음이라는 뜻의 삿다saddhā와 근기라는
뜻인 인드리야indriya의 합성어이다.

미얀마의 스승은 믿음이라는 의미의 빨리어인 삿다를 두 가지로
나누어서 설명한다. 믿음은 다음에 나오는 다섯 가지에 대한 믿음을
의미한다.

1) 부처님
2) 법

3) 승가
4) 업의 존재[19]
5) 업의 결과[20]

이상 다섯 가지에 대한 믿음을 가지는 것이 믿음 근기의 첫 번째 요인이다. 다음은 '청정하고 고요한 마음'을 가지는 것이다.

여기서 마음이 청정해지고 고요해진다는 것은 무슨 의미인가? 그리고 왜, 어떻게 마음이 고요해지는 것일까? 앞에서 언급한 다섯 가지에 대한 믿음이 있으면 마음이 고요해진다.

1) 부처님

부처님에 대한 믿음을 가지고 있는 사람은 부처님을 공경하기 때문에 마음이 청정해지고 고요해진다. 우리가 존경하는 부처님은 아라한

---

19) 업業을 빨리어로 깜마kamma라고 하는데, 불교에서는 행위라는 의미로 쓰인다. 행위는 앞서서 의도하는 마음이 있어서 이루어지는 것으로서 의도로 인한 마음의 형성력이라고도 한다. 업은 먼저 생각(意)이 일어나서 말(口)을 하게 되고, 이어서 몸(身)으로 행동하게 된다. 이것을 신구의 3업이라고 한다. 이렇게 하여 이루어진 선업과 불선업은 반드시 이에 상응하는 과보를 받게 되는데, 이것이 원인과 결과로서 연기緣起의 조건이 된다. 이와 같은 원인과 결과를 아는 것이 업의 존재를 받아들여 인정하는 것이다.

20) 어떤 행위라도 그에 상응하는 과보를 받는다. 이렇게 과보를 받을 때 마음이 일어나는 것을 과보심果報心이라고 하는데, 태어날 때는 물론 일상에서도 과보심의 지배를 받는다. 이것을 업력이라고도 한다. 이와 같이 스스로 행한 업에는 반드시 업의 결과가 작용한다는 것을 아는 것이 올바른 견해이다.

도阿羅漢道의 지혜를 얻은 분이다. 아라한도는 '모든 번뇌, 즉 탐욕, 성냄, 어리석음의 뿌리를 완전히 제거한 지혜의 단계'이다.

여기에 있는 수행자들은 부처님의 '의식의 연속체(santāna, 의식의 흐름)'에는 어떠한 탐욕과 성냄과 어리석음이 남아 있지 않음을 믿고 있다. 이것을 믿음이라고 한다.

또한 부처님은 일체지자一切智者라는 것을 믿는다. 일체지는 '모든 것을 아는 지혜'이다. 모든 것을 안다는 것은 어떠한 가르침을 받지 않고도 스스로 모든 것을 아는 지혜를 말하는 것이며, 안다는 것은 '세속적인 의미의 지식과 법의 지혜를 통틀어 아는 것'을 말한다.

여기에 있는 수행자들은 부처님께서 세속적인 의미에서나 출세간의 의미에서나 모든 것을 아신다는 것을 믿고 있다. 이것을 믿음이라고 한다.

부처님은 아라한도의 지혜와 일체지를 모두 갖추신 분이라는 것을 믿기 때문에 여러분은 부처님이 지니고 있는 아홉 가지 특성21)을 믿는

---

21) 부처님의 9가지의 특성은 다음과 같다.
첫째, 아라한(Arahant, 應供)으로서, 존경하고 공양 받을 가치가 있는 분이라는 의미다.
둘째, 삼마삼붓다(Sammāsambuddha, 正等覺者)로서, 모든 법을 완전하게 스스로 깨달은 분이라는 의미다.
셋째, 윗짜 짜라나 삼빠노(Vijjā caraṇa sampanno, 明行具足者)로서, 지혜와 실천을 계발하여 완전한 지혜와 품행을 부여받은 분이라는 의미다.
넷째, 수가따(Sugata, 善逝)로서, 진실만을 말하는 분이라는 의미다.

다. 이는 부처님의 무한하고도 헤아릴 수 없는 특성을 믿는다는 의미
다. 그 믿음이 있기 때문에 마음이 고요하다. 부처님께 공경을 표하거
나 꽃이나 물, 등촉을 올릴 때 마음이 기쁘고 고요해지는 것을 느끼지
않는가? 그 이유는 무엇일까? 우리가 가지고 있는 믿음이 마음을
고요하게 만드는 것이다.

2) 법

우리는 불법佛法을 믿고 있기 때문에 법을 존경하고 경전을 읽고
외우며 수행한다. 이때도 믿음이 있기 때문에 우리의 마음은 고요해
진다.

위빠사나 수행을 하여 높은 수준의 지혜에 도달하면 마음이 얼마나
평온하고 청정해지는지를 알 수 있다. 처음 수행을 시작하여 위빠사나
지혜의 첫 번째 단계인 **정신과 물질을 구별하는 지혜**[22])에 이를 때까지는

다섯째, 로카위두(Lokavidū, 世間解)로서, 세속의 일을 잘 아는 분이라는 의미다.
여섯째, 아누따로 뿌리사 담마 사라티(Anuttaro purisa damma sārathi, 調御無上
師)로서, 거친 사람, 천인, 동물을 바르게 잘 훈계하고 이끄는 분이라는 의미다.
일곱째, 삿따데와 마누싸남(Satthādeva manussanam, 天人師).으로서, 인간, 천인
들의 스승이 되는 분이라는 의미다.
여덟째, 붓다(Buddha, 正覺者)로서, 사성제를 잘 아는 분이라는 의미다.
아홉째, 바가와또(Bhagavato, 世尊)로서, 사성제의 진리를 스승 없이 알고,
다른 중생에게도 그 진리를 알게 가르칠 수 있는 분이라는 의미다.
이상의 특징에 따라 부처님을 9가지 명호로 부르기도 한다.

22) 정신과 물질을 구별하는 지혜nāma rupa pariccheda ñāṇa는 위빠사나 수행을
시작하여 첫 번째로 얻는 지혜다. 몸과 마음을 분리해서 알아차렸을 때
얻는 지혜다.

마음이 청정해졌다는 것을 잘 알 수 없다. 처음 수행을 시작할 때는 자신의 마음이 방황하지 않도록 잘 잡아두어야 한다. 또한 몸이 기울어지거나 움직이지 않도록 바른 자세를 유지해야 한다. 따라서 처음 수행을 시작할 때는 어떻게 마음을 고요하게 하는지를 잘 모른다.

수행자는 두 번째 단계인 **원인과 결과를 아는 지혜**에 이르러도 몸과 마음이 흔들리거나 방황하지 않도록 하는 데 마음을 기울여야 한다. 그러므로 마음이 청정해지는 것을 잘 알 수 없다.

세 번째 단계인 **현상을 바르게 아는 지혜**23), 즉 존재하는 것의 세 가지 특징에 대한 통찰력이 생기는 지혜에 이르더라도 여전히 고요함을 느끼지 못한다. 이 단계에서는 많은 불만족과 두려운 느낌이 있기 때문이다. 그러므로 마음이 청정해지는 것을 알지 못한다.

현상을 바르게 아는 지혜의 단계에서 수행자는 고통을 겪는다. 통증, 가려움, 매스꺼움, 어지러움, 몸의 흔들림, 모든 종류의 고통, 즉 괴로운 느낌을 경험한다. 이때는 마음이 청정해진 것을 알기는커녕 오히려 혼돈에 빠진다. 이 단계에 있는 수행자는 쉽게 화를 내거나 괴로움에 빠지며, 의욕을 잃고 수행을 포기하려는 마음이 생기기도 한다.

---

23) 현상을 바르게 아는 지혜sammasana ñāṇa는 위빠사나 수행의 16단계 지혜 중에서 세 번째 나타나는 지혜다. 물질과 정신이 일어나고 사라지는 과정에서 시작과 중간과 끝이 있는 것을 알게 되면 무상, 고, 무아를 확실하게 알게 되면서 삼법인에 대한 이해가 높아진다. 이 과정에서 마음에서 일어나는 괴로움이나 기쁨도 모두 이렇게 사라진다는 것을 알게 되고, 괴로움을 강하게 알아차리게 된다.

수행을 그만두고 집으로 돌아가려는 마음이 아주 강하게 일어나기도 한다. 이때 스승은 수행자가 포기하지 않도록 힘을 북돋워 줘야 하는데, 수행자에게 이렇게 말한다.

"이 단계에서는 그런 마음이 생긴다."
"이 단계를 지나기가 어렵지만, 다음 단계인 **생멸의 지혜**에 이르면 수행의 기쁨을 느낄 수 있다."
"비록 지금 수행이 잘 안 되는 것처럼 느껴지더라도, 현재의 단계에 있다는 것은 수행이 진전하고 있는 것이다."

아무리 스승이 괜찮다고 말해 주더라도 수행자는 곧 죽을 것만 같이 느껴진다. 이는 수행자의 마음이 고요하고 청정하지 못하다는 것을 의미한다. 그럼에도 불구하고 스승의 가르침에 따라 수행을 계속한다면 **생멸의 지혜**에 이르게 된다.

수행자의 몸과 마음이 가벼워지고,
몸과 마음이 부드러워지며,
몸과 마음이 수행을 하기에 적절해지고,
몸과 마음이 수행에 익숙해진다.

알아차릴 감각대상과 알아차리는 마음은 스스로 제 기능을 한다. 수행자는 이때 몸과 마음이 평화로워진 것을 느낀다. 위빠사나의 희열24)과 위빠사나의 행복25)이 일어나고, 비로소 몸과 마음이 고요해

---

24) 위빠사나 수행 중에 나타나는 정신적, 육체적 현상이 희열이다. 빨리어로 삐띠(pīti, 喜, 기쁨)라고 하는데, 알아차림과 법에 대한 고찰과 노력이 수반되면

졌음을 분명하게 알게 된다.

부처님께서는 다음과 같이 말씀하셨다.

"모든 현상이 일어나고 사라진다는 것을 알게 되는
생멸의 지혜에 이른 수행자가
조용한 곳에서 몸과 마음의 일어남과 사라짐을 알아차릴 때
수행자에게는 위빠사나의 희열과 행복이 일어난다."

이때 일어나는 위빠사나의 희열과 행복, 청정하고 고요한 마음은
보통 사람은 느낄 수 없다. 이것은 천인이 느끼는 즐거움이나 고요함
과도 비교할 수 없는 것이다.

다음 단계로 희열이 나타난다. 희열로 인해 몸과 마음에서 생기는 현상에는
5가지가 있다.
첫째, 약한 희열로 소름이 끼치거나 닭살이 돋고 털이 일어나는 듯한 느낌.
둘째, 순간적인 희열로 전기에 감전된 듯 짜릿하거나 시원하고 기분 좋은
느낌.
셋째, 파도 같은 희열로 파도를 탄 듯 공간을 떠다니는 느낌.
넷째, 들어올리는 희열로 몸이 공중에 뜨는 느낌이 들거나 실제로 공중 부양을 함.
다섯째, 퍼지는 희열로 온몸에 완벽하게 스며들듯이 기쁨이 충만한 느낌.
이상의 희열은 수행 중에 집중이 깊어지면 나타나는 현상일 뿐이므로 그냥
알아차리고 지나가야 한다.
25) 수행 중에 지혜가 성숙해지면, 희열이 나타난 후에 몸과 마음이 고요하고
편안해지는 평온(平穩, passati)이 온다. 이것도 좋아하지 않고 계속 알아차리면
다음으로 행복(幸福, sukha)이 온다. 이때의 행복은 정신적인 현상이 강하여
몸에서 일어나는 기쁨과 다르다. 이 경우도 수행 중에 나타나는 현상임을
알고 그냥 알아차리고 지나간다. 그래야 다음 단계의 지혜로 발전한다.

어째서 마음이 고요해지는가? 그것은 수행자가 믿음과 수행을 통해 얻은 희열로 수행에 노력을 기울였기 때문이다. 법을 믿고, 경을 독송하고, 불법에 귀의하여 수행을 한다는 것이 바로 마음을 청정하고 고요하게 하는 것이다. 즉, 믿음이 있어서 마음이 고요해진 것이다.

3) 승가

승가僧伽에 대한 믿음이 있기 때문에 승가에 귀의한 사람의 마음도 고요해진다. 승가의 승려들은,
　—부처님 시대부터 내려오는 고귀한 승가에 귀의하였다.
　—성스러운 행을 실천하고 있다.
　—청정한 길을 가고 있다.
　—열반에 이르기 위하여 수행하고 있다.
　—모든 존재들의 이익과 행복을 위해 수행하고 있다.

그렇기 때문에 승가의 가치에 대한 믿음을 가지고 승가에 귀의할 때 마음이 청정해지고 고요해진다.

수행자가 승가에 귀의할 때, 승가에 공양을 올릴 때 그의 마음은 고요해진다. 승가에 대한 믿음을 가지고 있기 때문에 고요하게 느끼는 것이다. 승가에 대한 믿음이 없다면 그의 마음은 고요하지 않다. 예를 들어, 집에 믿을 수 없는 사람의 방문을 받았을 경우 그가 무슨 일을 저지를 것인가, 무슨 방해를 할 것인가 하는 등의 마음이 일어나서 마음이 고요하지 않다. 그러한 염려를 하고 있을 때의 마음은 청정해질 수 없다. 상대방을 신뢰하지 않기 때문에 마음이 고요하지 못한 것이다.

4) 업의 존재

선업을 쌓았을 때 마음이 고요해지는 것은 믿음을 가지고 있기 때문이다. 선업은 다음과 같은 것이다.

눈으로는 볼 수 없는 것이다.
만져지는 것도 아니다.
그러나 선업은 선업을 쌓은 사람의 것이고,
지금 그 선업의 대가를 받지 못하더라도
그것은 항상 그 사람의 것이다.

여러분은 이것을 믿고 있는가? 이것을 '믿음'이라고 부른다.

선업은 정신적 요소이다. 돈이나 음식, 사원, 탑, 약품 등을 보시한다면 그것은 눈에 보이고 만져지기 때문에 물질적 요소이다. 이와 같은 물질적 요소는 홍수가 나거나 화재에 의해서, 혹은 지배자나 도둑 또는 잘못된 상속자에 의해 없어질 수도 있다.

그러나 스스로의 의지로 보시한 선업은 수행자의 '의식의 연속체' 속에 남아 있다. 그렇기 때문에 선업은 물질적 요소가 아니라 정신적 요소이다. 정신적 요소이므로 보이지도 만질 수도 없다. 그렇다고 해서 선업이 우리에게 없다고 생각하는가? 그렇지 않다. 그것이 바로 믿음이다.

자신이 쌓아 놓은 선업이 있다는 것을 믿기 때문에 열반에 도달하기 전 마지막 생까지 그 선업이 자신의 것이라고 믿는다. 선업을 행할 때마다 마음이 청정하고 고요해지는 것을 느끼지 않는가? 이는 선업을 행하여 마음이 고요해질 것이라는 믿음이 있기 때문이다.

5) 업의 결과

선업으로 얻는 이익을 생각할 때 마음은 청정하고 고요해진다. 선업으로 얻는 이익은 그 수를 헤아릴 수 없이 많으며, 그 공덕은 열반을 완성하기 전까지 금생에서 받을 수도 있고, 다음 생에서 받을 수도 있으며, 그다음 생에서 받을 수도 있다. 선업에 대한 이익을 받을 수 있다고 믿고 있기 때문에 선업을 생각할 때마다 마음이 청정하고 고요해지는 것이다. 그러므로 믿음은 근기를 강하게 해주는 근본이 되는 법이다.

위빠사나 수행에 있어 다섯 가지 근기 중에서 믿음의 근기가 근본이다. 믿음이 강해질수록 노력이 함께 강해진다. 그렇기 때문에 수행을 할 때 가장 중요한 것이 법에 대한 믿음이다.

여러분은 알아차림 하나가, 지옥으로 통하는 문이 닫히고 열반에 이를 수 있는 법이라는 것을 믿고 있는가? 수행자가 모든 행위를 일어남, 꺼짐, 앉음, 닿음, 듦, 움직임, 내려감, 굽힘, 뻗음, 쥠 등으로 완전하게 알아차릴 때 사악도로 떨어지는 문이 영원히 닫힌다. 이것은 수다원의 도과를 얻어 열반에 이를 수 있다는 것을 의미한다.

지금까지 '믿음'에 관하여 말했는데, 그중에서도 기본이 되는 것은 법에 대한 믿음이다. 수행자가 법에 대한 믿음을 가지고 있기 때문에, 사악도에 떨어지지 않을 것이라는 믿음을 가지게 된다면, 그는 곧 열반에 이를 수 있을 것이다. 법에 대한 믿음을 가지고 있을 때 수행을 하려는 노력도 더 강해진다. 믿음을 가지고 있기 때문에 그는 쉬지 않고, 잠자지 않고 수행할 수 있는 것이다.

반대로 반은 믿고 반은 믿지 않으면서 다른 사람이 하기 때문에 한다면, 확고한 신념을 가지고 수행하는 사람만큼 노력을 기울이지 않을 것이다. 여기에 있는 수행자 중에서 확고한 신념이 없이 수행하는 사람은 없다. 여기에 온 수행자는 배의 일어남, 꺼짐을 알아차림으로써 사악도의 문이 닫히고 열반에 이르게 될 것이라는 믿음을 가지고 수행한다. 우리의 믿음은 매우 강하다. 우리의 믿음이 매우 강하기 때문에 쉬지 않고, 잠자지 않고 알아차리려는 노력 또한 더욱 강해진다.

노력을 많이 할수록 더 많이 알아차릴 수 있고, 알아차리는 힘[26]이 강해지며, 알아차리는 힘이 강해지면 감각대상이 일어나는 순간을 알아차릴 수 있다. 알아차리는 힘이 강해질수록 집중의 힘[27]이 향상

---

26) 알아차림은 선한 행위이다. 행위에는 그에 따른 과보가 있다. 그래서 많이 알아차리면 선한 과보가 그만큼 많아져서 알아차리는 힘이 증장된다. 알아차리는 힘이 커지면 탐욕, 성냄, 어리석음이 있어도 걸리지 않아 거미줄에 걸리지 않는 바람처럼 자유로워진다. 그러므로 없앨 수 없는 탐진치를 없애려 하지 말고 무엇이나 알아차려서 그 힘으로 번뇌에 걸리지 않도록 해야 한다.

27) 위빠사나 수행을 할 때는 집중력이 있어야 지혜가 난다. 그래서 집중은 중요한 의미를 갖는다. 이러한 집중은 알아차림을 지속할 때만 생긴다. 그러므로 집중력을 얻으려고 하기에 앞서 알아차림을 지속시키도록 노력해야

된다. 수행자가 감각대상이 일어나는 순간에 알아차리면, 느낌이 시
작되는 순간과 그 감각대상 자체도 바로 알아차릴 수 있다. 또한
느낌이 사라지는 순간도 알아차릴 수 있다. 이렇게 느낌이 일어남과
동시에 알아차림이 일어나고, 느낌이 사라짐과 동시에 그 사라짐을
아는 알아차림이 일어나는 것을 찰나삼매(刹那三昧28))라고 한다. 찰나삼
매를 한다는 것은 알아차림의 힘이 좋아졌다는 것을 말한다. 집중의
힘이 강해지면 위빠사나 통찰력인 지혜의 힘29)이 향상된다.

집중이 강해져야 위빠사나 지혜가 강해진다. 그러므로 수행 초기
에는 집중력을 향상시키는 것을 목표로 삼아야 한다. 집중이 되지
않은 채 위빠사나 지혜만 키우려고 한다면 법을 보는 시간만 지연시
킬 것이다. 제대로 집중이 되지 않은 상태에서 정신적 요소와 물질적
요소를 구별하려고 한다면, 과연 그 수행자는 법을 볼 수 있겠는가?
그렇다면 법을 보는 속도가 빠를 것인가, 느릴 것인가? 물론 느려질
한다.

28) 삼매三昧를 빨리어로는 사마디(samadhi, 定)라고 하는데, 청정한 마음의 집중
을 의미한다. 집중이 되려면 먼저 마음의 고요함이 있어야 된다. 그런 뒤에라
야 집중이 된다. 삼매에는 근본삼매(根本定), 근접삼매(近行定), 찰나삼매(刹那
定)의 3가지가 있다. 사마타 수행을 할 때는 근접삼매로 시작해서 근본삼매로
들어간다. 그러나 위빠사나 수행을 할 때는 찰나삼매를 한다. 위빠사나는
몸과 마음을 통하여 끊임없이 일어나고 사라지는 현상을 대상으로 알아차리
는 수행이기 때문에 이렇게 변화하는 성품을 알아차리려면 깊게 들어갈
수가 없다. 그래서 찰나찰나를 지속시켜 순간순간을 집중한다. 그래야 대상
을 객관화하여 지켜볼 수가 있고, 이를 통해서 지혜를 얻게 된다.

29) 위빠사나 수행의 집중력이 생기면 지혜의 힘이 생겨 존재하는 것들의 성품인
무상, 고, 무아의 법을 보게 된다. 지혜는 끊는 힘을 가지고 있어서 그간
가지고 있던 무명과 갈애를 끊기 때문에 열반에 이르게 된다.

것이다. 수행자는 이 점을 명심해야 한다.

위빠사나 수행 초기에는 집중력을 향상시키기 위해 노력해야 한다. 오온을 알아차리는 집중력이 향상되면 위빠사나 지혜는 저절로 강해진다. 그렇기 때문에 수행 초기에는 집중을 향상시키는 것을 목표로 해야 한다.

─강한 믿음의 힘이 있어서 노력의 힘이 강해진다.
─강한 노력의 힘이 있어서 알아차림의 힘이 강해진다.
─알아차리는 힘이 강해지면 집중의 힘이 향상된다.
─집중의 힘이 강해질수록 지혜의 힘이 성숙한다.

수행을 통해 모든 위빠사나 지혜가 완성되면 비로소 지옥으로의 문이 닫히고 성스러운 법을 얻는 궁극적인 목표에 도달하게 되는 것이다.

《위빠사나 수행을 돕는 첫 번째 요인》

여러분의 '의식의 연속체' 속에는 정신적 현상과 물질적 현상이 있다. 오직 이 두 가지 현상만이 존재한다. 이 둘은 일어나는 순간 빠르게 사라진다. 스승은 수행자의 근기를 강화하고 수행을 향상시키는 데 도움이 되는 첫 번째 요인으로서, 다음과 같이 말한다.

"현상의 정지(쉽)[30]하는 성품에 마음을 겨냥하라."

---

30) 알아차림이 세밀해지면 호흡의 일어남, 꺼짐이 있은 뒤에 휴지(休止)가 있음을 알게 된다. 호흡의 꺼짐, 뒤에 새로운 일어남이 있기 전의 짧은 순간을 정지(停

수행의 근기를 강화하기 위한 첫 번째 요인을 쉽게 기억하기 위하여 마하시 사야도는 다음과 같이 요약하여 말하였다. 나를 따라 다음과 같이 세 번 반복한다.

≪요약≫　　　**정신이나 물질에서 현상이 일어날 때마다**
　　　　　　　정지하는 습성이 있으니
　　　　　　　그것을 항상 알아차려야 한다.

수행자의 의식 속에 잠재하고 있는 정신적인 현상과 물질적인 현상은 일어나자마자 아주 빠르게 사라지기 때문에 정지의 순간 역시 아주 빠르게 사라진다. 이때 정지에 마음을 두어야 한다. 그러나 현상의 정지에 대한 경험이 없는 상태에서 정지에 초점을 맞추려고 하면 자칫 정지를 상상이나 시각적으로 이해해서 관념적으로 알아차리는 수가 있는데, 이것은 수행을 더디게 만들 뿐이다. 알아차림은 평상시대로 '일어남, 꺼짐', '앉음, 닿음', '(발을) 들어서, 앞으로, 놓음'으로 해야 한다.

止, cessation)라고 한다. 정지는 그침, 멈춤, 중지中止, 쉼을 말한다.
이때의 느낌은 덤덤한 느낌으로, 이 순간을 알아차리지 못하면 잠에 떨어지거나 마음이 달아나 망상에 빠지기 쉽다. 그래서 호흡을 알아차릴 때는 일어남, 꺼짐, 쉼을 알아차리거나 또는 들숨, 날숨, 쉼을 알아차려야 한다. 이처럼 모든 현상은 일어나서 사라진 뒤에 아무것도 없는 것이 아니고 정지된 순간의 쉼이 있는데, 이 쉼을 알아차리는 것이 무상無常을 아는 것이다. 그러므로 무상은 있다가 없는 것을 아는 것이다. 수행자가 처음부터 정지를 알아차리기 위해서 지나치게 집중을 해서는 안 된다. 정지는 알아차리는 힘이 생겼을 때 알 수 있는 법이다.

그렇게 알아차리면서 모든 현상의 '일어남'이 멈추는 부분에 마음을 집중한다. 배의 '일어남'을 알아차릴 때는 알아차림이 끝나자마자 배의 '일어남'에 정지의 순간이 있다. 그렇다면 그 다음에 오는 배의 '꺼짐'을 알아차릴 때, 이것은 새로 일어난 현상인가 아니면 배의 일어남의 연속인가? 배의 '꺼짐'은 새로운 것이다. 배의 '일어남'을 알아차리고 난 뒤 배의 '일어남'이 멈추고 새롭게 배의 '꺼짐'이 시작되기 때문이다. 배의 '일어남'을 알아차리고 난 뒤에 수행자는 이것이 새로 일어난 것인가, 아니면 연속적인 것인가를 알아야 한다. 배의 일어남과 꺼짐의 연속적인 움직임을 알아차리고 난 뒤에 그 움직임이 새로운 것인가를 알아야 한다. 이와 같이 수행자는 일어남과 꺼짐의 마지막 부분에 마음을 기울여야만 한다.

이렇게 알아차리면 더 깊은 집중을 얻을 수 있다. 정지를 연속적으로 보려는 훈련, 다시 말해 하나의 감각을 계속해서 알아차리는 훈련을 하면 집중과 지혜가 더욱 강해진다. 집중과 지혜가 더 강해지면 수행자는 정지가 무엇인지 알게 된다.

실제로 정지가 무엇인지를 알게 위해서는 먼저 **소멸의 지혜**를 얻어야 한다. 그러나 정지에 직접적으로 마음을 기울여서 알아차리고, 그때 다섯 가지 강한 근기의 힘이 균형을 이루고 있다면 **소멸의 지혜**에 이르지 않더라도 정지가 무엇인지를 알게 되기도 한다. 어떤 수행자는 수행을 시작한 지 열흘 만에 정지를 보았다고도 한다. 물론 그가 알았다고 하는 것은 그리 분명한 것이 아니다.

수행자가 일어남과 꺼짐을 알아차릴 때, '일어남'이 배의 팽창 마지막까지 남아 있는 것을 알게 된다. 그 '일어남'은 '꺼짐'까지 이어지지 않는다. '꺼짐' 또한 배가 완전히 꺼지는 마지막까지 남아 있다. 그러나 그 '꺼짐'은 그다음으로 이어지는 '일어남'까지 가지 않는다.

어떤 수행자는 일어남과 꺼짐 사이에 아주 짧은 쉼이 있는데 이것이 사실인지를 묻는다. 이때 사야도는 수행자에게 이렇게 되묻는다.
"수행자여, 네 자신이 그것을 경험하지 않았는가?"

수행자의 집중이 깊어지면 배의 일어남과 꺼짐이 연속적이지 않다는 것을 안다. 또한 일어남과 꺼짐 사이에 정지가 있다는 것을 안다. 배의 '꺼짐'은 일어남으로 이어지지 않으며, 배의 '일어남' 또한 '꺼짐'으로 이어지지 않는다는 것을 안다. 그리고 일어남과 꺼짐 사이에 정지가 있다는 것을 안다.

'일어남'은 '꺼짐'으로 이어지는 것이 아니라 '일어남'의 마지막 부분에서 끝난다. '꺼짐'은 '일어남'으로 이어지는 것이 아니라 '꺼짐'의 마지막 부분에서 끝난다. 수행자의 지혜가 충분히 깊어지지 않으면 이를 분명하게 이해하지 못한다.

경행을 하면서 발을 '들어서, 앞으로, 놓음'을 할 때도 마찬가지다. 수행자는 '들어서'가 '앞으로'로 이어지는 것이 아니라는 것을 알게 된다. '앞으로'는 '들어서' 뒤를 그림자처럼 따른다. '앞으로'는 '놓음'으로 이어지는 것이 아니다. '놓음'은 '앞으로'의 뒤를 그림자처럼 따른다. 마찬가지로 '놓음'이 '들어서'로 이어지는 것이 아니다.

면담시간에 수행자가 모든 현상이 하나의 현상 뒤에 그림자처럼 따라온다고 보고한다면, 그것은 바로 정지가 무엇인지를 알기 시작하였다는 것을 의미한다. 그러나 이런 것을 좌선 중에 계속 알아차릴 수 있는 것은 아니다. 다섯 가지 근기의 균형이 잡혀 있어야 정지를 볼 수 있다. 그다음에는 정지를 알아차리지 못할 수도 있다. 이럴 때 수행자는 일상의 알아차림을 계속해야 한다. 정지를 분명하게 보지 못하기 때문에 알아차림을 지속할 수 없는 것이다. 이럴 때는 과연 정지가 실제로 있는 것인가 하고 생각할 수도 있는데, 그렇지 않다.

이때 수행자는 다음과 같이 생각해야 한다.
'나는 정지를 몇 번 보았다. 다음에는 정지의 성품을 분명하게 볼 것이다.'

이렇게 정지의 성품에 마음을 기울여야 한다.

계속된 알아차림은 집중으로 이어진다. 집중이 충분히 강해지면 마침내 **소멸의 지혜**에 이르게 된다. 이 지혜에 이르면 마치 눈으로 보는 것처럼 정지를 볼 수 있다. 배의 일어남을 알면 바로 일어남이 사라지는 것을 안다. 또한 배의 꺼짐을 보면 바로 꺼짐이 사라지는 것을 안다.

소멸의 지혜에 이르면 통찰력이 강해지기 때문에 알아차리는 마음에는 형상이나 모양이 분명하지 않다. 배의 어떤 모양이나 형상이 분명하지 않고 다만 움직임만이 분명해진다. 배의 일어남을 알아차릴 때 연속적으로 나타나는 단단함, 팽창, 미는 느낌에서 재빠른 정지만이 눈으로 보는 것처럼 분명하다.

　　발을 들어서, 앞으로 밀고, 놓는 동작도 마찬가지다. 들어올림을 알아차릴 때 발이 들리는 것의 빠르고 연속적인 정지를 알아차린다. 발을 앞으로 밀 때도 미는 동작의 빠르고 연속적인 정지를 알아차린다. 발을 놓을 때도 마찬가지다. 이때도 눈으로 보는 것처럼 밑으로 누르는 동작의 빠르고 연속적인 정지를 알아차린다.

　　알아차림이 계속될수록 집중이 향상된다. 집중이 성숙되어 강해지면 알아차릴 때마다 감각대상만 사라지는 것이 아니라 그 뒤에 따라오는 마음도 느낌이 사라짐과 동시에 사라진다는 것을 알게 된다.

배의 ‘일어남’을 알아차릴 때,
배의 ‘일어남’을 알아차리자마자
배의 ‘일어남’은 바로 사라지며,
알아차리는 마음의 짧은 정지가 바로 뒤따른다.

배의 ‘일어남’이 빠르게 사라지고,
바로 알아차리는 마음의 짧은 정지가 뒤따르고 난 후,
‘일어남’의 다음번 정지가 있고,
바로 알아차리는 마음의 짧은 정지가 뒤따른다.

　　배의 ‘꺼짐’을 알아차릴 때도 배의 ‘꺼짐’을 알아차리자마자 배의 ‘꺼짐’은 바로 사라지며, 알아차리는 마음의 짧은 정지가 바로 뒤따른다. 배의 ‘꺼짐’이 빠르게 사라지고 바로 알아차리는 마음의 짧은 정지가 뒤따르고 난 후, '꺼짐'의 다음번 정지가 있고, 바로 알아차리는 마음의 짧은 정지가 뒤따른다.

이제 배의 일어나고 사라지는 느낌과 같은 감각대상, 즉 물질적 현상이 영원하지 않음을 알겠는가? 또한 알아차리는 정신적 현상이 영원하지 않다는 것을 알겠는가? 이것이 바로 무상이다. 무상은 바로 우리의 오온五蘊[31) 속에 있다. 이것을 아는 것이 무상을 제대로 아는 것이다.

어떻게 무상을 발견할 수 있을까? 그것은 현상의 정지에 마음을 두었기 때문이다. 그렇지 않고 정지를 발견하는 데는 아주 오랜 시간이 걸린다. 비록 수행자가 정지를 발견하지 못한다 하더라도 알아차림은 즐거운 것이다. 그러나 정지에 마음을 두지 않으면 정지를 알지 못하고 결과적으로 무상을 알 수 없다. 그렇기 때문에 스승은 정지에 마음을 두도록 지도한다.

스승은 부처님의 가르침을 가장 잘 이해하고 있다. 그들의 가르침은 대부분 부처님의 말씀을 그대로 가져온 것이다. 그러므로 스승의 말씀은 부처님의 말씀과 같다. 그렇기 때문에 반드시 스승의 가르침을 따라야 한다.

---

31) 오온五蘊은 정신과 물질의 무더기이다. 정신과 물질을 분류할 때 색色, 수受, 상想, 행行, 식識의 5가지 무더기로 모여 있어서 오온이라고 한다. 구체적으로는 색은 몸이고 식은 마음이며, 수, 상, 행은 마음의 작용이다. 오온은 함께 일어나서 함께 소멸한다. 모든 것은 마음이 이끌며, 마음은 또한 마음의 작용에 의해 일어나는 것을 그대로 받아들여서 아는 역할을 한다.

배의 '일어남', '꺼짐'과 마찬가지로, 수행자는 발을 '들어서, 앞으로, 놓음'을 알아차릴 때도 물질적 현상과 정신적 현상의 정지를 알수 있다. 들어올림을 알아차릴 때, 발의 들어올림은 사라지고 바로 다음에 그것을 알아차린 마음도 사라진다는 것을 안다.

발을 앞으로 밀 때, 미는 것이 빠르게 사라지는 것을 알고 바로 다음에 그것을 알아차린 마음도 사라진다는 것을 안다. 마찬가지로 발의 내려놓음을 알아차릴 때, 발의 누름이 빠르게 사라지는 것을 알고 바로 다음에 그것을 알아차린 마음도 사라진다는 것을 안다.

정지를 봄으로써 '들어서, 앞으로, 놓음'의 모든 동작인 물질적 현상이 영원하지 않음을 알게 되고, 알아차리는 마음인 정신적 현상 또한 영원하지 않음을 알게 된다. 이것이 무상이다. 정지가 일어나는 것은 매우 빠르기 때문에 이것을 알아차리는 것이 고통스럽게 느껴진다. 이것이 괴로움이다.

어떻게 빠르게 일어나는 이 모든 현상을, 그래서 고통스러운 것을 막을 수 있을 것인가? 그것을 막을 수 있는 방법은 없다. 수행자는 그것들이 스스로 사라지며 그래서 괴롭다는 것을 알 뿐이다. 이것이 바로 참 성품을 보는 것이다. 또한 수행자는 스스로 그것들을 막을 길이 없다는 것을 알게 된다. 자신이 조절할 수 없는 성품을 무아라고 한다.

무상, 고, 무아는 어디서 찾을 수 있는가? 바로 우리의 몸, 오온에서 찾을 수 있다. 수행자가 무상, 고, 무아를 알고 통찰의 지혜를 얻으면 어디에 이르게 되는가? 바로 수행자가 궁극적으로 도달하기를 열망하는 열반에 이르게 된다.

이 중에서 무상을 아는 것이 가장 중요하다. 무상을 알기 위해서는 정지의 측면에 마음을 기울여서 알아차려야 한다. 마음을 정지의 측면에 기울여야만 정지를 알 수 있다. 정지의 측면에 마음을 기울이지 않고 알아차리면 정지가 무엇인지 오랫동안 알 수 없다. 정지에 마음을 기울여서 알아차려야 배의 일어남, 꺼짐에서 느낌의 정지와 그 뒤에 이어지는 마음의 정지를 알 수 있다. 그렇게 되면 영원하지 않음을 뜻하는 무상과 고통을 뜻하는 괴로움, 조절할 수 없는 성품을 뜻하는 무아를 깨닫게 된다. 정지에 마음을 두고 알아차려서 무상의 성품을 알게 되면, 괴로움과 무아는 쉽게 알 수 있다.

마하시 사야도는 수행자가 이해하기 쉽도록 경전에 의거하여 다음과 같은 말씀을 남겼다. 나를 따라 세 번 반복한다.

≪요약≫　　　**하나의 성품을 보면**
나머지 성품도 함께 볼 수 있다.

불교에서 무상, 고, 무아를 말하면 다른 종교에서는 이를 허무주의라고 말한다. 세간에서는 무상, 고, 무아를 그렇게 해석할 수 있다. 하지만 출세간에서는 틀린 해석이다. 무상, 고, 무아라고 하는 고통을 볼 수 있는 자만이 고통이 없는 최고의 단계인 열반에 이를 수 있다. 그렇기 때문에 이것은 가장 현실적인 접근방법이다.

3 위빠사나 수행자의 근기를 돕는 두 번째 요인

수행자의 근기를 돕는 첫 번째 요인은 현상의 정지에 마음을 기울이는 것이다.

수행자의 근기를 돕는 두 번째 요인은, 현상의 정지에 마음을 기울일 때 공손하면서도 꿰뚫어보는 마음으로 알아차려서 실제로 정지를 볼 수 있도록 하는 것이다. 나를 따라 다음과 같이 세 번 반복한다.

    ≪요약≫   **알아차리기 위해서는**
공손함과 꿰뚫어보는 마음이 필요하다.

1. 공손하면서도 꿰뚫어보는 마음으로 알아차리는 방법

공손하게 알아차린다는 것은 천천히 조용하고 침착하게 움직이는 것을 말한다. 움직이는 것은 '앉음', '일어섬, '구부림', '뻗음', '잡음',

'기울임', '살짝 기댐', '먹음', '마심' 등을 일컫는다. 이 모든 움직임
은 고요히 그리고 천천히 행해져야 한다. 꿰뚫어보는 마음은, 바로
지금 현재에 집중하여 대상의 성품[1]을 보는 것을 의미한다.

> 위빠사나 수행에서는
> 공손히 알아차리는 것과 꿰뚫어보는 마음,
> 이 두 가지 요인이 가장 중요하다.

2. 지금 현재를 정확하게 알아차리는 방법

현재를 정확하게 알아차리기 위해서는 몸을 섬세하고 차분하게
움직여야 한다. 수행을 할 때, 일상생활에서처럼 움직이면 움직임이
너무 빨라 집중이 약해지므로 현재 몸에서 일어나는 움직임을 알아차
릴 수 없게 된다. 현재의 움직임을 알아차릴 수 없다면 법의 성품을
발견할 수가 없다.

사실상 수행자의 '의식의 연속체'에 존재하는 물질적 현상과 정신
적 현상은 오직 현재에만 있다. 위빠사나 수행을 하는 데는 알아차림

---

1) 몸을 대상으로 알아차릴 때 몸의 모양을 알아차리면 관념을 알아차리는 것이
다. 그러나 몸의 성품을 알아차리면 몸의 실재하는 법을 알아차리는 것이다.
이것이 위빠사나 수행의 대상이다. 몸에서 알아차릴 수 있는 대상의 성품은
가볍거나 무겁고, 단단하거나 부드럽고, 따듯하거나 차가운 느낌 등을 알아차
리는 것이다. 이러한 대상의 성품을 알아차리면 차츰 무상, 고, 무아의 법을
알 수 있다.

이 아주 조금이라도 늦거나 빠르면 그것은 이미 물질적 현상도 정신적 현상도 아니다. 물질적, 정신적 현상이 아닌 것을 알아차렸다고 한다면 그것은 알아차림이 아니며 여기에 집중도 생기지 않는다. 이때 그는 법을 보지 못한 것이다.

물질적 현상과 정신적 현상이 일어나는 것은 두 개의 구름덩어리가 부딪쳐서 번개를 일으키는 것에 비유할 수 있다. 번개는 구름이 부딪치는 순간에 일어났다가 그 순간 바로 사라진다. 구름이 부딪히기도 전에 번개를 찾는 것은 의미 없는 일이다. 또한 구름이 부딪치고 나서 번개를 찾는 것도 의미가 없다.

마찬가지로 오온 안에 있는 정신적 현상과 물질적 현상은 그것이 일어나기 전에는 찾을 수 없다. 그것들은 조건과 부합하여 일어난 뒤에 바로 사라져 버린다. 그러므로 일어나고 난 뒤에 찾는 것은 의미가 없다. 그것들은 오직 일어나는 순간에만 존재한다. 그러므로 현재 바로 그 순간을 알아차려야만 정신적 현상과 물질적 현상의 성품을 이해할 수 있다. 나를 따라 다음과 같이 세 번 반복한다.

≪요약≫　　　그것들은 보이지 않는 곳에서 나타나서
　　　　　　보이지 않는 곳으로 사라진다.
　　　　　　정신과 물질은 번개처럼 **빠르게** 일어나서
　　　　　　번개처럼 **빠르게** 사라진다.

위빠사나 수행을 할 때 마음을 현재에 두기 위해서는 병자와 같이 천천히[2] 부드럽게 움직여야 한다. 마하시 사야도는 환자 중에서도 허리가 아픈 환자처럼 행동하라고 하였다.

허리가 아픈 사람은 일상적인 활동을 모두 할 수 있으나 허리의 통증 때문에
　－아주 천천히 앉고,
　－아주 천천히 일어서며,
　－물건을 잡을 때도 천천히 잡는다.

허리가 아플 것을 염려하여 그렇게 행동하는 것이다. 수행자도 허리가 아픈 사람처럼 천천히 움직여야 한다. 아픈 사람처럼 움직여서 현재의 움직임을 알아차리면 법을 볼 수 있다.

3. 성품을 알아차리는 법

마하시 사야도의 가르침에 의하면 '일어남', '꺼짐', '앉음', '닿음', '(발을) 들어서', '앞으로', '놓음', '일어섬', '구부림', '뻗음' 등을 알아차릴 때의 수행자는 관념을 버리고 그것의 성품을 봐야 한다고 하였다.

---

2) 위빠사나 수행은 좌선과 경행만 아니라 일상의 알아차림을 해야 한다. 그러므로 여러 가지 상황에서 알아차려야 할 대상이 많다. 처음에는 알아차림을 강화하기 위해서 몸이 아픈 환자처럼 천천히 움직여야 한다. 그러나 알아차리는 힘이 생기면 빠른 동작에서도 알아차릴 수 있다. 몸을 천천히 움직이되 지나치게 천천히 하면 상기의 위험이 있을 뿐 아니라 쉽게 피곤해진다. 그러므로 천천히 하는 것에도 균형이 필요하다.

무엇이 관념paññatti인가?

눈으로 볼 수 있는 것, 즉 배, 머리, 몸, 손, 발과 같이 모양이나 형태를 가진 것을 말한다.

실재하는 성품paramattha이란 무엇인가?

단단함의 요소, 움직임 또는 유동성의 요소, 뜨겁고 차가운 요소, 부드럽고 딱딱함의 요소와 같이 눈에 보이지 않는 것이다. 모양과 성품은 따로 떨어져서 존재하는 것이 아니라 연결되어 있다. 성품은 모양 안에 있다.

수행자가 '일어남', '꺼짐', '앉음', '닿음'을 알아차릴 때,
─배가 일어나는 모양
─배가 꺼지는 모양
─앉아 있는 머리, 몸, 손, 발의 생김새 등은 눈으로 볼 수 있다.
이것을 관념이라고 한다.

반면 배의 일어남을 알아차릴 때,
─단단함이 서서히 증가하는 것,
─이 단단함의 성품이 풍대風大다.

또한 배의 '꺼짐'을 알아차릴 때,
─배가 서서히 수축하는 것,
─이 수축하는 움직임의 성품이 풍대다.
이것을 실재하는 성품이라고 한다.

‘앉음’을 알아차리거나 ‘닿음’을 알아차릴 때, 딱딱한 느낌은 지대地大의 성품이다. 뜨거움을 느끼면 그것은 화대火大의 성품이다. 이러한 성품은 눈으로 볼 수 없고, 오직 통찰력인 지혜의 눈을 통해 볼 수 있다.

배의 ‘일어남’을 알아차릴 때, 수행자는 배의 모양을 보지 않고 배의 안쪽에서부터 단단함이 증가하는 성품에 집중해야 한다. 단단함이 점점 커지고 있는 현재를 알아차려야 한다.

배의 ‘꺼짐’을 알아차릴 때도 배의 모양을 보지 않고 대신 배의 안쪽에서 일어나는 점진적인 움직임인 성품을 꿰뚫어서 알아차리도록 집중한다. 이때도 현재의 움직임을 알아차리는 것을 잊지 말아야 한다.

‘앉음’을 알아차릴 때, 머리, 몸, 손, 발과 같은 모양을 보는 것이 아니라 앉으려고 할 때 공기의 누름 때문에 생기는 단단한 성품을 알아차려야 한다. 이때도 현재의 움직임을 알아차려야 한다.

‘닿음’을 알아차릴 때, 엉덩이의 모양을 보지 않고 딱딱한 느낌이나 뜨거운 느낌과 같은 성품에 마음을 기울여야 한다.

걸을 때도 마찬가지다. 발을 ‘들어서’, ‘앞으로’, ‘놓음’을 알아차리는데, ‘들어서’를 알아차릴 때는 발의 모양을 보지 말고 점차 올라가는 느낌에 마음을 집중한다. 서서히 올라가는 움직임이 있을 때는 움직이는 현재를 알아차려야 한다.

‘앞으로’를 알아차릴 때는 발의 모양을 보지 않고 점차 앞으로 나가는 움직임에 주의 깊게 마음을 집중한다. 앞으로 나가는 움직임이 있을 때는 움직이는 현재를 알아차려야 한다.

‘놓음’을 알아차릴 때도 발의 모양을 보지 않고 점차 내려지는 움직임의 느낌에 주의를 두어야 한다. 점차 내려가는 움직임이 있을 때도 움직이는 현재를 알아차려야 한다. 나를 따라 다음과 같이 세 번 반복한다.

≪요약≫　　　관념은 무시하고
오직 실재하는 것만을 지켜보는 것이
바르게 알아차리는 것이다.

현재에 알아차림을 두고 지수화풍地水火風 사대四大의 성품을 알아차릴 수 있을 때 비로소 법을 얻을 수 있다. 발을 ‘들어서’를 알아차릴 때 발의 모양을 보지 않고 현재의 움직임을 알아차릴 수 있다면, 거기에는 발이 서서히 올라가는 움직임뿐 아니라 가벼운 느낌이 있다는 것을 알게 된다. 가벼운 느낌은 사대 중에서 화대와 풍대에 속한다.

‘앞으로’를 알아차릴 때도 발의 모양을 보지 않고 현재 앞으로 나가는 움직임을 알아차리면 앞으로 나가는 연속적인 동작과 함께 가벼움이 점점 커지는 것을 알 수 있다. 이것은 사대 중에서 화대와 풍대를 아는 것이다.

화대는 움직이는 힘, 불, 가벼움의 요소이다. 풍대는 공기, 가벼움의 요소이다. 수행자가 공손하면서 꿰뚫어보는 마음으로 알아차리면 이런 것들을 알 수 있다. 나를 따라 다음과 같이 세 번 반복한다.

≪요약≫　　　화대火大와 풍대風大
　　　　　　두 요소는
　　　　　　가벼움이 특징이다.

발의 '놓음'을 알아차릴 때, 발의 모양을 보지 않고 현재 아래로 내려가는 움직임을 알아차릴 수 있다면 아래로 내려가는 연속적인 동작에서 무거운 느낌이 점점 커지는 것을 알 수 있다. 이것은 사대 중에서 지대와 수대를 아는 것이다.

지대는 딱딱함, 땅, 무거움의 요소이다. 수대는 유동성, 물, 무거움의 요소이다. 수행자가 주의 깊게 꿰뚫어보는 마음으로 알아차리면 이런 것들을 알 수 있다. 나를 따라 다음과 같이 세 번 반복하라.

≪요약≫　　　지대地大와 수대水大
　　　　　　두 요소는
　　　　　　무거움이 특징이다.

4. 사마타 수행과 위빠사나 수행

지금 여러분은 위빠사나 수행을 하고 있다. 위빠사나 수행을 하기 위해서는 사마타samatha 수행이 무엇이고, 위빠사나 수행이 무엇인지 알아야 한다.

사마타 수행은 특정한 개념적인 대상에 마음을 고정시키고 그 대상을 알아차리는 수행이다. 이 수행은 대상의 영원성에 마음을 기울이는 것이다. 또한 알아차리는 동안 관념적인 대상이 계속 마음에 머물도록 유지한다. 이때 대상은 관념으로서, 대상의 불변하는 속성에 마음에 두고 알아차리는 것이다. 이것이 사마타 수행이다. 이 방법으로 수행을 하면 수행자는 사마타의 법samatha Dhamma[3])을 얻을 수 있다.

예를 들어 땅을 수행의 대상으로 할 때 수행자는 쟁반만 한 크기의 땅을 관념적으로 만든다. 땅의 상징을 앞에 놓고 눈을 깜박이지 않은 채 '땅', '땅'이라고 반복한다. 눈을 감더라도 땅의 상징이 보인다. 수행을 하는 동안 내내 땅의 이미지를 마음속에 둔다.

여기서 쟁반 크기로 만든 땅의 상징은 관념이다. 알아차릴 때 수행자는 대지의 이미지에 계속 마음을 두어야 한다. 즉, 마음을 '항상함'에 두어야 한다. 이때 마음의 대상은 관념이고 알아차림은 고정적인 대상을 겨냥한다. 이것을 사마타 수행이라고 한다. 나를 따라 다음과 같이 세 번 반복한다.

---

3) 사마타의 법samatha Dhamma은 색계 3선정과 무색계 4선정으로 나뉜다. 사마타의 대상으로는, 10가지 까시나kasiṇa, 10가지 부정不淨, 10가지 알아차림 anussati, 4가지 무량심(慈, 悲, 喜, 捨), 4가지 무색계의 경지, 1가지 인식(想), 1가지 분석(地, 水, 火, 風) 등 40가지가 있다.

반면에 위빠사나 수행은 마음을 실재하는 성품에 두고 그것을 알아차리는 것이다. 마음은 정지의 측면을 향하고 그것의 영원하지 않은 성품인 무상에 둔다. 그렇게 하면 위빠사나 지혜를 얻고 성스러운 법을 얻을 수 있다.

배의 '일어남과 꺼짐'을 알아차리는 것을 예로 들어 보면, '일어남'을 알아차릴 때 배의 모양을 보지 않고 단단해지는 느낌, 팽창하는 느낌, 움직임의 느낌과 같은 성품을 꿰뚫어보듯이 집중하여 알아차린다. 수행자는 단단한 느낌(성품)을 알아차릴 때 정지가 있다는 것을 명심해야 한다. 단단한 느낌은 사라진다. 이때 수행자는 정지, 즉 무상에 마음을 기울여야 한다. **소멸의 지혜**에 있는 수행자는 무상과 정지를 경험한다.

배의 '꺼짐'을 알아차릴 때는 배의 모양을 보지 않고 움직임의 느낌이나 수축하는 느낌에 집중해야 한다. 수행자는 움직임의 느낌(성품)을 알아차릴 때 정지가 있다는 것을 알 수 있다. 그것은 사라진다. 이때 수행자는 정지, 즉 무상에 마음을 기울여야만 한다. 마음을 성품에 두고 그것의 무상함에 마음을 기울이고 있을 때, 이것을 위빠사나 수행이라고 한다. 나를 따라 다음과 같이 세 번 반복한다.

이것을 위빠사나 수행이라고 한다.

위빠사나 수행을 할 때는 가능한 한 모양과 같은 관념적인 것을 보지 않고 실재하는 성품을 보도록 해야 한다. 관념과 실재하는 성품은 평행선과 같다. 관념이 우세할 때는 실재하는 성품이 분명하지 않고, 실재하는 성품이 우세할 때는 관념이 분명하지 않고 숨어버린다.

위빠사나를 처음 시작할 때는 수행자의 지혜가 성숙되지 않아서 머리, 손, 다리, 배와 같은 관념이 더 분명하다. 단단해지는 느낌, 움직임의 느낌, 뜨거운 느낌, 차가운 느낌, 딱딱한 느낌, 부드러운 느낌과 같은 성품은 분명하지 않고 숨어 있다. 나를 따라 다음과 같이 세 번 반복한다.

≪요약≫　　　**관념이 우세할 때**
실재하는 성품은 숨어 있다.

수행자가 사라지는 성품을 이해하는 **현상을 바르게 아는 지혜**에 이르러 위빠사나 지혜가 강해지면 관념은 더 이상 우세하지 않고 오직 실재하는 성품을 아는 느낌만이 분명해진다.

'일어남, 꺼짐, 앉음, 닿음'을 알아차리는 경우,
ー'일어남'을 알아차릴 때, 배의 모양은 분명하지 않고 점차 단단해지는 느낌만이 우세하다.
ー'꺼짐'을 알아차릴 때, 배의 모양은 분명하지 않고 움직임의 느낌, 수축하는 느낌과 같은 실재하는 성품이 우세하다.

수행자의 위빠사나 수행이 깊어질수록 실재하는 성품은 우세해지고 관념은 숨어버리기 때문이다. 나를 따라 다음과 같이 세 번 반복한다.

≪요약≫　　　실재하는 성품이 우세할 때
　　　　　　관념은 숨어 있다.

수행자가 선정수행과 위빠사나 수행을 구별할 수 있을 때 순수 위빠사나 수행을 할 수 있다. 그래야 법을 빨리 얻을 수 있다.

위빠사나 수행을 돕는 두 번째 요인을 설명하면서 '일어남, 꺼짐, 앉음, 닿음, (발을) 들어서, 앞으로, 놓음'을 알아차릴 때 공손하고도 꿰뚫어보는 마음으로 알아차린다고 말한 바 있다. 이 모든 알아차림은 수행자 자신의 몸을 알아차리는 것이다.

《공손하고도 꿰뚫어보듯이 알아차리는 방법》

위빠사나 수행을 할 때는 크게 세 가지의 느낌이 일어난다. 이 세 가지 느낌에는 세 가지 불선업不善業의 잠재적 성향이 있다. 이 불선업의 잠재적 성향을 제거해야만 도과를 성취하여 열반에 이를 수 있다.

부처님께서 말씀하신 세 가지 느낌의 순서는 다음과 같다.

―즐거운 느낌(편안한 느낌)
―괴로운 느낌(고통스러운 느낌)

─즐겁지도 괴롭지도 않은 느낌(덤덤한 느낌)

수행자가 수행을 하면서 경험하는 느낌의 순서는 다음과 같다.

─괴로운 느낌(고통스러운 느낌)
─즐거운 느낌(편안한 느낌)
─즐겁지도 괴롭지도 않은 느낌(덤덤한 느낌)

첫 번째, 괴로운 느낌에서는 성냄이 반복해서 일어난다.
두 번째, 즐거운 느낌에서는 탐욕이 반복해서 일어난다.
세 번째, 즐겁지도 괴롭지도 않는 느낌에서는 어리석음이 반복해서
일어난다.

괴로운 느낌이 일어나서 고통스러울 때 잘 알아차리지 못하면 괴로운 느낌이 있는 동안 성냄과 슬픔이 일어난다. 괴로운 느낌을 참을 수 없기 때문에 성냄, 즉 화가 나기 때문에 슬픔이 반복해서 일어난다. '반복해서 일어남'은 성냄과 슬픔이 반복해서 일어난다는 것을 말한다.

즐거운 느낌으로 편안할 때 잘 알아차리지 못하면 즐거운 느낌이 있는 동안 탐욕이 일어난다. 편안한 느낌을 너무 좋아하기 때문에 탐욕이 반복해서 일어나는 것이다.

즐겁지도 괴롭지도 않은 덤덤한 느낌이 일어날 때 잘 알아차리지 못하면 어리석음이 일어난다. 분명하지 않기 때문에 어리석음이 반복해서 일어난다.

세 가지 느낌 중에서 수행자는 괴로운 느낌을 제일 먼저 만나게 된다. 괴로운 느낌에서는 성냄이 반복해서 일어난다. 성냄을 없애기 위해서는 몸에 박힌 가시를 뽑아내는 것과 같이 괴로운 느낌을 이겨 낼 수 있을 때까지 알아차려야 한다.

5. 괴로운 느낌을 극복하기 위해 알아차리는 방법

위빠사나 수행에서 괴로운 느낌을 극복하는 것은 하나의 중요한 목표다. 이를 극복했다는 것은 성냄을 제거했다는 것이고, 이것은 위빠사나 수행에서 절반의 성공을 거둔 것이다.

위빠사나 수행을 통하여 **정신과 물질을 구별하는 지혜**에 이르면 괴로운 느낌은 그렇게 강하지 않다. **원인과 결과를 아는 지혜**에 이른 수행자도 괴로운 느낌을 많이 접하지 않는다. 그러나 무상, 고, 무아를 알게 되는 **현상을 바르게 아는 지혜**에서는 괴로운 느낌이 분명하게 나타난다.

마하시 사야도의 가르침을 따르는 수행자는 좌선을 할 때 '일어남, 꺼짐, 앉음, 닿음'을 알아차린다. 수행 초기에는 집중이 부족하기 때문에 알아차린다 하더라도 몸과 마음을 구별할 수 없다.

수행 초기에는 '일어남'을 알아차릴 때 자신이 일어남을 만드는 것이라고 생각한다. 배의 '꺼짐'을 알아차릴 때도 '나의 배'가 꺼지고, '내'가 알아차린다고 생각한다. 마찬가지로 '앉음', '닿음'을 알아차

릴 때도 '내'가 알아차리고 '나의 몸'이 앉아 있고, 닿아 있다고 생각
한다. 이때는 몸과 마음의 존재를 알지 못하고 있는 것이다.

수행을 시작하고 3~4일이 지나고 나면, '일어남'을 알아차릴 때의
일어남은 나와는 구별된 움직임이라는 것을 알게 되고, 알아차리는
마음 또한 이와는 별개의 것이라는 것을 알게 된다. '꺼짐'을 알아차릴
때도 몸이 꺼지는 것과 알아차리는 마음은 별개의 것이라는 것을 알게
된다. '앉음', '닿음'을 알아차릴 때도 마찬가지로 앉아 있는 몸과 닿아
있는 몸은 알아차리는 마음과 다르다는 것을 알게 된다.

'일어남, 꺼짐, 앉음, 닿음'은
모두 의식이 없는 물질적 현상이지만,
'일어남, 꺼짐, 앉음, 닿음'에 알아차림이 있으면
의식이 있는 정신적 현상이다.

몸과 마음을 구별하는 것, 이것을 **정신과 물질을 구별하는 지혜**라
고 하며, 이 수준에서는 괴로운 느낌이 분명하지 않다.

수행자가 계속해서 알아차려서 집중이 생기면 **원인과 결과를 아는
지혜**의 단계에 이른다.

모든 '일어남, 꺼짐'과 모든 '앉음, 닿음'에는
'일어남'이 있었기 때문에
알아차리는 마음이 따르는 것이다.

'일어남, 꺼짐, 앉음, 닿음'이 원인이며 그 뒤를 따르는 알아차리는 마음이 결과이다. 이것을 **원인과 결과를 아는 지혜**라고 한다. 이 단계에서도 괴로운 느낌은 분명하지 않다.

노력을 계속하여 **현상을 바르게 아는 지혜**에 이르러서는 고통, 통증, 따끔거림, 두근거림, 메스꺼움, 가려움과 같은 모든 동요, 즉 괴로운 느낌이 일어난다. 이때 수행자는 몸에 박힌 가시를 뽑아내는 것과 같은 마음가짐으로 괴로운 느낌을 극복해야 한다.

수행자가 괴로운 느낌을 극복하는 경우, 다음과 같은 세 가지 태도로 접근한다.

첫째, 현재의 괴로운 느낌이 사라지기를 바라며 알아차리는 것
둘째, 현재의 괴로운 느낌을 지금 이 자리에서 완전히 없애기 위해 적극적으로 알아차리는 것
셋째, 괴로운 느낌의 성품을 알기 위해 알아차리는 것

첫 번째 태도__'고통스러운 느낌이 사라지기를 바라는 것'은 편안해지고 싶어 하는 탐욕이다. 수행자는 욕심을 없애기 위해 수행을 하는가, 아니면 욕심을 키우기 위해 수행하는가? 물론 욕심을 없애기 위해 수행한다. 그러나 이와 같은 태도로 수행을 한다면 욕심은 더 커지게 된다. 이렇게 알아차리게 되면 번뇌가 들어온다. 그렇기 때문에 빨리 법에 이르지 못하고 지혜도 빨리 성숙되지 못한다. 그러므로 이것은 적합한 태도가 아니다.

부처님께서는 괴로운 느낌이 있을 때, 오직 괴로운 느낌을 경험하고 있다는 것을 알아차리라고 하셨다. 괴로운 느낌을 없애기 위해서 수행을 한다면 이것은 부처님의 수행방법이 아니다. 이와 같은 방법으로 수행한다면 빨리 법에 이르지 못하고 지혜도 빨리 성숙되지 못한다.

두 번째 태도__'지금 이 자리에서 괴로운 느낌을 완전히 없애려 하는 것'은 아주 적극적인 태도로 수행한다는 것을 의미한다. 여기서 적극적인 마음이란 성냄을 의미한다. 그 자리에서 괴로운 느낌을 없애지 못하면 수행자에게는 성냄이나 슬픔과 같은 마음이 생긴다. 수행자는 성냄을 없애기 위해 수행을 하는가, 아니면 성냄을 키우기 위해 수행하는가? 물론 성냄을 없애기 위해 수행한다. 그러나 이와 같은 태도로 수행을 한다면 성냄은 더 커지게 된다. 이런 방법으로 알아차리면 번뇌가 들어온다. 그렇기 때문에 법에 빨리 이르지 못하고 지혜도 빨리 성숙되지 못한다. 그러므로 이것도 적합한 태도가 아니다.

세 번째 태도__'괴로운 느낌의 성품을 알기 위해서 하는 것'이 바른 태도다. 대상의 성품을 볼 수 있어야 일어남과 정지를 알고, 일어남과 정지를 알아야 무상, 고, 무아를 안다. 무상, 고, 무아를 알아야 비로소 법을 얻을 수 있다. 그러므로 우선은 느낌의 성품을 이해하기 위해 알아차려야 한다.

괴로운 느낌의 성품을 알기 위해 알아차릴 때, 우선적으로 그리고 궁극적으로 괴로운 느낌을 인내하려는 태도를 가져야 한다. 그래서 "인내가 열반으로 인도한다"는 옛말이 위빠사나 수행을 하는 데 있어 매우 유용하다.

우선 수행자는 '수행을 하는 이 시간 내내 이 통증으로 고통을 겪는 것은 아닌가?' 하는 염려를 하지 말아야 한다. 그런 염려가 일어나지 않도록 유념해야 하며, 고요하고 냉정한 태도를 취해야 한다.

느낌의 성품 때문에 통증과 고통이 일어난다.
알아차림만이 내가 할 일이다.

느낌이 더욱 강해지면서 자신도 모르는 사이에 몸과 마음이 긴장할 수 있다. 이때 긴장하지 않도록 유념해야 하며, 느낌이 더 강해질수록 몸과 마음의 긴장을 풀어주어야 한다. 그리고 괴로운 느낌이 있는 곳에 마음을 두고 그 느낌이 어디에 있는가를 찾아야 한다.

─피부 깊숙이 있는 통증인가?
─살 안쪽에 있는 통증인가?
─혈관에 있는 통증인가?
─뼈에 있는 통증인가?
─골수에 있는 통증인가?

통증이 어디에 있는 것인가를 알기 위해서는 꿰뚫어보듯이 집중해야 한다.

─통증은 어떻게 시작되었고

–통증의 크기는 어느 정도인가?

통증의 크기를 재 보아야 한다. 그리고 꿰뚫어보듯 지켜보면서 '통증, 통증', '쑤심, 쑤심', '두근거림, 두근거림'이라고 알아차린다. 수행자는 한 번, 두 번, 세 번 계속해서 알아차린다.

느낌이 일어나는 바로 그때 알아차리고, 또 통증의 정도까지 알아차릴 수 있다면 충분히 집중이 된 것이다. 이것이 느낌의 성품을 아는 기초가 된다. 피상적으로 알아차리거나 성급하게 알아차리거나 해서는 안 된다. 수행자는 '매 순간마다 변화하는' 느낌의 성품을 알기 위해 꿰뚫어보듯이 알아차려야 한다.

집중이 깊어지고, 통증의 정도와 매 순간 변화하는 느낌, 두 가지를 알아차리면, 네 번에서 다섯 번 정도 알아차렸을 때 통증이 더욱 강해진다는 것을 알 수 있다.

계속 알아차리면 통증이 절정에 이르고, 그 후부터 통증은 자연스럽게 점차 줄어든다. 수행자에게는 통증에서 약간은 벗어나는 것처럼 느껴진다. 그러나 알아차림을 멈추거나 늦춰서는 안 된다. 수행자는 전과 마찬가지로 꿰뚫어보듯이 지켜보아야 한다.

통증이 증가할 때, 네 번에서 다섯 번 알아차리고 나면 통증이 줄어드는 것이 통증의 성품이다.

수행자가 계속 알아차려서 집중이 깊어지면, 통증을 한 번 알아차렸을 때 눈에 띄게 통증이 강해진다는 것을 알게 된다.

통증이 절정에 이르고 나서 줄어들 때는, 한 번만 알아차려도 눈에 띄게 통증이 줄어들거나 혹은 통증의 위치가 바뀐다는 것을 알게 된다. 이것이 느낌의 성품을 아는 것이다.

쉬지 않고 노력하여 집중이 깊어지면 한 번 알아차림으로 통증이 증가하고, 다음 알아차림으로 통증이 사라진다. 이것이 통증이 일어나고 사라지는 것을 아는 것이다. 고통스러운 느낌을 극복하기 시작한 것이다.

수행을 계속해서 집중이 더 깊어지면, 통증을 알아차릴 때 통증이 시작되는 것은 알지 못하고 사라지는 것만을 알아차린다.

통증을 알아차리고 보면,
통증은 정지했다가 사라진다는 것을 알게 된다.
그러므로 통증 때문에 괴로워하지 않는다.

이때 알아차리는 마음이 괴로운 느낌을 극복한 것이다. 통증으로 인한 성냄과 고통은 다시 일어나지 않는다. '괴로운 느낌에 머무르는 성냄'은 사라진 것이다. 나를 따라 다음과 같이 세 번 반복한다.

≪요약≫   괴로운 느낌에 머무르는 성냄은
              반드시 없어져야 한다.

수행을 계속하여 집중이 깊어지고 밝은 지혜를 가지게 되면, 통증을 주시할 때 통증의 정지와 함께 알아차리는 마음의 정지를 알게 된다. 통증 그 자체는 영원하지 않으며 알아차리는 마음조차도 영원하지 않다는 것을 안다. 이것이 무상을 아는 것이다.

또한 정지가 너무 많이 일어나고 너무 빠르게 일어나기 때문에 이것이 괴로움이라는 것을 알게 된다. 이것을 어떻게 막을 수 있을까를 생각하지만 아무것도 할 수 없다. 그것들은 스스로 일어나며 어떤 방법으로도 통제할 수 없다는 것을 안다. 이것이 무아를 아는 것이다.

이렇게 수행자가 무상, 고, 무아를 알 때 괴로운 느낌 안에서 반복해서 나타나는 성냄은 완전히 사라지고 고귀한 법을 얻을 수 있다. 이것이 괴로운 느낌을 꿰뚫어보듯이 알아차림으로써 성냄을 제거하는 방법이다.

6. 즐거운 느낌을 극복하기 위해 알아차리는 법

이번에는 즐거운 느낌을 공손하면서도 꿰뚫어보듯이 알아차림으로써 잠재된 탐욕을 없애는 방법에 대하여 이야기하도록 한다. 즐거운 느낌에 잠재된 탐욕은 **현상을 바르게 아는 지혜**에 이르면 나타난다. **현상을 바르게 아는 지혜**의 수준에서 스승의 지도에 따라 괴로운 느낌에 집중하여 알아차린 수행자는 곧 네 번째 단계인 **생멸의 지혜**에 이른다.

생멸의 지혜의 수준에 이른 수행자는,
-몸과 마음이 쾌활해지고
-몸과 마음이 유연해지며
-몸과 마음이 수행을 하기에 적합해진다.

이전의 지혜의 단계에서는 좌선할 때 한 시간에 두세 번 몸의 자세를 바꾸어야 했던 수행자가 이제는 같은 자세로 계속 앉아 있을 수 있다. 이보다 낮은 단계에서 한 시간 좌선하는 동안 몸의 자세를 바꾸지 않은 채로 앉아 있을 수 있던 수행자라면 이제는 두 시간에서 세 시간, 길게는 네 시간까지도 계속 앉아 있을 수 있다.

생멸의 지혜에 이른 수행자는 몸과 마음이 잘 훈련되어 있어서 감각대상이 일어날 때 그것을 아는 마음이 저절로 일어난다. 그래서 수행이 매우 쉬워진다. 일상생활이 편안하고 평화롭다. 수행자의 몸과 마음은 지금까지 한번도 경험해 보지 못한 평화와 고요한 느낌을 가지게 된다. 예전에는 한번도 경험하지 못했던 것처럼 몸과 마음이 편안하고 고요한 느낌을 갖게 된다.

위빠사나 수행으로 수행자가 희열을 느끼게 되면,
일상에서는 전혀 맛볼 수 없던
즐거운 느낌(몸과 마음의 평온)을 즐기게 된다.

이때 수행자는 즐거운 느낌에 머무르고 싶은 마음이 일어난다. 이것을 '즐거운 느낌에 머무르는 욕망'이라고 한다. 이 욕망을 없애기 위해서는 즐거운 느낌이 사실은 괴로운 느낌이라는 것을 알 때까지 알아차려야 한다. 나를 따라 다음과 같이 세 번 반복한다.

≪요약≫ 즐거움이 일어날 때
그것이 괴로움이라는 것을 안다.
이것이 바른 알아차림이다.

몸과 마음에서 즐거운 느낌을 알아차리는 방법은 무엇인가? 가장 뚜렷한 것을 알아차리는 것이다.

만약 몸의 편안함이 가장 뚜렷하다면 몸의 편안함을 꿰뚫어보듯이 알아차려야 한다. **생멸의 지혜**가 성숙하면 수행자는 편안함이 없어지는 것을 알게 된다. 즉, '편안함'이라는 느낌은 계속되지 않으며, 그 사이에는 정지가 있다는 것을 안다.

편안한 느낌이 일어나면
그 느낌은 곧 사라지고,
편안한 느낌이 새로 또 일어나면
새로 일어난 편안한 느낌도 사라진다는 것을 안다.

수행자의 지혜가 더 깊어지면 '일어남'과 '사라짐'이 점점 더 빨라진다는 것을 안다.

'일어남'과 '사라짐'이 너무 빠르기 때문에 수행자는 이것을 고통스럽게 느낀다. 그리고 이것도 괴로움의 하나라고 생각한다. 수행자에게 고통을 이해하는 지혜가 생긴다. 이렇게 수행자가 편안한 느낌이 괴로움이라는 것을 알게 되면, 즐거운 느낌 안에서 반복해서 나타나는 탐욕이 없어진다.

마음의 평화로운 상태가 우세할 때는
정신적 편안함을 꿰뚫어보듯이 알아차려야 한다.

생멸의 지혜가 성숙하면 수행자는 마음의 평화가 없어지는 것을 안다. 그리고 그 사이에는 정지가 있다는 것을 안다. 나를 따라 다음과 같이 세 번 반복한다.

≪요약≫   즐거운 느낌이 일어날 때
수행자는 그것이 괴로움이라고 안다.
이것이 바른 알아차림이다.

7. 즐겁지도 괴롭지도 않은 덤덤한 느낌을 극복하기 위해 알아차리는 방법

계속해서 알아차리게 되면 차츰 다음과 같은 지혜에 이르게 된다.

―소멸의 지혜(bhaṅga ñāṇa)
―두려움에 대한 지혜(bhaya ñāṇa)
―고난의 지혜(ādhīnava ñāṇa)
―혐오감에 대한 지혜(nibbidā ñāṇa)
―해탈을 원하는 지혜(muñcitukamyatā ñāṇa)

―다시 살펴보는 지혜(paṭisaṅkhā ñāṇa)
―현상에 대한 평등의 지혜(saṅkhārupekkhā ñāṇa)

현상에 대한 평등의 지혜에 도달한 수행자는 일상생활에서 두렵고 걱정스러운 감각대상을 만나거나 수행 중에 두려운 감각대상을 만났을 때도 동요하지 않고 그것을 무시할 수 있다. 일상생활이나 수행 중에 눈길을 끄는 것이 있거나, 혹은 기쁘고 즐거운 감각대상을 만났을 때도 좋아하거나 집착하지 않고 그것을 무시할 수 있다.

현상에 대한 평등의 지혜에 도달한 수행자는
조건 지어진 것들을 무시할 수 있기 때문에
쉽게 알아차릴 수 있다.

배의 '일어남'과 '꺼짐'은 스스로 일어나는 것처럼 보이고 알아차리는 마음도 스스로 알아차리는 것처럼 보인다. 알아차림이 이처럼 쉬워지기 때문에 그저 바라보기 위해 좌선하는 것처럼 생각된다.

이때 수행자의 노력이 느슨해진다. 그래서 어리석음이 반복적으로 일어난다. 이것이 즐겁지도 괴롭지도 않은 느낌에 머물러 있는 어리석음[4]이다. 나를 따라 다음과 같이 세 번 반복한다.

---

4) 머물러 있는 어리석음을 빨리어로 아위짜누사야 모하avijjānusaya moha라고 하는데, 즐겁지도 괴롭지도 않은 느낌에 잠재되어 있는 어리석음을 말한다. 즐겁지도 괴롭지도 않은 느낌이 계속되면 자연스럽게 덤덤한 느낌을 알아차리지 못한 어리석음, 무지無智로 발전한다.

≪요약≫　　　　즐겁지도 괴롭지도 않은 느낌에
　　　　　　　머물러 있는 어리석음은
　　　　　　　반드시 제거되어야 한다.

부처님께서는 이렇게 말씀하셨다.

"수행자는 즐겁지도 괴롭지도 않는 느낌에
머물러 있는 어리석음을 알 때까지 알아차려야 한다."

그러나 즐겁지도 괴롭지도 않은 느낌을 없애기 위해 알아차리려 해도 이 느낌은 매우 미세하여 알아차리는 것이 어렵다. 이때 수행자는 배의 '일어남'과 '꺼짐'의 정지를 알아차리는 초기의 수행으로 되돌아가야 한다.

현상에 대한 평등의 지혜에 있는 수행자는 이미 **소멸의 지혜**의 단계를 지나왔기 때문에 대상의 사라지는 성품을 본다. 그렇기 때문에 배의 일어남과 꺼짐을 공손하고 꿰뚫어보듯이 알아차리게 되면 배의 '일어남'이 즉시 사라지는 것을 알게 된다. 마찬가지로 배의 '꺼짐'이 즉시 사라지는 것을 안다. 또한 이를 알아차리는 마음 역시 즉시 사라진다는 것을 안다.

이와 같이 현상의 정지를 알아차림으로써 수행자는 '일어남, 꺼짐'과 같은 감각대상이 영원하지 않다는 것을 깨닫게 된다. 정신적 현상인 알아차리는 마음도 영원하지 않음을 알게 된다. 무상의 성품을 알면 즐겁지도 괴롭지도 않은 느낌에 머물러 있는 어리석음을 없앤 것이다. 어리석음을 극복하면 수행자가 오랫동안 열망하던 성스러운 법을 얻을 수 있다.

지금까지 '일어남', '꺼짐', '앉음', '닿음', '들어서', '앞으로', '놓음' 등 몸을 공손하면서도 꿰뚫어보듯이 알아차리는 방법과, 세 가지 느낌을 공손하면서도 꿰뚫어보듯이 알아차려서 세 가지 성향인 탐욕, 성냄, 어리석음을 없애는 방법에 대하여 설명하였다.

4 위빠사나 수행자의 근기를 돕는 세 번째 요인 I

오늘의 법문은 위빠사나 수행자의 근기를 돕는 아홉 요인 중에서 세 번째 요인에 관한 것이다. 다시 한 번 살펴보면 다음과 같다.

첫 번째 요인_수행자가 알아차릴 때는 정지의 끝에 마음을 기울여야 한다.

두 번째 요인_수행자가 정지의 끝에 마음을 기울이고 알아차릴 때는 공손하면서도 꿰뚫어보듯이 주시하여 실제로 정지를 볼 수 있어야한다.

세 번째 요인_수행자가 정지의 끝에 마음을 기울이고 공손하면서도 꿰뚫어보듯이 알아차릴 때도 흔들림 없이 알아차림을 계속할 수 있어야 하며, 지속적으로 알아차릴 수 있어야 한다. 지속적으로 알아차리는 것은 수행자의 노력을 강화하는 데 도움이 되는 또 다른 요인이다.

1. 지속적인 알아차림[1]

수행자 여러분은 자신의 노력을 강화하는 것이 매우 중요하다. 왜냐하면 여기에 있는 여러분들은 모든 지혜의 단계를 거쳐 도과를 이룰 때까지 수행하고자 하기 때문이다. 수행자 여러분은 이곳이 수행에 적합한 환경을 갖추고 있기 때문에 여기를 찾은 것이다. 그렇지 않은가? 이곳은 노력을 강화하는 데 아주 적합한 곳이다. 나를 따라 다음과 같이 세 번 반복한다.

≪요약≫   한순간도 쉬지 않고
멈추지 않으며
매 순간 알아차림을 지속할 것이다.

수행자는 이전의 알아차림에서 다음 알아차림으로, 이전의 집중에서 다음 집중으로, 이전의 지혜에서 다음 지혜로 한 번도 쉬지 않고 계속 유지할 수 있어야 한다. 이렇게 알아차릴 수 있는 것이 바로 수행을 돕는 세 번째 요인이다.

마하시 사야도는 수행할 때 불을 지피는 사람처럼 행동하라고 하였다. 전구가 발명되기 전에는 사람들이 나무를 비벼서 불을 피웠다. 불을 지펴서 한번 열이 모아지기 시작하면 더 많은 마찰을 일으키기 위하여 더욱 열심히 비벼야 한다. 열이 강하게 모여야만 작은 불을 얻을 수 있기 때문이다.

---

1) 빨리어 위빠사나vipassana의 빠사나passana는 아누빠사나anupassana라는 뜻으로 알아차림과 함께 알아차림을 지속하는 것(隨觀)을 말한다.

수행자 여러분도 이전 알아차림에서 다음 알아차림으로, 이전 집중에서 다음 집중으로, 이전 지혜에서 다음 지혜로 약간의 틈도 생기지 않도록 유지해야 한다. 알아차림이 지속되면 알아차리는 힘이 아주 강해진다.

이렇게 알아차리는 힘이 강해지면 쉬지 않고 나무를 비벼 불을 얻는 사람과 같이 법을 얻지 못한 수행자는 법을 얻을 것이고, 법을 얻기 시작한 수행자는 더욱 성스러운 법을 얻게 될 것이다.

그러므로 지속적으로 알아차리는 것은 매우 중요하다. 나무를 비비던 중 팔이 아파 잠시라도 쉬게 되면 지금까지 모였던 열기가 식어버리기 때문에 처음부터 다시 시작해야 한다. 위빠사나 수행도 그와 같다.

수행자의 알아차림에 간격이 생기면 알아차리는 힘이 약해지고 그 힘이 점점 줄어들게 된다. 그렇다면 수행을 하는 동안에만 알아차리면 어떨까? 그것으로 충분할 것인가? 충분하지 않다. 일곱 시간 좌선 중에 한 시간 가량 알아차림이 없다면 법을 얻는 것은 매우 어려워진다. 그러므로 수행자는 쉬지 않고 계속 알아차릴 수 있도록 해야 한다.

마하시 사야도는 알아차림에 세 가지가 있다고 하였다.

—좌선을 할 때의 알아차림
—경행을 할 때의 알아차림

―일상日常의 알아차림

성스러운 법을 얻기 위해서는 오직 지속적으로 알아차림을 해야 그 힘이 강해져 법을 얻고 열반에 이를 수 있다는 것을 기억해야 한다.

알아차리는 힘이 약할 경우, 아직 법을 보지 못한 수행자라면 법을 볼 수 없을 것이고, 약간의 법을 보았다 하더라도 더 이상의 진전은 없을 것이며, 결국 열반에 이르지 못하게 된다. 알아차림이 완전하지 않기 때문에 알아차리는 힘이 강하지 않은 것이다. 그러므로 알아차리는 힘을 강하게 하기 위해서는 지속적으로 알아차리는 습관을 길러야 한다.

좌선 중에는 몸의 움직임도 거의 없고 마음도 방황하지 않기 때문에 알아차림이 대체로 지속된다. 그러나 경행을 할 때는 연속성을 잃기 쉽다. 경행 도중에 눈길을 끄는 대상을 만나면 수행을 멈추고 그곳을 바라보게 되기 때문이다. 소리가 들리면 소리를 듣게 된다. 이런 알아차림은 지속적이지 못하다. 또한 누군가와 잠깐이라도 이야기를 나누면 알아차림을 놓치게 된다.

일상의 알아차림을 할 때는 더 큰 주의를 기울여야 한다. 수행 초기에는 일상생활에서 알아차리는 것이 쉽지 않다. 그러나 일단 일상의 알아차림을 할 수 있게 되면 수행에 큰 진전을 보게 된다. 일상의 알아차림을 확립하기 위해서는 부처님께서 가르치신 분명한 앎2)으로 알아야 한다.

오늘날의 스승들은 분명한 앎으로 알아차리는 것을 일상의 알아
차림이라고 한다. 수행을 지도하는 스승들은 부처님께서 가르치신
분명한 앎을 '근본이 되는 네 가지 분명한 앎'이라고 말한다. 요약하
면 다음과 같다.

첫째, 유용성에 대한 분명한 앎_수행이나 선행을 하려고 할 때
가장 이익이 되는 행동이 무엇인지 선택해야 한다.

둘째, 적합성에 대한 분명한 앎_이득이 되는 행동을 선택한 후에
는 지금이 적당한 시기인지, 혹은 적당한 장소인지를 고려해야 한다.
사람들과 함께할 때도 이들이 이득이 되는 행동을 함께하기에 적합한
지 아닌지를 고려해야 한다.

셋째, 감각대상에 대한 분명한 앎_일상생활에서나 수행을 할
때나 멈추지 않고 계속해서 알아차리려고 노력한다.

넷째, 어리석지 않은 분명한 앎_쉬지 않고 수행하여 정신적 현상
과 물질적 현상을 보는 것을 시작으로 진리를 알아나간다.

---

2) 분명한 앎(正知)을 빨리어로 삼빠잔냐sampajañña라고 한다. 고려, 분별, 이해
   등의 뜻으로 용의주도하게 아는 것을 말한다. 삼빠잔냐에는 4가지가 있다.
   위빠사나 수행을 할 때 실제적으로 알아차림을 강화해 주는 것이 분명한
   앎이다. 그래서 알아차림과 함께 분명한 앎을 해야 한다. 이 2가지를 합쳐
   사띠 삼빠잔냐sati sampajañña라고 하는데, 이것이 알아차림과 분명한 앎이
   함께하는 것이다. 분명한 앎은 알아차린 대상에 대하여 능동적으로 대처하여
   행위를 하게 한다.

‘분명한 앎’은 여기 앉아 있는 수행자 여러분이 계발해야 할 대상(法)이다. 지금 여러분이 수행을 하는 것은 이것이 이득이 된다고 생각해서 하고 있는 것이다. 이것이 유용성에 대한 앎이다. 여러분 스스로가 수행의 장소와 스승을 선택하지 않았는가? 이것이 적합성에 대한 앎이다. 수행을 하는 동안 좌선과 경행, 일상의 알아차림을 멈추지 않고 알아차리기 위해 노력한다. 이것이 감각대상에 대한 앎이다. 지속적으로 알아차리는 동안 수행자의 집중이 높아지고 결과적으로 어리석지 않은 앎을 하게 된다.

일어남, 꺼짐, 앉음, 닿음을 알아차리면서 집중이 깊어지면 다음과 같은 것을 알게 된다.

ㅡ‘일어남’을 알아차릴 때, 일어남과 일어남을 아는 것은 별개의 것이다.
ㅡ‘꺼짐’을 알아차릴 때, 꺼짐과 꺼짐을 아는 것은 별개의 것이다.
ㅡ‘앉음’을 알아차릴 때, 앉아 있는 것과 앉아 있는 것을 아는 것은 별개의 것이다.
ㅡ‘닿음’을 알아차릴 때, 닿음과 닿음을 아는 것은 별개의 것이다.

‘일어남, 꺼짐, 앉음, 닿음’과 같은 물질적 현상은 육체적인 것일 뿐 알아차림이 없다. 이것을 아는 마음이 정신적 현상이다. 오온에는 물질적 현상과 정신적 현상만이 존재한다. 세간에서 말하는 ‘나’라는 것은 하나의 용어에 불과하다. ‘나’ 또는 ‘자아’라고 부르는 것은 존재하지 않는다. 자아에 대한 잘못된 견해는 없어져야 할 대상이다. 이렇게 ‘진리를 아는 것’을 어리석지 않은 분명한 앎이라고 한다. 이것을 알면 지옥으로 가는 문을 닫을 수 있다.

지속적으로 알아차림으로써 수행자는 **원인과 결과를 아는 지혜**의 단계에 이르게 되는데, 이것 또한 어리석지 않은 분명한 앎이다. 분명한 앎은 망상이나 모호함이 없이 확연하게 아는 것이다. 이 중에서 가장 중요한 것은 알아차림을 계속하는 방법을 알고 지속적으로 알아차릴 수 있는, 감각대상에 대한 분명한 앎이다.

지속적인 알아차림을 할 수 있어야 알아차리는 힘이 강해진다. 알아차리는 힘이 강해지면 법을 얻지 못한 수행자는 법을 얻을 것이고, 법을 얻기 시작한 수행자는 더 많은 법을, 그리고 열반에 이르고자 하는 수행자는 열반에 이를 것이다.

2. 부처님께서 가르치신 분명한 앎

지속적인 알아차림을 위해서는 부처님께서 가르치신 분명한 앎으로 수행을 해야 한다.

1) 첫 번째 분명한 앎

부처님께서는 이렇게 말씀하셨다.

"앞으로 나갈 때나 돌아설 때
수행자는 주의를 기울여서 행동해야 한다."

나갈 때는 나가는 것에 마음을 두어야 한다. 돌아설 때는 돌아서는 것에 마음을 두어야 한다. 나를 따라 다음과 같이 세 번 반복한다.

《요약》　　　앞으로 나갈 때나 돌아설 때나
　　　　　　모든 주의를 기울여서 알아차리는 것이
　　　　　　분명한 앎이다.

앞으로 나가거나 돌아서는 데에는 다음 네 가지가 있다.

첫째, 걸으면서(行), 앞으로 나가거나 뒤로 도는 것
둘째, 서서(住), 앞으로 굽히거나 일으키는 것
셋째, 앉아서(坐), 앞으로 굽히거나 일으키는 것
넷째, 누워서(臥), 앞으로 굽히거나 뒤로 도는 것

(1) 걸으면서(經行) 앞으로 나가거나 뒤로 도는 것
여러분이 걷는다는 것은 앞을 향해서 걷는 것을 의미한다. 이 동작에는 왼발 앞으로, 오른발 앞으로, 들어서, 앞으로, 놓음 등의 자세가 있는데, 이와 같이 걸으면서 알아차리는 것을 '앞으로 나아감'이라고 한다. 마지막까지 가면 뒤로 돌아서야 한다. 이것이 '뒤로 돌아감'이다.

수행자들은 '걸으면서 알아차린다'는 말을 종종 들을 것이다. 경행은 수행에 큰 도움을 준다. 경행을 하면서 알아차림이 잘 되면 좌선수행에 큰 진전을 보게 된다. 경행이 잘 되면 일상의 알아차림도 쉬워진다. 경행은 수행의 균형을 유지하는 데 도움을 준다. 그렇기 때문에 경행에 관한 이야기를 자주 하게 된다.

‘발을 들어서, 앞으로, 놓음’의 과정을 알아차릴 때는 가능한 한 발의 모양이나 형태에서 벗어나도록 하여야 한다.

위빠사나는 관념적인 것을 배제한다. 위빠사나 수행에서는 모양을 보지 않는다. 발이 서서히 들려지는 느낌에서 그 실재를 꿰뚫어보듯이 알아차리려고 해야 한다.

‘앞으로’와 ‘놓음’을 알아차릴 때도 발의 모양은 보지 않도록 한다. 앞으로 나가는 움직임, 발을 내리는 움직임과 같은 실재하는 것을 꿰뚫어보듯이 알아차리도록 해야 한다. 이것이 위빠사나 수행에서 가장 중요하게 여기는 것 중 하나이다.

발의 모양이나 관념을 보지 않고 움직임과 같은 실재를 꿰뚫어보듯이 알아차리려고 해야 한다. 발의 생김새나 관념에서 벗어나면 일련의 움직임과 실재를 알아차릴 수 있다.

─‘들어서’를 주시할 때, 발이 들려지는 느낌과 함께 가벼워지는 느낌을 알아차린다.
─‘놓음’을 주시할 때, 밑으로 향하는 움직임과 함께 무거워지는 느낌을 알아차린다.

이렇게 세세하게 볼 수 있으면 수행자의 알아차림은 아주 좋아진 것이다. 이미 수행에 재미를 느끼고 열중하고 있는 것이다. 수행에 진전이 있다면 수행이 즐거워지지 않겠는가?

─발을 들면서 가벼워지는 느낌을 알 수 있을 때,
─앞으로 나가면서 가벼워지는 느낌을 알 수 있을 때,
─발을 내리면서 무거워지는 느낌을 알 수 있을 때,
수행에 진전이 있다고 말할 수 있다.

경행을 하면서 뒤로 돌아설 때는 잠시 멈춰 섰다가 '돎, 돎'이라고 알아차리면서 뒤로 돈다. 이렇게 분명한 앎으로 알면 몸을 알아차리는 것이 된다. 분명한 앎은 신념처身念處에 포함된다.

집중이 깊어지면 돌고자 하는 의도를 알게 된다. 이때 수행자는 의도를 먼저 알아차려야 한다. 부처님께서는 가장 분명하게 나타난 현상을 먼저 알아차리라고 하셨다. 그러므로 돌려고 할 때 돌려는 의도를 가장 먼저 알아차려야 한다. 즉, 돌려는 의도가 분명하게 나타났기 때문에 이것을 먼저 알아차리는 것이다.

집중이 깊어지면 '무엇을 하려는 의도'가 있다는 것을 알게 된다. 의도를 알아차릴 수 있으면 수행에 큰 진전을 보게 된다. 이때 수행자는 '돌려고 함'이라고 알아차려야 한다. 그리고 마음을 돌려고 하는 쪽으로 기울인다. 왼쪽으로 돌려고 한다면 왼쪽에 마음을 둔다. 그리고 나서 몸이 왼쪽으로 돌기 시작하는 것을 알고, 그다음에 몸이 도는 것을 알아차린다.

오른쪽에 마음을 둔다면 몸은 오른쪽으로 향한다. 그리고 '돎, 돎'이라고 알아차린다. 이렇게 알아차릴 수 있으면 수행자는 순간순간 일어나는 모든 것(약간의 쉼이 있는 것까지 포함하여)을 거의 연속적으로 알아차릴 수 있게 된다. 나를 따라 다음과 같이 세 번 반복한다.

≪요약≫　　　돌려고 하는 의도는 정신이고
　　　　　　도는 것은 물질이다.
　　　　　　돌고 있는 것은 내가 하는 것이 아니라
　　　　　　정신과 물질이 하는 것이다.
　　　　　　이것을 정신과 물질이라고 한다.
　　　　　　이것을 분명하게 알고 돎을 알아차린다.

'돎, 돎'이라고 알아차리는 것이 바로 수행이다. 의도를 알아차릴 수 있으면 수행자는 두 단계 이상의 지혜를 뛰어넘게 된다. 돌려는 의도를 안다는 것은 정신적 현상을 아는 것이고, 몸이 도는 것을 안다는 것은 물질적 현상을 아는 것이다. 이제 수행자는 정신적 현상과 물질적 현상을 구별할 수 있다. 이것이 **정신과 물질을 구별하는 지혜**이다.

수행자가 몸을 뒤로 도는 것은 돌리려는 의도가 있었기 때문이다. 이때 '돌려는 의도는 원인이고, 몸이 도는 것은 결과'이다. 이것이 **원인과 결과를 아는 지혜**다. 그러므로 의도를 아는 것은 매우 중요하다.

'들어서, 앞으로, 놓음'을 아는 것은 앞으로 나가는 것을 알아차리는 것이고, '돎, 돎' 하면서 뒤로 돌면 도는 것을 알아차리는 것이다.

이것이 수행자가 경행을 하면서 앞으로 나가고 뒤돌아서는 것을 알아차리는 방법이다.

(2) 서서 앞으로 굽히거나 일으키는 것

서 있는 동안 무엇인가를 하기 위해 몸을 굽힌다면 몸을 굽히기에 앞서 의도가 먼저 일어난다. 이때 수행자는 '굽히려 함'이라고 의도를 알아차린다. 주의 깊게 집중하고 있으면 의도가 먼저 일어난다는 것을 알 수 있다. 집중이 느슨하면 의도를 분명히 알 수 없다. 주의 깊게 알아차려야만 의도를 분명히 알 수 있다.

수행자가 구부리려고 하면 먼저 의도가 분명하게 나타난다. 이때 수행자는 '굽히려 함, 굽히려 함'이라고 알아차려야 한다. 그러고 나서 의도로 인하여 누르는 힘이 생겨 몸이 점차로 굽혀지는 것을 알아차린다. 수행자는 이때도 '굽힘, 굽힘'하고 알아차린다.

'굽힘'을 알아차릴 때는 자신의 머리, 몸, 손, 발과 같은 형태를 보는 것이 아니라 서서히 내려가는 느낌을 주의 깊게 주시하여야 한다.

머리, 몸, 손, 발과 같은 형태는 모양이나 관념이다. 서서히 내려가는 느낌은 실재하는 성품이다. 위빠사나 수행은 관념을 아는 것이 아니라 실재를 알아차리는 것이다.

서서히 굽혀지는 것은 법의 성품이다. '굽히려는 의도'가 있었기 때문에 공기의 흐름이 생기고, 공기의 흐름이 몸을 밑으로 밀어서 서서히 굽혀지는 것이다. 이것이 법의 성품인 실재하는 것이다.

몸이 완전히 굽혀지고 나서 몸을 일으킬 때 수행자는 주의 깊게 집중해야 한다. 주의 깊게 집중했을 때 '몸을 일으키려는 의도'를 분명하게 알 수 있다. 의도 때문에 밀어냄이 생겨서 몸이 점차로 일으켜지는 것을 알게 된다. 이때 수행자는 '일어남, 일어남' 하고 알아차린다. 이 경우에도 머리, 몸, 손, 발과 같은 모양을 아는 것이 아니라 서서히 올라오는 느낌을 주의 깊게 알아차려야 한다.

'굽히려는 의도'를 알아차릴 때는 마음으로부터 관념을 분리하고 움직임을 바로 알아차릴 수 있을 만큼 깊이 집중하면 몸이 점차로 굽혀지는 움직임뿐만 아니라 몸이 아래로 내려가면서 무거워지는 느낌을 알 수 있다.

'몸을 일으키려는 의도'를 알아차릴 때도 몸이 점차로 올라오는 움직임뿐만 아니라 몸이 위로 올라오면서 가벼워지는 느낌을 알 수 있다.

이 느낌은 주의 깊게 알아차리기만 하면 곧 알 수 있다. 몸을 아래로 굽힐 때 점차 무거워지는 느낌은 무엇인가? 지대地大와 수대水大이다. 지대는 땅의 요소로 단단함, 무거움의 요소이다. 수대는 물의 요소로 이 또한 무거움의 요소이다. 수행자는 이 두 가지 요소의 성품을 보는 것이다.

몸을 일으킬 때 점점 가벼워지는 느낌은 화대火大와 풍대風大이다. 화대는 증기의 요소, 불의 요소, 가벼움의 요소이고, 풍대는 공기의 요소, 가벼움의 요소이다. 수행자는 몸을 일으키면서 이 두 가지 요소의 성품을 보는 것이다. 무거운 느낌과 가벼운 느낌을 안다는 것은 사대요소四大要素를 안다는 의미다.

바른 수행을 하면 곧 집중을 얻게 되고, 사대요소가 분명하게 나타나는 것을 알게 된다. 사대요소를 안다는 것은 법을 아는 것이라고 할 수 있는가? 그렇다. 무거운 느낌과 가벼운 느낌을 아는 것은 법을 아는 것이라고 할 수 있다.

사대요소를 알고 나면 수행에 빠른 진전을 보게 된다. 이때부터 수행자는 수행에 재미를 느끼게 된다. 그러므로 법을 빨리 아는 것은 중요하다.

이 세계에서 법을 얻는다는 것은 '큰 행운'이다.
여기서 행운은 모든 병의 뿌리를 뽑고,
모든 성스러운 이득을 얻었다는 것을 의미한다.
법은 매우 심오하기 때문에 이해하기 어렵다.
바른 수행을 하여 깊이 법을 이해하고 어느 단계에 올라설 때
비로소 모든 괴로움으로부터 벗어날 수 있다.

법을 이해한다는 것은 법에 재미를 느낀다는 것이다. 수행이 재미있기 때문에 계속 수행하려 한다. 이렇게 바라밀이 성숙하여 한번 수다원도須陀洹道의 지혜와 수다원과須陀洹果의 지혜에 이르면, 수행자는 윤회와 사악도에서 벗어날 수 있다.

사다함도斯多含道의 지혜3)와 사다함과斯多含果의 지혜에 이르면, 단

---

3) 사다함도과(斯多含道果, Sakadāgāmi magga phala)는 수다원도과須陀洹道果를 성취한 수행자가 다음 단계로 이르는 깨달음이다. 사다함도과를 성취하면 욕망의 세계(欲界)에 존재를 붙들어 매는 족쇄 5가지 중에서 유신견, 회의적 의심,

한 번만 인간으로 태어난 후, 인간세계에서 겪는 생로병사와 여섯 개의 천상세계에서 겪는 온갖 괴로움으로부터 벗어나게 된다. 사다함에 이른 수행자는 인간이나 천인으로 한 번만 다시 태어난다.

수행을 계속하고 또 계속하면 아나함阿那含[4]의 도과에 이른다. 일단 아나함이 되면 수많은 괴로움이 가득한 속세에 다시는 오지 않는다. 그는 모든 괴로움에서 벗어난 것이다.

수행을 더 하여 아라한阿羅漢의 도과에 이르면, 생로병사의 고통은 물론 존재하는 생명이 사는 31천三十一天[5]에서 겪는 모든 괴로움에서

계율이나 금지조항에 집착하는 것, 이 3가지가 사라지고 감각적 욕망, 악한 의도 2가지가 약화된다. 또한 인간으로 한 번 더 태어나서 아라한의 도과를 성취한다. 그래서 일래과一來果라고 한다.

4) 아나함도과(阿那含道果, Anāgāmi magga phala)는 사다함도과를 성취한 수행자가 다음 단계로 이르는 깨달음이다. 아나함도과를 성취하면 욕계에 존재를 붙들어 매는 족쇄 5가지인 유신견, 회의적 의심, 계율이나 금지조항에 대한 집착, 감각적 욕망, 악한 의도가 모두 사라진다. 그래서 인간으로 태어나지 않고 색계 사선정인 정거천淨居天에 태어나 아라한이 된 후 윤회계를 벗어난다. 그래서 불래과不來果라고 한다.

5) 살아 있는 생명이 존재하는 세계는 모두 31개가 있다. 이러한 존재의 세계를 크게 욕계欲界, 색계色界, 무색계無色界로 나눈다. 먼저 욕계에는 사악도(四惡道, 지옥, 축생, 아귀, 아수라), 인간, 욕계천상(사천왕천, 33천, 야마천, 도솔천, 화락천, 타화자재천)의 세계가 있고, 색계에는 1선정(범중천, 범보천, 대범천), 2선정(소광천, 무량광천, 광음천), 3선정(소정천, 무량정천, 변정천), 4선정(광과천, 무상유정천, 무번천, 무열천, 선현천, 선견천, 색구경천)의 세계가 있으며, 무색계에는 공무변처, 식무변처, 무소유처, 비상비비상처가 있다.
중생들의 세계를 총칭하는 3계는 각각의 세계에 따라 수명이나 고통의

완전히 벗어난다.

수행자는 법을 얻는 것이 첫 번째이다. 수행자가 노력을 하여 한번 법을 얻으면 그 법은 지혜의 단계를 따라 계속 성숙된다. 따라서 수행을 지도하는 스승은 법을 얻는 것이 가장 중요하다고 가르친다.

수행자는 스승의 지도에 따라 수행해야 한다.

(3) 앉아서 앞으로 굽히거나 일으키는 것

이것은 가장 흔히 취하는 자세이다. 부처님께 경의를 표하기 위해 앉을 때 수행자는 앉아서 몸을 구부리고 다시 일으킨다.

수행자가 부처님께 경의를 표하려 할 때 깊이 집중하고 있다면 경의를 표하려는 의도와 몸을 앞으로 숙이려는 의도가 분명하게 나타난다는 것을 알 수 있다. 보통 사람은 그러한 의도를 잘 알 수 없다. 대부분은 수많은 시간 동안 알아차림 없이 절을 해왔다. 절하는 것을 알아차리기 위해서는 집중이 필요하다.

경의를 표하기 위해 몸을 구부리고자 하는 의도가 먼저 일어나면 수행자는 '굽히려 함, 굽히려 함'이라고 알아차린다. 이 의도가 몸을 밀어서 공경을 표하는 행동을 일으켜 몸을 앞으로 굽히게 한다. 이때 수행자는 '경의를 표함, 경의를 표함'이라고 알아차린다.

정도가 다르지만, 모든 세계가 윤회의 과정을 벗어나지 못한 고해苦海라는 점에서는 다를 바가 없다.

이것을 알아차릴 때 수행자는 머리, 몸, 손, 발과 같은 관념적 모양으로 보지 않도록 한다. 몸이 점점 숙여지는 움직임(실재)을 가능한 한 세세히 알아차리도록 한다. 머리, 몸, 손, 발은 관념이므로 위빠사나의 대상이 아니다. 서서히 숙여지는 움직임, 즉 실재하는 것을 '경의를 표함, 경의를 표함, 움직임, 움직임'이라고 알아차린다.

부처님께 마음을 두고 몸을 원래의 자세로 일으킬 때 일으키려는 의도가 먼저 일어나므로 '일으키려 함, 일으키려 함'이라고 알아차린다. 그 의도로 몸이 일으켜진다. 그러면 수행자는 '일어남, 일어남'이라고 알아차린다.

몸을 서서히 일으키는 움직임을 '일어남, 일어남'이라고 알아차린다. 이때 머리, 몸, 손, 발과 같은 모양은 보지 않고 가능한 한 꿰뚫어보듯이 집중하여 주시한다. 이렇게 알아차릴 수 있다면 수행자는 실재하는 것을 더 빨리 찾을 수 있다.

'굽힘'을 알아차릴 때, 여기에는 아래로 향하는 움직임뿐만 아니라 무거운 느낌도 함께한다는 것을 알게 된다. 몸을 일으킬 때는 위로 향하는 움직임뿐만 아니라 가벼운 느낌이 함께한다는 것을 안다. 경험이 많은 수행자는 이것을 실감할 수 있다.

처음 수행을 시작하는 수행자는 가볍거나 무거운 느낌을 알기 위해 노력해야 한다. 수행을 하다 보면 어느 순간 이것을 경험할 수 있다. 그러나 이를 위해서는 아주 강한 주의력을 필요로 한다. 수행자는 빨리 움직여서는 안 되며 병자처럼 천천히 움직여야 한다.

수행자가 공경을 표하는 것을 잘 알아차리면서 약간 굽히고 다시 약간 굽히는 동작이 계속되는 것을 알았다면, 이것은 참으로 훌륭한 일이다.

알아차림이 약한 수행자는 재빨리 절을 할 것이다. 스승은 빨리 절하는 것을 좋아할 것인가, 천천히 절하는 것을 좋아할 것인가? 스승은 천천히 절하면서 많이 알아차리는 것을 좋아한다.

스승은 수행자가 절하는 것을 보면 알아차리고 있는지 아닌지를 짐작할 수 있다. 스승은 수행자의 알아차림이 지속적인지 아닌지를 안다. 수행자의 알아차림이 강한지 아닌지를 안다. 스승은 아무 말도 하지 않지만 알아차리면서 경의를 표하는 것을 기뻐한다.

'경의를 표하려 함, 경의를 표하려 함'을 알고, '경의를 표함, 경의를 표함'을 알아차릴 때, 수행자는 몸이 점점 굽혀지는 움직임과 무거움을 함께 알아차린다. '일으키려 함, 일으키려 함'을 알고, '몸을 일으킴, 몸을 일으킴'이라고 알아차릴 때, 수행자는 몸이 점점 일으켜지는 움직임과 가벼움을 함께 알아차린다.

무거운 느낌을 아는 것은 지대와 수대를 아는 것이다. 가벼운 느낌을 아는 것은 풍대와 화대를 아는 것이다. 나를 따라 다음과 같이 세 번 반복한다.

≪요약≫　　　지대地大와 수대水大에는
　　　　　　　무거움이 두드러진다.

지대와 수대는 사람에게 가장 많이 나타나는 현상이다.

≪요약≫   풍대風大와 화대火大에는
가벼움이 두드러진다.

지수화풍 사대四大는 사람에게 가장 많이 나타나는 것이다. 그러므로 사대를 안다는 것은 법을 안다는 것을 의미한다.

한 수행자가 열흘간의 수행을 마치고 집으로 돌아갔는데 법을 얻었느냐는 질문을 받았다. 그는 법을 얻지 못하고 통증으로만 고생했다고 대답하였다. 열흘이라는 짧은 기간 동안에 알아차림을 지속시킬 수 없는 상태에서도 **현상을 바르게 아는 지혜**의 단계까지는 이를 수 있다. 이 지혜의 단계에서는 오직 고통과 통증만 있다. 그러나 이 또한 법이다. 이것을 느낌을 통해 얻는 법이라고 한다. 그는 수념처를 통해 법을 본 것이다.

그 수행자는 법에 대한 지식이 없었기 때문에 법을 얻지 못했다고 대답한 것이다. 여기에 있는 여러분도 이런 경우 법을 얻지 못했다고 대답할 것인가? 물론 그렇지 않을 것이다. 고통과 통증 또한 법이므로 여러분은 법을 얻었다고 할 것이다. 여러분은 가벼움과 무거움의 법을 경험했다고 대답할 것이다.

집중이 깊어지게 되면 '굽히려 함, 굽히려 함'이라고 알아차릴 때, 여기에 두세 번의 또 다른 의식이 일어난다는 것을 알게 된다.

'굽힘, 굽힘'이라고 알아차릴 때, 알아차리는 동작은 한 번에 일어나는 것이 아니라 두 번, 세 번의 단계를 거쳐 일어난다. '일으키려 함, 일으키려 함'이라고 의도를 알아차릴 때, 몸을 일으키려는 의도는 한 번 일어나는 것이 아니라 연속적으로 두세 번 일어난다.

몸을 '일으킴, 일으킴'이라고 알아차릴 때 몸을 움직이는 동작이 단계적이라는 것을 알면 수행자의 지혜의 단계도 성숙하게 된다.

수행자가 지혜의 단계를 높이려고 한다면 그렇게 할 수 있다. 몸이 한 번 움직일 때 '굽힘, 굽힘' 하면서 움직임의 일련의 단계를 알아차린다면 수행에 있어서 분명한 진전을 본 것이다.

집중이 깊어질수록 그 단계들이 연속적이지 않다는 것을 알게 된다. '굽히려 함'이라고 알아차릴 때도 굽히려는 의도는 연속적이지 않다는 것을 알게 된다.

한 번의 의도가 일어나고 사라진다.
그리고 다시 새로운 의도가 일어나고 사라지며,
또 다른 의도가 일어나고 사라지기를 반복한다.

각각의 단계들은 끊겨져 있다. 그것이 무엇인가? 이것이 바로 일어남과 사라짐이다.

'경의를 표하기 위해 굽힘, 경의를 표하기 위해 굽힘'을 알아차릴 때 몸이 굽혀지는 일련의 단계는 각각 끊어져 있다.

첫 번째 단계__몸의 굽힘이 일어남
　　　　　　　　몸의 굽힘이 일어나고 사라짐
그다음 단계__다시 몸의 굽힘이 일어남
　　　　　　　　새로 일어난 굽힘이 사라짐
이런 것들이 반복하여 일어난다.

'일으키려 함, 일으키려 함'을 알아차릴 때 몸을 일으키려는 의도가 일어나는 단계 또한 각각 끊어져 있다. 이는 의도에 몇 번의 '일어남'과 몇 번의 '사라짐'의 단계가 있음을 의미한다.

첫 번째 단계__의도가 일어나고 사라짐
두 번째 단계__새로운 의도가 일어나고 사라짐
세 번째 단계__또다시 새로운 의도가 일어나고 사라짐
이런 것들이 반복하여 무한정 일어난다.

'일으킴, 일으킴'을 알아차릴 때 몸을 일으키는 움직임에는 일련의 단계가 있다.

첫 번째 단계__몸을 일으키는 동작이 일어나고 사라짐
두 번째 단계__두 번째 몸을 일으키는 동작이 일어나고 사라짐
이들이 반복하여 일어난다.

자, 나를 따라 다음과 같이 세 번 반복한다.

≪요약≫　　　성품을 알아야

일어남과 사라짐을 볼 수 있다.

수행자는 무엇보다도 그리고 궁극적으로, 실재하는 성품을 알기 위해서 알아차림을 한다. 성품이란 밑으로 내려가면서 점점 무거워지는 성품, 위로 올라오면서 점점 가벼워지는 성품을 말한다. 지대와 수대는 무거움의 성품이고, 풍대와 화대는 가벼움의 성품이다. 여기에 있는 수행자들은 처음에 무거움이나 가벼움의 성품을 보았다. 그리고 또 무엇을 알게 되는가? 바로 일어남과 사라짐의 성품이다. 수행자는 일어남과 사라짐을 알게 된다.

그것들은 단계적으로 존재하고 그 단계가 각기 끊어져 있기 때문에 일어남과 사라짐이라고 말한다. 집중이 깊어지면 **소멸의 지혜**에 이른다. **소멸의 지혜**에서는 모든 것에 사라지는 성품이 있다는 것을 통찰하게 된다.

이 단계에 이르면,
일어남은 더 이상 분명하지 않고,
오직 사라짐만을 분명하게 느낀다.
알아차릴 때 사라짐만이 분명하다.

'굽히려 함, 굽히려 함'을 알아차릴 때, 굽히려는 의도가 일어나는 것은 분명하지 않고, 오직 굽히려는 의도가 사라지는 것만 분명하게 느낀다.

'굽혀서 절함, 굽혀서 절함'을 알아차릴 때, 몸을 굽히는 동작은 분명하지 않고 몸을 굽히는 동작의 사라짐만이 분명하다.

그렇게 되면 머리, 몸, 손, 발과 같은 관념적인 것을 분리해서 보려고 노력하지 않아도 자동적으로 떼어서 알아차릴 수 있다. **소멸의 지혜**에 이르면 수행자는 확고한 알아차림을 할 수 있다. 이제 수행자는 유일한 진리인 법을 볼 수 있다.

몸을 굽힐 때, 수행자는 머리, 몸, 팔, 다리를 아는 것이 아니라 점점 더 무거워지는 느낌만을 알아차릴 수 있다. 위빠사나 지혜가 강해지면 관념이 가려져서 보이지 않기 때문이다. 위빠사나 지혜와 관념은 정반대의 개념이다.

위빠사나 지혜가 약해지면 관념이 드러나서 점점 더 분명해진다. 이때 수행자는 신중하게 마음을 관념으로부터 분리시켜야 한다. 위빠사나 지혜가 강해져서 **소멸의 지혜**에 이르면 관념은 모두 사라진다.

'굽혀서 절함, 굽혀서 절함'이라고 알아차릴 때, 굽혀서 절하는 몸의 동작은 분명하지 않고 사라짐만이 분명해진다. '몸을 일으키려 함, 몸을 일으키려 함'이라고 알아차릴 때, 의도는 분명하지 않고 의도의 사라짐만이 분명하다. '일으킴, 일으킴'을 알아차릴 때, 일어남은 분명하지 않고 일어나는 동작의 사라짐만이 분명하다. 몸의 모양은 분명하지 않고 사라짐만이 분명하다.

모든 사라짐을 보는 것은 그것들이 영원하지 않다는 것을 아는 것이다. 수행자는 자신의 존재가 무상하다는 것을 알게 된다.

집중이 깊어질수록 사라짐을 아는 지혜는 더 강해져서
‘굽히려 함, 굽히려 함’을 알아차릴 때
굽히려는 의도는 사라지고
그것을 알아차리는 마음도 사라진다.

‘굽혀서 절함, 굽혀서 절함’을 알아차릴 때
굽혀서 절하는 모양도 사라지고
그것을 알아차리는 마음도 사라진다.

‘몸을 일으키려 함, 몸을 일으키려 함’이라고 알아차릴 때
몸을 일으키려는 의도도 사라지고
그것을 알아차리는 마음도 사라진다.

‘일으킴, 일으킴’을 알아차릴 때
몸을 일으키는 모양도 사라지고
그것을 알아차리는 마음도 사라진다.

몸을 굽히는 모든 움직임은 영원하지 않고, 그것을 알아차리는
마음도 영원하지 않다. 물질의 법과 정신의 법은 둘 다 영원하지
않다. 이것을 ‘무상’이라고 한다.

사라짐은 너무 빠르고, 순식간에 일어난다. 비록 알아차렸지만
그것을 고통스럽게 느낀다. 이것을 ‘괴로움’을 알았다고 말한다.

수행자는 이 괴로움을 막을 수 있는 방법이 없다. 사라짐은 자동적

으로 일어난다. 사라짐은 스스로 일어나는 것이기 때문에 고통으로
느껴진다. 수행자 자신은 그것들을 명령할 수도 통제할 수도 없다.
이것을 '무아'라고 한다.

이렇게 수행자는 부처님께 경의를 표하면서도 무상, 고, 무아를
얻고 열반에 이를 수 있다.

　　"분명한 앎으로 알아차리면
　　많은 선업善業을 쌓는다."

부처님 시대에는 분명한 앎으로 알아차려서 법을 얻은 사람이
많았다. 그러므로 분명한 앎으로 알아차리는 것을 계발하기 위해
노력해야 한다. 분명한 앎으로 알아차리는 것은 또한 많은 선업을
쌓는 것이기도 하다. 알아차릴 때마다 분명한 앎으로 알아차리는
것은 수많은 선업을 쌓는 것이다.

수행자가 '공경을 표하기 위해 절하려 함' 하며 의도를 알아차린다
면, 이는 심념처心念處 수행을 하는 것으로 선업을 쌓는 것이다. 즉,
수행자가 '몸을 일으키려 함, 몸을 일으키려 함'을 알아차린다면 이는
마음을 알아차리는 것이기 때문에 심념처 수행을 하는 것으로 많은
선업을 쌓는 것이다.

수행자가 '공경을 표하기 위해 절함'을 알아차린다면 이는 몸을
알아차리는 것이다. 무엇을 알아차리는 것인가? 그렇다. 수행자가 '몸
을 일으킴, 몸을 일으킴'을 알아차린다면 이는 몸의 행동을 알아차리는

것이기 때문에 신념처身念處 수행을 하는 것으로 많은 선업을 쌓는 것이다.

　부처님께 절을 드리는 동안에는 마음이 청정하고 몸이 가볍다. 정신적으로 편안할 뿐 아니라 육체적으로도 편안해진다. 세심하게 알아차리면서 부처님께 절을 하는 동안에는 정신적으로나 육체적으로 편안함을 느끼게 되는데, 이때 정신적으로나 육체적으로 '편안함, 편안함'이라고 알아차려야 할 것인가? 그렇다. 몸과 마음에서 가장 분명하게 나타나는 상태이므로 '편안함, 편안함'이라고 알아차려야 한다. 이는 좋은 느낌을 알아차리는 것이기 때문에 수념처受念處 수행을 하는 것으로 많은 선업을 쌓는 것이다.

　또는 부처님께 절하면서 가슴이나 등이 아파서 불편할 수도 있다. 이때 '불편함, 불편함'이라고 알아차려야 할 것인가? 그렇다. 무엇으로 알아차리는 것인가? 수념처를 하는 것이다. 통증을 경험함으로써 괴로운 느낌을 알아차리는 것이다. 통증을 알아차리면 수념처 수행을 하는 것이기 때문에 많은 선업을 쌓는 것이다.

　부처님께 절하고 있을 때 주변에 있는 사람이 큰 목소리로 떠들면서 기도할 수도 있다. 그 소리를 들을 때 '들음, 들음'이라고 알아차리면 이는 법념처法念處 수행을 하는 것이다. 이는 많은 선업을 쌓는 것인가, 아닌가? 그렇다. 무엇이 일어나든지 위빠사나로 알아차리면 그것의 참 성품을 이해하게 되므로 선업을 쌓는 것이다.

　부처님께 한 번 절하면서 이와 같이 알아차림이 있으면 몇 가지의 선업이 따르게 되는가? 다음의 다섯 가지 선업이 따른다.

첫 번째 선업__'공경을 표하기 위해 절하려는 의도'를 알아차리는 것으로 심념처 수행의 공덕을 쌓는다.

두 번째 선업__'공경을 표하기 위해 몸을 굽힘'을 알아차리는 것으로 신념처 수행의 공덕을 쌓는다.

세 번째 선업__'평화로움 또는 편안함'을 알아차리는 것으로 수념처 수행의 공덕을 쌓는다. 절을 하면서 가슴이나 등이 아파서 '통증, 통증'이라고 알아차리는 것으로 수념처 수행의 공덕을 쌓는다.

네 번째 선업__부처님께 절하면서 다른 사람이 큰 소리로 기도하는 소리를 들을 때 '들음, 들음'이라고 알아차리면 법념처 수행의 공덕을 쌓는 것이다.

다섯 번째 선업__마음을 부처님께 향하고 경의를 표하기 때문에 부처님을 공경한 공덕을 쌓는다.

이로써 사념처四念處 수행의 공덕과 부처님을 알아차리는(佛隨念)[6] 공덕이 모두 따르게 된다.

---

6) 부처님을 알아차리는 공덕을 빨리어로 붓다누싸띠Buddha-nussati라고 하며, 한문으로는 불수념佛隨念이라고 한다. 불수념은 부처님을 계속해서 알아차린다는 의미다. 『청정도론』에 의하면 붓다, 법, 승가, 계, 보시, 천신, 죽음, 몸, 들숨과 날숨, 고요함 등 10가지의 알아차림(十隨念)이 있다.

이와 같이 확고한 알아차림으로 얻는 공덕은 대단한 것이다. 여기에 있는 수행자들은 많은 선업을 쌓고 싶어 할 것이다.

선업善業의 성품은 다음과 같다.

─선업은 비난받을 일이 없다.
─선업에는 분명한 이익이 있다.

선업을 행하는 동안에는 비난을 받지 않는다. 보시를 행하여 자신이 가진 것을 다른 사람에게 주면 다른 사람이 편안해진다. 자신이 가진 것을 다른 사람에게 주었는데 누가 그를 비난할 것인가? 누구도 그를 비난하지 않는다.

바른 몸가짐과 바른 말을 하는 사람은 몸과 마음을 청정하게 하는 계율을 지키는 것이다. 바른 행동을 하는 사람이 어떻게 죄를 짓겠는가? 그는 어떠한 비난도 받지 않는다. 그는 마음의 평화와 청정, 고요함을 얻기 위해서, 진리를 얻기 위해서, 그리고 탐욕, 성냄, 어리석음을 제거하기 위해서 위빠사나 수행을 한다. 자신을 청정하게 만든다고 누가 그에게 반대할 수 있을 것인가? 아무도 그렇게 할 수 없다.

선업을 쌓고 있는 동안에는 아무런 비난도 받지 않는다. 선업을 쌓으면 그는 현생, 다음 생 그리고 그다음 생에서도 많은 보상을 받는다. 이와 같이 선업의 결과를 아는 사람은 가능한 한 많은 선업을 쌓으려 한다.

많은 선업을 쌓기를 원하면 어떤 수행을 해야 하는가? 위빠사나 수행을 해야 한다. 그런데 여기에 불수념까지 한다면 얼마나 많은 선업을 쌓게 될 것인가? 다섯 가지 선업을 쌓게 된다. 나를 따라 다음과 같이 세 번 반복한다.

≪요약≫　　　많은 선업을 쌓기 위해서
　　　　　　　확고한 알아차림으로 수행한다.

확고한 알아차림으로 수행을 하여 많은 공덕을 쌓은 사람은 모든 일에서 평화와 행복을 얻을 수 있다. 그러므로 앞으로 나가고, 돌아 설 때도 깊은 주의를 기울여서 행동해야 한다.

지금까지 첫 번째 분명한 앎에 대하여 말하였다.

2) 두 번째 분명한 앎

부처님께서는 이렇게 말씀하셨다.

"앞을 보거나 옆을 볼 때,
모든 주의를 기울여야 한다."

위빠사나 수행을 하는 동안에는 알아차리면서 앞을 보거나 옆을 보아야 한다. 부처님께서는 이 두 가지 자세(똑바로 향함, 옆으로 향함)만을 언급하셨지만, 스승이나 지도자들은 수행 중에 위를 보거나 뒤돌아보지 말라고 가르친다. 수행 중에 위쪽이나 뒤쪽을 보게 되면 알아차림이 끊어지기 때문이다.

모든 지혜의 단계를 거쳐 법을 얻고자 노력하는 수행자에게 있어서 단 한 번의 알아차림은 매우 중요하다. 한 번의 알아차림을 놓침으로써 지혜의 도과에 도달하지 못할 수도 있다. 그러므로 수행자는 단 한 번의 알아차림도 놓치지 않기 위해 노력해야 한다.

앞을 볼 때 알아차리고, 옆을 볼 때 알아차린다. 나를 따라 다음과 같이 세 번 반복한다.

≪요약≫　　　**앞을 보거나 옆을 볼 때**
모든 주의를 기울여서 알아차린다.
이것이 분명한 앎이다.

수행자는 앞을 보거나 옆을 볼 때, 그 어느 쪽을 볼 때도 알아차려야 한다. 그러나 처음 수행을 시작한 사람은 먼저 자신이 보는 그 순간에 알아차리는 연습을 해야 한다. 저 사람이 여자인가 남자인가, 키가 큰가, 작은가, 눈은 어떻게 생겼고, 눈썹은 어떤가 하는 것과 같이, 바라봄이 제멋대로 발전해 나가지 않도록 해야 한다. 보고 있는 그 순간에 바로 알아차려야 한다는 것이다.

무엇이 보이든
보는 바로 그 순간,
알아차리는 연습을 해야 한다.

이것은 무슨 의미인가, 또 어떻게 그렇게 할 수 있는가? 보는 순간 알아차림으로써 여자, 남자, 혹은 크다, 작다, 예쁜 눈을 가졌다, 굵은 눈썹을 가졌다 등으로 마음이 반응하지 않도록 하는 것이다. 대상이 보이는 것과 동시에 바로 알아차리면 마음은 더 이상 발전하지 않는다.

집중이 깊은 수행자는 그렇게 하는 데 큰 어려움을 느끼지 않는다. 알아차림이 없는 사람이나 집중이 약한 사람은 이것이 매우 어려울 것이다. 어쩌면 말의 뜻조차도 이해하지 못할 것이다.

왜 그런가? 지금 누군가를 바라보라. 한번에 상대방의 모든 것을 알 수 있는가? 상대방의 모든 것을 이미 다 본 것인가? 어떤 사람은 그렇다고 한다. 하지만 어떻게 한번 본 것으로 상대방의 모든 것을 보았다고 할 수 있겠는가? 오히려 집중력이 약하거나 없는 사람들, 혹은 알아차림이 없는 사람들은 모든 것을 보았다고 말한다.

여기서 수행하고 있는 여러분은 보는 것과 동시에 알아차리는 데 마음을 두고 있다.

경행을 하는 수행자가 발을 '들어서, 앞으로, 놓음'을 알아차리는 경우를 생각해 보라.

─'들어서'를 알아차릴 때, 발이 들려지는 움직임과 함께 가벼운 느낌이 커지는 것을 느낀다.
─'앞으로'를 알아차릴 때, 앞으로 나가는 움직임과 함께 가벼운

느낌이 커지는 것을 느낀다.

　ㅡ'놓음'을 알아차릴 때, 밑으로 향하는 움직임과 함께 무거운
느낌이 커지는 것을 느낀다.

　그런 수행자는 시선을 아래로 향하고 있다. 그렇기 때문에 누가
당신 앞을 걸어갔느냐고 물으면, 누가 지나갔는지는 모르고 단지
누군가가 내 앞에서 걸어간 것을 보았다고 대답할 것이다. 그는 봄과
동시에 알아차리는 것에 익숙한 사람이다.

　알아차림에만 집중하고 있기 때문에 대상이 들어오는 그 순간
알아차릴 수 있는 것이다. 여러분이 지금 이 수행자처럼 할 수 없다면
집중을 좀 더 향상시켜 지혜의 단계를 성숙시켜야 할 것이다.

3) 세 번째 분명한 앎

부처님께서는 이렇게 말씀하셨다.

"굽히거나 뻗을 때
모든 주의를 기울여야 한다."
나를 따라 다음과 같이 세 번 반복한다.

**≪요약≫　　　굽히거나 뻗을 때
모든 주의를 기울여서 알아차린다.
이것이 분명한 앎이다.**

팔이나 다리를 굽히거나 뻗을 때, 수행자는 알아차리면서 해야 한다. 뻗을 때 '뻗음, 뻗음'이라고 알아차리고, 팔을 굽힐 때 '굽힘, 굽힘'을 분명한 앎으로 알아차린다. 이것이 신념처身念處 수행이다.

집중이 깊어져서 굽히거나 뻗으려는 의도가 분명하게 나타나면, 분명하게 나타나는 현상을 알아차릴 수 있다.

의도가 분명하게 나타난다면, 부처님의 가르침에서와 같이 의도를 알아차리는 것을 시작할 수 있다. 팔을 굽히려 할 때 꿰뚫어보듯이 알아차리면 '굽히려는 의도'가 우선 일어나므로 '굽히려 함, 굽히려 함'이라고 알게 된다. 그러고 나서 굽힘이 일어난다.

'굽힘, 굽힘'이라고 알아차리는 동안에 팔의 모양은 보지 않도록 한다. 눈으로 보는 것이 아니기 때문에 눈을 감고 있는 것이 낫다. '팔이 서서히 안으로 향하는 동작'을 '굽힘'이라고 한다. 팔이 서서히 안으로 향하는 동작의 느낌을 알아차린다면 이는 모양을 알아차리는 것이 아니다.

'굽힘, 굽힘'을 알아차릴 때
팔이 몸의 위쪽(머리나 어깨 쪽)으로 다가가면,
팔이 약간씩 위로 올라가며
팔이 위로 올라갈수록 가벼워진다는 것을 안다.

팔이 몸의 위쪽으로 모두 올라가고 나서 팔을 뻗으려 할 때, 집중이 잘 되어 있다면 '뻗으려는 의도'가 먼저 분명하게 나타난다는 사실을 알 수 있다. 그렇기 때문에 '뻗으려 함, 뻗으려 함'이라고 알아차린다. 수행자가 깊이 집중하면 의도가 아주 분명하게 나타난다는 것을 알게 된다. 그래서 그것을 알아차린다. 그러고 나면 뻗으려는 의도가 원인이 되어서 흐름이 생기고 팔을 밀어 뻗는 동작이 일어난다. 이것을 '뻗음, 뻗음'이라고 아는 것이다.

'뻗음'을 알아차릴 때 손의 모양은 보지 않아야 한다. 왜 그러한가? 모양은 관념이기 때문이다.

서서히 아래로 향하는 움직임과
서서히 밖으로 향하는 움직임은
가능한 한 꿰뚫어보듯이 주의 깊게 알아차려야 한다.

팔의 모양을 보지 않고 팔의 일련의 움직임을, 움직임이 있는 그 순간 바로 알아차릴 수 있다면, '뻗음, 뻗음'을 알아차릴 때 팔이 약간씩 바깥으로, 몸의 아래쪽으로 향하는 것을 알 수 있고, 그 움직임에 따라서 무거움이 점점 커진다는 것을 느낄 수 있다.

'굽히려 함, 굽히려 함', '굽힘, 굽힘'을 알아차릴 때 위쪽으로 향하는 움직임에서 점점 가벼워지는 것을 느낄 수 있다. '뻗으려 함, 뻗으려 함', '뻗음, 뻗음'을 알아차릴 때 아래로 향하는 움직임에서 무거움이 점점 커지는 것을 느낄 수 있다.

수행자는 주의 깊고 공손하게 알아차려야 한다. 수행자는 부주의하게 알아차려서는 안 된다. 공손하게 알아차림으로써 법을 보기 시작하는 것이다. 팔을 굽히면서 가벼워지는 느낌과 팔을 아래로 뻗으면서 무거워지는 느낌을 아는 것이 바로 법을 보는 것이다.

무거움은 무엇인가? 그렇다. 지대와 수대를 본 것이다.
가벼움은 무엇인가? 이것은 풍대와 화대를 본 것이다.

이와 같이 사대를 경험하는 것이 법을 보는 것이다. 그다음부터 수행자는 더 많은 법을 볼 수 있다. 한번 법을 본다는 것이 가장 중요하다. 이와 같이 법을 경험하고 나면 수행에 재미를 느끼게 되고, 수행에 재미를 느끼기 때문에 집중이 깊어져서 더 많이 알아차릴 수 있다. 그래서 수행에 빠른 진전을 보게 된다. 팔이 안으로 굽고, 밖으로 뻗는 것을 알아차리고 나면 다른 움직임을 알아차리기가 훨씬 쉬워진다.

그러나 과거에 수많은 세월 동안 굽히고 뻗는 것을 알아차리지 못하고 반복해 왔다. 굽히고 뻗기를 시작한 그때부터 지금까지 셀 수 없는 많은 세월을 알아차리지 못하고 굽히고 뻗으면서 살아온 것이다.

'알아차림이 없는 것'은 습관이기 때문에 그냥 알아차리는 것과 구별하기는 어렵다. 그렇기 때문에 주의 깊게 알아차려야 한다. 수행자는 알아차림이 없이는 굽히거나 뻗지 않겠다는 굳은 결심을 해야만 한다. 그렇게 결심하더라도 알아차림 없이 굽히거나 뻗게 된다면, 어느 노스님이 한 것처럼 이번에는 알아차림을 가지고 다시 한 번 굽히거나 뻗기를 해야 한다.

어느 노스님이 바로 그 자리에서 도과에 이르겠다는 각오로 수행을 하였다. 스님은 알아차림이 없이는 아무것도 하지 않았다. 앉아 있으면서, 서 있으면서, 굽히고, 뻗고, 잡을 때 이 모든 것을 알아차림을 가지고 하였다. 도과에 빨리 이르기 위하여 정말 열심히 수행하였다.

어느 날 그에게 나이 든 제자들이 찾아와 절을 하였다. 노스님은 그들과 오랜 세월을 함께 지냈기 때문에 매우 반가웠다. 그때 스님은 자신이 팔을 빠르게 굽힌 것을 알아차리지 못했다. 나중에야 자신이 알아차리지 못하고 팔을 굽힌 것을 알았다. 이때 그 스님은 팔을 뻗어 다시 한 번 알아차리면서 팔을 굽혔다.

이것을 보고 있던 제자들이 이렇게 물었다.
"스승이시여, 어찌하여 팔을 한번 빠르게 굽히시더니, 그다음에는 천천히 팔을 뻗고, 다시 천천히 팔을 굽히십니까?"
그러자 스님은 다음과 같이 대답하였다.
"나는 수행을 하고 있기 때문에 한번도 알아차림 없이 움직인 적이 없다. 오늘은 기분 좋게 이야기하다 보니 알아차리지 못하고 팔을 굽히게 되었다. 그래서 다시 팔을 뻗어 알아차림을 가지고 한 번 굽힌 것이다."

이것이 알아차림을 가지고 다시 한 번 팔을 굽혀서 뻗은 스님에 관한 이야기다.

이와 같이 바로 이 자리에서 도과를 얻겠다는 각오를 한 수행자가 끊어짐이 없는 지속적인 알아차림을 원한다면, 알아차리지 못한 것이 있을 때 그것을 다시 한 번 반복해서라도 알아차리도록 해야 한다.

그렇게 함으로써 알아차림이 끊어지지 않아 수행에 힘이 생기고 빠른
시간에 법을 얻을 수 있다.

5 위빠사나 수행자의 근기를 돕는 세 번째 요인 Ⅱ

제4장에서는 수행을 돕는 세 번째 요인 중에 일상에서 알아차리는 분명한 앎의 가르침에 대하여 설명하였다. 지금부터는 네 번째 분명한 앎의 가르침에 대하여 말하도록 하겠다.

1. 네 번째 분명한 앎

부처님께서는 이렇게 말씀하셨다.

"가사袈裟를 입고 벗을 때,
발우[1]를 다룰 때,
모든 주의를 기울여서 해야 한다."

---

1) 발우는 비구들이 사용하는 밥그릇을 말한다. 비구들은 탁발을 할 때 주민들이 올리는 밥과 반찬을 발우에 담아 공양을 한다.

가사에 손이 닿을 때, 가사를 당길 때, 가사를 걸칠 때, 이 모든
동작에 항상 주의를 기울여서 한다.

발우에 손이 닿고,
발우를 자신에게 당기고,
손으로 잡고,
손에 쥐고 있을 때
모든 주의를 기울여서 한다.

위의 가사에 손이 닿고,
위의 가사를 자신에게 당기고,
위의 가사를 입을 때
모든 주의를 기울여서 한다.

아래 가사에 손이 닿고,
아래 가사를 자신에게 당기고,
아래 가사를 입을 때
모든 주의를 기울여서 한다.

모든 행동은 알아차림을 가지고 한다. 나를 따라 다음과 같이
세 번 반복한다.

≪요약≫　　　가사, 발우, 생필품을 만질 때
　　　　　　모든 주의를 기울이는 것이
　　　　　　분명한 앎이다.

옷을 향해 손을 뻗을 때 '손을 뻗음, 손을 뻗음'이라고 알아차린다.
가사에 손이 닿을 때 '닿음, 닿음'이라고 알아차린다.
가사를 들 때 '들음, 들음'이라고 알아차린다.
가사를 입을 때 '입음, 입음'이라고 알아차린다.

뻗고, 닿고, 들고, 입을 때 알아차림을 가지고 한다.

아래 가사를 입으려고 손을 뻗을 때 '뻗음, 뻗음'이라고 알아차린다.
아래 가사에 손이 닿을 때 '닿음, 닿음'이라고 알아차린다.
아래 가사를 들 때 '들음, 들음'이라고 알아차린다.
아래 가사를 입을 때 '입음, 입음'이라고 알아차린다.

부처님께서는 모든 행동을 알아차리면서 하라고 하셨다. 이것은
승가(僧家2))의 비구3)들에게 하신 말씀이다.

이것은 또한 여기에 있는 수행자들에게 하신 말씀이기도 하다.
옷을 만질 때, 옷을 들어올릴 때, 옷을 입을 때, 옷을 벗어놓을 때,
이 모든 행동을 알아차리면서 한다. 일상의 모든 행동을 분명한 앎으
로 알아차리는 습관을 들이면 모든 것을 주의 깊게 알아차리면서
행동할 수 있다. 이는 오직 알아차리는 습관을 키울 때에 가능하다.

---

2) 승가僧伽는 부처님의 가르침을 따르는 출가 수행자의 단체다. 불교에서는
   부처님(佛)과 가르침(法)과 승가를 합쳐서 삼보三寶라고 한다. 불교에서 삼배를
   하는 것은 불법승 삼보에 대해 예경을 올리는 것이다.

3) 비구比丘를 빨리어로 빅쿠bhikkhu라고 하는데, 초기에는 걸식하는 수행자라는
   뜻으로 쓰였다. 후대에 이르러 계를 받은 승려를 빅쿠라고 부르게 되었다.

제4장에서 말한 것처럼, 가장 중요한 것은 다음과 같다.

먼 곳을 보지 말고 시선을 아래로 향한 채
아주 좁은 범위로 고정시킨 상태에서
마음을 자신의 몸으로 주의 깊게 기울이도록 한다.

이렇게 할 수 있다면 분명한 앎이 그렇게 어렵지 않다. 그러나
원래 하던 것처럼 먼 곳을 보면 알아차림이 몸에 머물지 않기 때문에
분명한 앎이 어렵다. 그래서 분명한 앎이 가장 어려운 것이라고 말하
는 것이다. 한번 분명한 앎으로 알아차리면 수행이 빠르게 진전한다.
그러므로 수행자는 분명한 앎으로 알아차리려고 노력해야 한다.

2. 다섯 번째 분명한 앎

부처님께서는 이렇게 말씀하셨다.

"밥과 같은 음식을 먹을 때,
물이나 음료수를 마실 때,
과일을 씹거나 음식을 삼킬 때,
모든 행동에 항상 주의를 기울여서 알아차려라."

밥을 먹을 때, 물이나 음료수를 마실 때, 과일을 씹어서 삼킬
때, 어떤 음식을 먹을 때도 알아차리면서 먹어야 한다. 지금 이 자리에
서 도과를 얻겠다는 각오를 가지고 수행을 하는 수행자는 이와 같이

모든 행동을 알아차리면서 해야 한다는 뜻이다. 나를 따라 다음과 같이 세 번 반복한다.

≪요약≫　　　먹는 동안, 마시는 동안
　　　　　　　모든 주의를 기울여서 알아차리는 것이
　　　　　　　분명한 앎이다.

음식을 먹을 때는 먹는 것에 마음을 두고 지속적으로 알아차리면서 먹어야 한다. 이렇게 할 수 있을 때 알아차림은 지속되고 수행에 더욱 힘이 생겨 법을 얻을 수 있을 것이다.

먹으면서 선업을 쌓는 데는 다음의 세 가지 유형이 있다.

첫째, 계율을 지키면서 먹는 것
둘째, 사마타 수행을 하면서 먹는 것
셋째, 위빠사나 수행을 하면서 먹는 것

1) 계율을 지키면서 먹는 것

수행자는 음식을 먹을 때도 지혜로 숙고熟考[4]한다.

비구는 음식을 먹을 때 다음과 같이 숙고한다.

4) 숙고熟考를 빨리어로 마나시카라manasikara라고 하는데 주의를 기울이다, 정신을 쓴다는 뜻이다. 숙고는 대상을 알아차릴 때 마음을 기울이는 행行을 말한다. 한문으로는 억념憶念, 작의作意라고 한다.

─비구는 단지 즐거움을 추구하기 위해 먹지 않는다.
─비구는 힘을 키우기 위해 먹지 않는다.
─비구는 아름다움을 위해 먹지 않는다.

비구가 이렇게 주의를 기울여서 먹기 때문에
─건강을 유지할 수 있고,
─피로가 회복되며,
─일상생활에서 습관처럼 알아차리는 수행을 할 수 있게 된다.

이는 궁극적으로 도과를 얻는 수행이 된다.

가능하다면 음식 한 입을 먹을 때마다 위와 같이 숙고해야 한다. 그렇게 하는 것이 어렵다면 적어도 하루에 한 번은 위와 같이 숙고해야 한다. 이렇게 숙고하며 먹는 것을 조건에 의한 계율(資具依止戒律)이라고 한다. 지혜의 단계 마지막까지 이르고자 하는 수행자는 위와 같이 숙고할 필요가 있다.

이렇게 숙고하는 것이 음식을 먹으면서 수행하는 것이고, 모든 시간 위빠사나 수행을 하는 것이 된다. 또한 위와 같이 숙고하고 먹는 것은 많은 공덕을 쌓는 것이다.

이렇게 숙고하고 나서 먹는 것이 익숙해지면 알아차리면서 먹는 것이 어렵다고 느껴지지 않을 것이다. 이렇게 숙고함으로써 필수품을 지혜롭게 이용하는 공덕과 계율을 지킨 공덕을 얻는다. 이것을 계율을 지키면서 먹는 것이라고 한다. 나를 따라 다음과 같이 세 번 반복한다.

≪요약≫　　　　수행을 하기 위해
　　　　　　　　위와 같이 숙고하면서 먹는 것을
　　　　　　　　'계율을 지키면서 먹는 것'이라고 한다.

2) 사마타 수행을 하면서 먹는 것

수행자는 먹으면서 다음과 같이 자애에 대해서 숙고한다.

—이 음식을 보시한 사람들에 대해서
—이 음식을 준비하고 만든 사람들에 대해서
—모든 동료 수행자에 대해서

그러면 그들 모두가 평안하고 행복해질 것이다.
그리고 동료 수행자들을 비롯한 그들이 아는 모든 사람들이 다 행복해질 것이다.

자애관慈愛觀[5]은 사마타 수행의 하나다. 그렇게 생각하면서 먹으면 사마타 수행의 공덕을 쌓는 것이다. 나를 따라 다음과 같이 세 번 반복한다.

≪요약≫　　　　자비로운 마음을 가지고
　　　　　　　　먹는 것을

---

5) 자애관(慈愛觀, metta-bhavana)은 자애, 연민, 기쁨, 평정 등 4가지 한량없는 마음(四無量心, 慈悲喜捨)의 하나로 자신과 모든 존재가 행복하기를 마라는 마음이다. 자애관은 사마타 수행으로 선정을 키우기 위해서 하는 수행이다.

'사마타 수행을 하면서 먹는 것'이라고 한다.

3) 위빠사나 수행을 하면서 먹는 것

수행자는 먹으면서 위빠사나 수행을 한다. 먹으면서 하는 모든 행동을 알아차릴 때 이것이 위빠사나 수행을 하면서 먹는 것이다.

식탁 위에 놓여진 음식을 보면서 수행자는 무엇을 해야 하는가?

—'봄, 봄'이라고 알아차린다.
—음식을 향하여 손을 움직이면서 '움직임, 움직임'이라고 알아차린다.
—손이 음식에 닿을 때는 '닿음, 닿음'이라고 알아차린다.
—먹을 음식을 그릇에 담으면서 '담음, 담음'이라고 알아차린다.
—음식을 입으로 가져오면서 '가져옴, 가져옴'이라고 알아차린다.
—음식을 향해 머리를 숙이면서 '숙임, 숙임'이라고 알아차린다.
—먹기 위해 입을 벌릴 때 '벌림, 벌림'이라고 알아차린다.
—음식을 입에 넣으면서 '넣음, 넣음'이라고 알아차린다.
—고개를 들면서 '듦, 듦'이라고 알아차린다.
—음식을 씹으면서 '씹음, 씹음'이라고 알아차린다.
—맛을 보면서 '앎, 앎'이라고 알아차린다.
—음식을 삼키면서 '삼킴, 삼킴'이라고 알아차린다.

이것은 마하시 사야도가 음식을 한 입 먹을 때마다 알아차린 방법이다. 이 방법은, 공손하면서 꿰뚫어보듯이 알아차리면서 지속적으로 알아차리고자 하는 수행자에게 아주 유용하다.

처음에는 이렇게 전부를 알아차리는 것이 어렵지만 인내심을 가져야 한다. 집중이 깊어지면 모든 것을 알아차릴 수 있게 된다. 집중이 약할 때는 가장 분명하게 나타나는 행동을 알아차려야 한다. 어떤 행동이 가장 분명할까?

―'손을 움직임'이 분명하다면 '손을 움직임'을 놓치지 않고 알아차리도록 한다.
―'머리를 숙임'이 분명하다면 '머리를 숙임'을 놓치지 않고 알아차리도록 한다.
―'씹음'이 분명하다면 '씹음'을 놓치지 않고 알아차리도록 한다.

마하시 사야도는 '씹음'을 어떻게 알아차리느냐 하는 질문을 곧잘 던진다. 이것은 수행자가 제대로 알아차리는지 알기 위해 한 질문이었다. 마하시 사야도는 '씹음'을 알아차릴 때 아래턱이 움직이는가, 위턱이 움직이는가를 물었다. 어느 턱이 움직이는가? 그렇다. 아래턱이 움직인다. 어떤 수행자는 두 턱이 모두 움직인다고 대답한다. 그러한가? 그렇지 않다. 위턱은 머리와 연결되어 있기 때문에 움직이지 않는다. 주의 깊게 알아차리면서 씹으면 아래턱이 움직인다는 것을 알 수 있다.

마하시 사야도는 주의 깊게 알아차렸기 때문에 이런 것을 알 수 있었다. 피상적으로 자신의 움직임을 봐서는 그것을 알 수 없다. 그때 그의 마음은 음식의 맛에 가 있기 때문이다. 아래턱이 움직이는 것을

'씹음, 씹음'이라고 알아차려야 한다. 여기서 알아차려야 하는 대상은 움직임이다. 아래턱이 위아래로 움직이는 움직임을 '위로 움직임, 아래로 움직임'이라고 알아차린다. 가장 중요한 것은 움직임을 아는 것이다.

수행자가 움직임을 알았다면 '씹음'을 알아차려서 집중이 깊어지기 시작한 것이라고 말할 수 있는데, '씹음'을 알아차림으로써 생긴 집중은 다른 움직임에서도 생기게 된다. 처음에는 집중을 해서 알아차려야 한다. 이렇게 집중이 깊어지면 위빠사나 지혜가 따른다. 이렇게 어떤 행동을 알아차려 집중이 일어나면 위빠사나 지혜가 저절로 생긴다.

집중이 강한 상태에서 알아차리게 되면 위빠사나 지혜가 생겨서 다음과 같은 것을 알게 된다.

손을 '움직임, 움직임'이라고 알아차릴 때,
손을 움직이는 것과 그것을 아는 것은 같은 것이 아니다.

음식에 손이 '닿음, 닿음'이라고 알아차릴 때,
닿음과 닿는 것을 아는 마음은 같은 것이 아니다.

음식을 '담음, 담음'이라고 알아차릴 때,
음식을 담는 것과 그것을 아는 마음은 같은 것이 아니다.

음식을 '가져옴, 가져옴'이라고 알아차릴 때,
음식을 가져오는 것과 그것을 아는 마음은 같은 것이 아니다.

머리를 '숙임, 숙임'이라고 알아차릴 때,
머리를 숙이는 것과 그것을 아는 마음은 같은 것이 아니다.

입을 '벌림, 벌림'을 알아차릴 때,
입을 벌리는 것과 그것을 아는 마음은 같은 것이 아니다.

음식을 입에 '넣음, 넣음'을 알아차릴 때,
음식을 입에 넣는 것과 그것을 아는 마음은 같은 것이 아니다.

고개를 들 때,
고개를 드는 것과 그것을 아는 마음은 같은 것이 아니다.

씹을 때,
음식을 씹는 것과 그것을 아는 마음은 같은 것이 아니다.

맛을 볼 때,
맛을 아는 것과 그것을 알아차리는 마음은 같은 것이 아니다.

음식을 삼킬 때,
음식을 삼키는 것과 그것을 아는 마음은 다른 것이다.

이 두 가지 현상은 항상 별개의 것으로 존재한다.

먹는 행위와 같이 의식이 없는 모든 움직임은 물질적 현상이다.
알아차림이 있는 마음이나 무엇을 아는 의식은 정신적 현상이다.

이 두 가지 현상을 구별할 수 있는가? 그렇다. 여러분은 구별할 수 있다. 정신과 물질의 차이를 아는 지혜를 **정신과 물질을 구별하는 지혜**라고 한다. 이 지혜의 단계는 집중이 깊어져서 위빠사나 지혜가 성숙되면 저절로 알게 된다.

비록 지혜의 단계를 경험하지 못하였더라도 사야도나 혹은 스승의 설명을 들으면 그 지혜의 단계를 잘 알 수 있다. 모든 움직임은 앎이 없는 물질의 법이다. 움직임을 아는 마음은 정신의 법이다. 집중이 얼마나 깊은가에 따라 그것에 대한 이해도 다르다.

수행의 마지막 단계에 이르면 여러 가지 지혜가 나타난다. 어떤 수행자는 알아차림의 의도까지 포함시킨다.

음식으로 손이 향하려 할 때 '움직이려 함, 움직이려 함'이라고 먼저 알아차리고 나서, 손이 음식을 향해 움직이는 것을 '움직임, 움직임'이라고 알아차린다. 그러나 음식에 손이 닿았을 때 의도는 분명하지 않다.

손이나 숟가락에 음식을 담아서 가져오려 할 때 '담으려 함, 담으려 함'이라고 의도를 알아차리고 나서, 음식을 담는 것을 '담음, 담음'이라고 알아차린다.

음식을 입 쪽으로 가져오려고 할 때 '가져오려 함, 가져오려 함'이라고 의도를 알아차리고 나서, 음식을 가져오는 것을 '가져옴, 가져옴'이라고 알아차린다.

머리를 숙이려고 할 때 '숙이려 함, 숙이려 함'이라고 의도를 알아차리고 나서, 고개를 숙이는 것을 '숙임, 숙임'이라고 알아차린다.

입을 벌리려고 할 때 '벌리려 함, 벌리려 함'이라고 의도를 알아차리고 나서, 입을 벌리는 것을 '벌림, 벌림'이라고 알아차린다.

이렇게 수행을 하면 알아차릴 때 '의도'도 함께 알 수 있다.

음식을 입에 넣을 때 '넣으려 함, 넣으려 함'이라고 알아차리고 나서, 손이 음식을 입에 넣는 것을 '넣음, 넣음'이라고 알아차린다.

음식을 입에 넣고 고개를 들려고 할 때 '들려고 함, 들려고 함'이라고 알아차리고 나서, 고개를 드는 것을 '듦, 듦'이라고 알아차린다.

음식을 씹으려 할 때 '씹으려 함, 씹으려 함'이라고 알아차리고 나서, 씹는 것을 '씹음, 씹음'이라고 알아차린다.

'맛을 앎, 맛을 앎'이라고 알아차린다.

음식을 삼키려 할 때 '삼키려 함, 삼키려 함'이라고 알아차리고 나서, 삼키는 것을 '삼킴, 삼킴'이라고 알아차린다.

한 수행자가 자신에게 일어나는 모든 의도를 알아차릴 수 있다고 말하였다. 그런데 그중에서 딱 한 가지에서는 의도를 알아차릴 수 없다고 하였다. 그것이 무엇이냐고 물었더니, 음식을 삼킬 때 의도를 알아차릴 수 없다고 대답하였다. 음식은 저절로 목구멍을 넘어서 위장으로 내려간다. 음식을 다 씹고 나면 스스로 내려간다고 하였다. 사야도는 "그것이 사실인가, 정말 그렇게 되는가? 그것을 다시 한 번 알아차려 보아라. 삼키려는 의도가 없다면 음식은 넘어가지 않는다. 다시 한 번 알아차려 보라"고 말하였다.

다음날 수행자는 "사야도의 말씀이 맞습니다. 삼키려는 의도가 있어야 삼킬 수 있었습니다"라고 하였다. 의도가 없는데 음식을 삼킬 수 있을까? 삼킬 수 없다. 삼키려는 의도를 '삼키려 함, 삼키려 함'이라고 알아차리고 나서, 삼키는 것을 '삼킴, 삼킴'이라고 알아차린다. 그러다 집중이 깊어지면 나타나는 것은 무엇이든 알아차릴 수 있다. 수행의 깊이에 따라 더 많은 것을 알아차릴 수도 있다.

한번은 선원의 자질구레한 일을 돕는 한 수행자가 마하시 사야도가 설법한 지혜의 단계와 도과에 대한 테이프를 듣게 되었다. 수행을 하는 동안 그녀는 많은 법을 얻었다. 나이도 많았고 나와 가깝게 지냈던 그녀는 자주 자신이 경험한 법을 내게 말해 주곤 하였다.

어느 날 그녀에게 계속 알아차리면서 먹고 있느냐고 물었더니, 알아차리고 있지만 음식이 맛없는 날만 알아차리게 된다고 말하였다. 음식이 맛있는 날은 알아차릴 수가 없다는 것이다. 이것이 맞는 것일까? 어째서 음식 맛이 좋으면 알아차릴 수가 없는지 다시 물었다. 그녀는 음식 맛이 좋지 않으면 음식을 먹고 싶지가 않다. 그렇기 때문에 먹는 것을 알아차리면 자신이 알아차리기도 전에 이미 배가 먼저 불러 있었다고 말하였다.

나는 그녀의 생각이 좀 이상하다고 생각하였다. 음식이 맛있으면 우리에게는 탐심이 일어나고, 음식이 맛없으면 성냄이나 슬픔이 일어난다. 그런데 그녀에게는 음식 맛이 없을 때 성냄이나 슬픔이 일어난 것이 아니라 탐심이 일어난 것이다. 그런 것 같지 않은가?

그녀의 방법은 그리 좋은 것이 아니다. 여기에 있는 여러분은 음식이 맛이 있든 없든 알아차리도록 해야 한다. 좋거나 나쁘거나 수행자는 모두 알아차려야 한다. 맛이 있을 때 알아차리지 못하면 거기에 탐심이 있다는 것이다. 맛이 없을 때 그것을 알아차리지 못하면 성냄이나 슬픔이 있다는 것이다. 그러나 수행자는 맛이 있든 없든 먹으면서 알아차릴 수 있다. 이렇게 알아차리는 순간의 공덕으로 성스러운 법을 얻게 되는 것이다.

다음은 이와 같은 방법으로 법을 얻은 수행자에 관한 이야기다.

한때 한 노스님과 사미승이 함께 살았다. 노스님은 사미승의 아저씨뻘 되는 친척이었다. 노스님은 라키따 큰스님이라 불렀고, 조카는 라키따 사미승이라고 불렀다. 오늘날과 같이 오전 여덟 시 반에서 아홉 시가 되면 사미승은 탁발을 나갔다. 사미승이 탁발에서 돌아오면 열 시 반이나 열한 시가 되었고, 그때 그들은 점심공양을 들었다.

사미승이 음식을 먹을 때 노스님이 다가와서 말했다.
"어린 사미야, 뜨거운 밥과 뜨거운 카레에 혀를 데지 않도록 조심하여라."
스님의 말씀을 듣고 어린 사미가 생각하였다.

'음식은 열한 시에 가져왔을 때 이미 다 식어 있었다. 차가운 밥과 카레를 먹는 내게 어째서 그런 말씀을 하셨을까? 왜 스님께서는 뜨거운 밥과 뜨거운 카레에 데지 않게 조심하라고 하셨을까? 무슨 의미가 있는 것일까?'

사미승은 바라밀 공덕을 많이 쌓았기 때문에 차갑게 식은 밥과 카레에 혀를 데지 않도록 조심하라는 말의 의미를 숙고할 수 있었던 것이다. 그는 뜨거운 밥과 뜨거운 카레에 데는 것이 아니라 뜨겁게 달궈진 탐욕과 성냄 때문에 혀가 덴다는 것을 알았다. 그리고 노스님이 조심하라고 한 것은 탐욕과 성냄으로 데지 말라고 한 것임을 알았다. 그는 먹기 전에 생각하고, 먹으면서 알아차리라는 가르침이라고 생각하여 스승의 가르침대로 하였다.

음식이 맛있을 때는 그것을 좋아한다. 그래서 음식을 더 먹고 싶다는 생각이 일어난다. 어떻게 하면 그것을 또 먹을 수 있을까? 다음날 어느 집에서 이런 음식을 또 나누어 줄까? 이런 종류의 갈망이 일어나면 어떻게 될까? 그렇다. 탐욕이 일어난다. 보통 사람들이라면 맛있는 음식을 다음날에도 또 만들자고 계획하고, 그 맛있는 음식을 다시 먹으려고 한다. 이것은 또 다른 탐욕이다. 음식이 맛있기 때문에 탐욕이 일어난다. 이것을 '혀가 탐심이라고 하는 불에 덴다'라고 말하는 것이다.

음식이 맛없으면 사람들은 기분이 나빠져서 어떻게 음식을 이렇게 만들었느냐고 불평을 한다. 맛있는 음식만 좋아하는 사람은 화를 내기도 한다. 또 어떤 사람은 맛이 없다고 먹지도 않고 일어서서

나가 버린다. 나갈 수 없는 상황이라도 뭔가 이유를 만들어서 나갈 생각을 한다. 어떤 종류의 열기가 그들을 달구는 것일까? 그렇다. 성냄의 열기가 그들을 달군다. 맛있는 음식은 탐욕을 일으키는 원인이 되고, 맛없는 음식은 성냄을 일으키는 원인이 된다. 이 모든 것은 알아차리지 못하고 음식을 먹기 때문에 생기는 것이다. 알아차림이 없이 먹을 때 탐욕과 성냄의 열기로 혀가 뜨거워지는 것이다.

그 사미승은 점심식사를 끝낼 무렵 네 가지 도과를 모두 얻어서 아라한이 되었다. 수행의 힘이 강했기 때문에 법을 얻게 되었다는 것을 증명하는 예이다.

여기에 있는 수행자들은 바라밀 공덕이 모자라기 때문에 법을 얻지 못할 것이라고 말할 수는 없다. 수행을 하기에 적합한 환경, 지속적인 알아차림, 그리고 어느 정도 바라밀 공덕이 성숙되어 있으면 먹으면서도 법을 얻을 수 있다. 그렇기 때문에 먹으면서 알아차리는 것이 중요하다는 것이다.

알아차리면서 먹는 것은 음식을 보시한 사람들을 돕는 것이고, 그들을 축복하는 것이다. 또 수행자 자신도 지속적인 알아차림을 해서 법을 얻을 수 있게 된다.

"사람들이 보시한 음식을 주의 깊게,
지속적으로 알아차리면서 먹으면
그 음식을 보시한 사람에게 큰 공덕이 간다."

음식을 받을 때 주의 깊게, 지속적으로 알아차리는 수행자는 음식을 보시한 사람들에게 큰 공덕을 돌려주는 것이다. 알아차리는 순간에 수행자는 탐욕, 성냄, 어리석음과 자만심, 질투, 이기심에서 벗어나 있기 때문에 그 순간은 비옥한 땅에 좋은 씨앗을 뿌리는 것과 같다.

참으로 많은 공덕이 아닌가! 이는 또한 음식을 보시한 이에게 참으로 많은 공덕이 된다. 그 순간은 탐욕, 성냄, 어리석음에서 벗어나는 순간이기 때문이다.

어느 날 코살라 왕이 부처님께 가서 음식을 보시한 공덕이 얼마나 큰가에 대해서 물었다. 코살라 왕은 부처님과 같은 나이였고, 어린 시절부터 친구 사이로 부처님에 대한 존경심을 가지고 있었다. 코살라 왕은 자주 부처님과 법에 대해서 이야기를 나누었다. 코살라 왕은 부처님께 여쭈었다.
"오! 부처님이시여, 보시를 하려면 어떤 사람에게 해야 합니까?"
부처님께서 대답하셨다.
"코살라 왕이여, 그대가 존경하는 사람에게 보시하십시오."
사람들은 자신이 아주 존경하는 사람에게는 기쁜 마음으로 보시할 수 있다. 코살라 왕은 부처님의 답변을 듣고 아주 기뻐하면서 다시 물었다.
"오! 부처님이시여, 더 많은 공덕을 얻고자 한다면 어떻게 보시해야 합니까?"
부처님은 코살라 왕에게 되물었다.
"오! 코살라 왕이여, 먼저 한 질문과 이번 질문이 다르다는 것을 알고 있는가? 만약 더 큰 공덕을 얻고자 한다면 아라한에게 보시하도록 하시오. 아라한은 모든 번뇌를 벗어난 사람입니다."

지금 아라한을 찾을 수 없다면 누구를 찾아야 하는 것인가? 아라한이 되기 위해 수행을 하고 있는 사람을 찾아야 한다. 여기에 있는 수행자들은 아라한이 되기 위해 수행을 한다고 할 수는 없더라도 적어도 수다원이 되기 위해 수행을 한다고 할 수 있다. 그렇지 않은가? 수다원이 되기 위해 알아차리는 수행을 하고 있는 순간은 탐욕, 성냄, 어리석음에서 벗어난 순간이다. 알아차림이 있는 그 순간에 보시를 하는 것이 가장 성스러운 것이다.

부처님께서는 이렇게 말씀하셨다.

"비옥한 땅에 좋은 씨앗을 뿌린 것과 같이
바로 이 생에서 시작하면,
앞으로 올 수많은 미래 생에
좋은 결과를 가져다줄 것이다."

'씹음, 씹음'을 알아차릴 때는 탐욕, 성냄, 어리석음이 들어올 틈이 없다. 이때는 탐욕, 성냄, 어리석음으로부터 완전히 벗어난 순간이다.

알아차리는 순간에는 무언가를 하고 싶다는 의도를 낼 수 없다. 마음은 한번에 두 가지를 할 수 없기 때문이다. 그러므로 알아차리는 순간에는 탐욕이 사라진다. 알아차리면서 보면 그것을 오래 보고 싶다고 느끼지 않는다. 두 개의 마음이 동시에 일어나지 않기 때문이다. 그러므로 알아차리는 동안에는 성냄이나 슬픔이 생기지 않는다.

알아차리는 동안에는 어리석음으로부터 벗어날 수 있다. '씹음, 씹음'을 알아차릴 때 음식을 씹는 것이 물질적 현상이고, 알아차리는 마음이 정신적 현상이라는 것을 안다. 이때 마음은 오직 물질적 현상과 정신적 현상에 있고 수행자는 오직 그 현상만을 알고 있다. 그러므로 어리석음이 들어올 틈이 없다. 어리석음이란 안개 낀 것과 같이 모호하게 아는 것이다.

'내가 먹고 있다'라고 하면 어리석음으로 아는 것이다. 또한 알아차리지 않고 씹는 것도 어리석음이다. 알아차리면서 먹는 것은 어리석음으로부터 벗어나는 것이다. 어리석음으로부터 벗어난 순간에 보시를 하면 아주 큰 공덕이 된다. 수행자가 탐욕과 성냄이 없고 어리석음이 없을 때 보시를 하는 것은 아주 큰 공덕이 된다. 그러므로 수행자가 알아차림을 유지하고 있는 것은 보시자에게 이익이 돌아가게 하는 것이다.

노스님들은 보시자에게 도움을 주고 축복을 주기 위해 알아차림을 유지하고 있다. 보시를 받을 때 마하시 사야도는 알아차리면서 받았다. 또한 알아차리면서 받은 물건을 내려놓았다. 옷이나 가사, 수건을 받았을 때는 바로 보시자에게 축원을 해주었다. 주의 깊게 알아차리면서 보시를 받으면 탐욕, 성냄, 어리석음으로부터 벗어나므로 보시자가 많은 공덕을 쌓는 것이다.

보시 받은 것에 축원을 하면 '계율을 지키지 않음'에서 벗어나게 된다. 어떤 스님이 가사와 같은 옷을 받았는데 10일 안에 축원을 하는 것을 잊어버린다면 그 스님은 그 옷을 입을 때마다 계율을 어기는 것이 된다. 마하시 사야도는 이 점을 항상 주의시켰다. 그래서 어떤 보시를 받든지 바로 축원을 해서 계율을 지키도록 하였다.

많은 존경을 받고, 또 따르는 사람이 많았던 마하시 사야도는 당연히 많은 보시를 받았다. 보시를 받을 때마다 바로 축원을 하지 않으면 나중에는 축원하는 것을 잊어버리게 된다. 그것을 아는 마하시 사야도는 그 자리에서 바로 축원을 해주었다.

스님을 존경하여 따르는 보시자들에게는 오직 자신의 수행과 계율을 통해 도움을 주고 축복해 줄 수 있다. 결코 물질적인 것으로 그들을 축복할 수는 없다. 오랜 옛날부터 스승들은 그렇게 해왔다. 사리불은 멸진정滅盡定6)에 들었다 나온 뒤에 탁발을 나갔다. 숩부라고 하는 한 스님은 자비관의 선정에 든 상태에서 탁발을 나갔다. 이 모두가 보시자에게 축복과 도움을 주기 위해서다. 이미 아라한의 단계에 이른 분들인데, 자신의 공덕을 쌓기 위해 이렇게 하였을까? 그들은 더 이상의 공덕을 쌓을 필요가 없다.

수행자 여러분은 아직은 멸진정이나 자애관과 같은 선정의 단계에 이르지는 못했지만, 사람들을 축복해 주기를 원한다면 알아차림을 하면서 보시를 받을 수 있다. 이렇게 보시를 받으면 탐욕과 성냄, 어리석음에서 벗어나 있으므로 보시자가 더 많은 이익을 얻을 수

---

6) 멸진정滅盡定은 멸진삼매라고도 하며, 수受와 상想을 일체 멈춘 상태를 말한다. 그래서 상수멸정想受滅定이라고도 한다. 멸진정은 아나함과와 아라한과를 성취하여야 들어갈 수 있으며, 여기서는 색계선정이나 무색계 선정을 초월한 최고의 즐거움을 체험한다.

있을 것이다. 동시에 수행자의 알아차림이 더 좋아지고 힘이 생겨서 법을 빨리 얻을 수 있을 것이다.

3. 여섯 번째 분명한 앎

분명한 앎으로 수행을 하는 것은 대상이 무엇이 되었든 알아차리는 것이다. 부처님께서는 이렇게 말씀하셨다.

"수행자는 화장실에 가서도
주의 깊게 알아차려야 한다."

수행자는 지혜의 모든 단계를 거쳐 법을 얻을 때까지 우아한 것이든, 그렇지 않은 것이든 모두 알아차려야 한다. 대변이나 소변이 나가는 것도 모두 알아차려야 한다. 다음과 같이 세 번 따라한다.

≪요약≫　　대변이나 소변을 볼 때
모든 주의를 기울여서 알아차리는 것이
분명한 앎이다.

알아차림을 확립하는 위빠사나의 법은 우아한 상황에서만 하는 수행이 아니다. 위빠사나는 우아하지 않는 상황에서도 해야 한다. 대변이나 소변을 보는 것은 우아하지 않은 행위이다. 수행자는 '배설함, 배설함'이라고 알아차려야 한다.

부처님께서는 가장 분명하게 나타나는 것을 먼저 알아차려야 한다고 가르치셨다. 집중상태에 있으면 화장실에 가고 싶을 때 가장 두드러지게 나타나는 것이 의도이다. 그러므로 수행자는 '배설하고 싶음'을 알아차려야 한다.

그러면 배설하고자 하는 의도가 원인이 되어 배설물을 밖으로 밀어낸다. 배설물은 점점 아래로 향하고, 수행자는 점점 아래로 향하는 움직임을 '배설함, 배설함'이라고 알아차린다.

그 사이 통증이 두드러지게 나타날 수 있는데 그때는 '통증, 통증'이라고 알아차린다.

부처님의 가르침에 따라 배설하는 동안에도 주의를 기울여서 알아차린다면 수행에 도움이 되지 않겠는가? 그렇다. 하지만 수행자가 배설하는 동안 알아차리지 못하면 알아차림은 지속적이지 못하고 끊어지게 된다. 그날의 알아차림은 한 시간 가까이 끊어지는 것이다. 이렇게 반복하다 보면 시간이 지날수록 알아차림이 끊어지는 시간도 더 길어지게 된다.

'배설하고자 함, 배설하고자 함' 하고 의도를 알아차리면 어떤 수행의 이득을 얻을 수 있을까? 수행자는 심념처 수행의 이득을 얻는다.

'배설함, 배설함' 하고 배설하는 것을 알아차릴 때 수행자는 신념처 수행의 이득을 얻는다.

'통증, 통증' 하고 배의 통증을 알아차릴 때 수행자는 수념처 수행의 이득을 얻는다.

배설을 하면서 세 가지의 이득을 얻을 수 있다. 의도를 알아차리면 심념처 수행의 이득을 얻는다. 배설하는 것을 알아차리면 신념처 수행의 이득을 얻는다. 통증을 알아차리면 수념처 수행의 이득을 얻는다. 부처님의 가르침에 따라 행동하는 것은 많은 공덕을 쌓는 것이고, 결과적으로 사악도에서 벗어날 수 있게 된다.

4. 일곱 번째 분명한 앎

부처님께서는 이렇게 말씀하셨다.

"걸으면서, 서 있으면서, 앉아 있으면서, 누워 있으면서,
잠잘 때, 일어날 때, 말할 때, 조용히 있을 때,
그 무엇을 하고 있을 때라도
주의 깊게 알아차리면서 해야 한다."

부처님께서는 법을 설하기 전에 대중에 대해 자비심을 내셨다. 그리고 법을 설할 때는 지혜를 가지고 말씀하셨다. 그래서 항상 '시작하기 전에는 자비심으로, 그다음에는 지혜를 가지고' 진행되었다. 부처님께서는 대중에 대해 항상 자비의 마음을 가지고 계셨으며, 지혜를 가지고 가르침을 펴셨다.

─걸을 때 알아차림이 있어야 한다.
─서 있을 때 알아차림이 있어야 한다.
─앉아 있을 때 알아차림이 있어야 한다.
─잘 때 알아차림이 있어야 한다.
─일어날 때 알아차림이 있어야 한다.
─말할 때 알아차림이 있어야 한다.
─조용히 있을 때 알아차림이 있어야 한다.

분명한 앎에 대한 부처님의 가르침은 어디에서 무엇을 하든 알아차림이 있어야 한다는 것이다.

1) 걸을 때

이 말은 알아차리면서 걸으라는 말이다. 여러분이 경행을 할 때 그렇게 하고 있다. 경행을 하면서 집중이 생기게 되면 '일상의 섬세한 알아차림'을 더 잘할 수 있게 된다.

이제 걸으면서 알아차리는 방법에 대해 설명하겠다. 경행에는 네 가지 방법이 있다.

─한 걸음에 한 번 알아차림
─한 걸음에 두 번 알아차림
─한 걸음에 세 번 알아차림
─한 걸음에 여섯 번 알아차림

(1) '오른발, 왼발'이라고 알아차리는 것을 한 걸음에 한 번 알아차림이라고 한다.

이렇게 할 때 발의 모양이나 형태는 가능한 한 보지 않도록 한다. 점진적인 움직임, 즉 성품을 주의 깊게 알아차리려고 노력한다.

(2) '들어서, 놓음'으로 알아차리는 것을 한 걸음에 두 번 알아차림이라고 한다.

발의 모양이나 형태는 가능한 한 보지 않고, 대신 점차 위로 들려지는 실재하는 움직임을 꿰뚫어보듯이 알아차리도록 노력한다. 발을 내려놓을 때, 발의 모양이나 형태는 가능한 한 보지 않고 점차 아래로 내려가는 실재하는 움직임을 꿰뚫어보듯이 알아차리도록 노력한다. 발의 모양이나 형태를 관념이라고 부른다. 관념은 위빠사나에서는 수행의 대상이 아니다. 점진적인 움직임이 실재하는 것이다. 이것이 위빠사나 수행의 대상이다.

(3) '들어서, 앞으로, 놓음'으로 알아차리는 것을 한 걸음에 세 번 알아차림이라고 한다.

'들어서'를 알아차릴 때 발의 모양이나 형태는 보지 말아야 한다. 점차 위로 들려지는 실재하는 움직임을 상세하게 알아차리도록 노력한다. '앞으로'를 알아차릴 때 발의 모양이나 형태는 무시하고 점차 앞으로 나가는 움직임을 주의 깊게 지켜보도록 노력해야 한다. '놓음'을 알아차릴 때 발의 모양은 보지 않고 점차 아래로 내려가는 움직임을 주의 깊게 지켜보도록 노력해야 한다.

발의 모양이나 형태를 분리해서 알아차릴 수 있을 때,
일련의 움직임을 움직이면서 바로 알아차릴 수 있을 때,

성품이 아주 분명하게 드러난다.

'들어서'를 알아차릴 때
점차 위로 들려지는 움직임뿐만 아니라
점점 가벼워지는 느낌이 분명하다.

'앞으로'를 알아차릴 때
점차 앞으로 나가는 움직임뿐만 아니라
움직임에 따라서 점점 더 가벼워지는 느낌이 분명하다.

'놓음'을 알아차릴 때
점차 아래로 향하는 움직임뿐만 아니라
아래로 향하는 움직임에 따라서 점점 무거워지는 느낌이 분명하다.

수행자가 가벼움과 무거움을 알게 되고 실재하는 것이 무엇인지를 경험하면 알아차림이 즐거워진다. 그러면 알아차림은 지속되고, 결과적으로 법을 여러 번 경험할 수 있게 된다. 수행에서는 법을 얻는 것이 가장 중요하다. 수행자가 한번 법을 경험하였다는 것은 법을 얻기 위해 열심히 수행을 했다는 것을 의미한다. 이렇게 열심히 수행함으로써 수행의 집중이 깊어지고, 그것으로 수행자는 더 열심히 노력하게 된다. 열심히 노력하여 수행의 기쁨을 얻으면 지혜의 단계는 점차 높아지고 곧 성스러운 법을 얻을 수 있게 된다.

(4) 한 걸음에 여섯 번 알아차리는 것은 '들어서의 시작, 들어서의 끝, 앞으로의 시작, 앞으로의 끝, 놓음의 시작, 놓음의 끝이라고 알아차리는

것'을 말한다.

—'들어서'의 시작은 발뒤꿈치를 들어올리는 것이다.

—'들어서'의 끝은 발끝까지 모두 들어올리는 것이다.

—'앞으로'의 시작은 움직이기 시작하는 때이다.

—'앞으로'의 끝은 발을 내려놓으려고 하기 직전에 있는 잠깐의 휴지부를 말한다.

—'놓음'의 시작은 아래로 내려가기 시작하는 때이다.

—'놓음'의 끝은 발이 완전히 내려져서 바닥에 닿았을 때이다.

다른 방법으로, 한 걸음에 여섯 번 알아차리는 것은 '들려고 함, 들음, 움직이려 함, 앞으로, 놓으려 함, 놓음'으로 몸과 마음을 함께 알아차리는 것이다.

원인과 결과를 아는 지혜의 단계에 도달한 수행자는 이렇게 알아차리는 것을 어렵지 않게 익힐 수 있다.

수행자가 발을 들려고 할 때, 발을 들려는 의도가 분명하기 때문에 '들려고 함, 들려고 함'이라고 먼저 알아차리게 된다. 그리고 나서 발을 들어올리면서 '듦, 듦'이라고 알아차린다.

앞으로 나가려고 할 때, 발을 앞으로 내밀려는 의도가 분명하기 때문에 '앞으로 나가려 함, 앞으로 나가려 함'이라고 알아차린다. 그리고 나서 앞으로 나가면서 '앞으로, 앞으로'라고 알아차린다.

발을 내리려 할 때, 발을 내려놓으려는 의도가 분명하기 때문에

'놓으려 함, 놓으려 함'을 알아차린다. 그러고 나서 발을 내리면서 '놓음, 놓음'이라고 알아차린다.

이렇게 알아차릴 수 있다면 알아차리는 힘은 이미 강해져 있는 것이다.

지도하는 스승에 따라서는 다른 방법으로 가르치기도 한다. '들어서의 시작, 듦, 앞으로, 놓음, 닿음, 누름'을 알아차리는 것이다.

이 방법은 조금 어려워 보인다. 수행자가 이 일련의 단계들을 마음으로 기억하고 있어야만 쉽게 알아차릴 수 있다.

─'들어서'의 시작은 발의 뒤꿈치를 들어올릴 때를 말한다.
─'듦'은 뒤꿈치에서 발끝까지 발 전체가 위로 들어올려지는 것을 말한다.
─'앞으로'는 (시작과 끝을 보지 않고) 한번에 알아차림이다.
─'놓음'은 발을 내리기 시작하는 것을 말한다.
─'닿음'은 발바닥이 바닥에 닿는 때를 말한다.
─'누름'은 다른 쪽 발을 들어올리기 위해 발을 아래로 누르는 것으로, 수행자는 아래로 향하는 움직임을 누르는 힘이 더 커지는 것으로 느끼게 된다.

'누름'이라고 하는 마지막 단계에서 무거운 느낌을 경험하게 되면 집중이 깊어지기 시작했다는 것을 의미한다. 이것을 경험하고 나면 다음 단계에서는 집중이 생겼기 때문에 알아차림이 더 쉽고 즐거워진다.

이런 방법으로 알아차림을 하면 많은 수행자들이 빠르게 향상함을 느끼게 된다. 이것은 지도 스승들이 가르치는 방법으로, 현대인이 쉽게 이해할 수 있도록 약간 수정을 한 것이다.

경행을 통해 집중이 형성되면 수행자는 일상의 알아차림에서 좀 더 섬세하게 알아차릴 수 있다. 경행을 하여 집중이 깊어지면 좌선을 할 때도 알아차리는 마음이 더 강해지고, 좌선을 하는 동안에도 자세를 바꾸지 않고 몇 시간씩 편안하게 앉아 있을 수 있게 된다. 나를 따라 다음과 같이 세 번 반복한다.

≪요약≫　　　먼 곳을 다닐 수 있고,
　　　　　　　건강하고 강인해지며,
　　　　　　　병에 걸리지 않고,
　　　　　　　소화가 잘 되며,
　　　　　　　집중이 흐트러지지 않는다.

이것이 경행을 통해 얻는 이득이다.

(1) 먼 곳을 다닐 수 있음
경행을 통해 집중이 깊어지면 오래 돌아다녀도 피곤을 느끼지 않는다.

(2) 건강하고 강인함
강인해진다. 위빠사나 수행을 처음 시작하면 좌선을 할 때 한두 번은 자세를 바꾸게 된다. 경행을 통해 집중이 생기면 자세를 바꾸지 않고서도 몇 시간씩 좌선을 할 수 있게 된다. 수행의 힘 또는 노력이 점차 강해지는 것이다.

(3) 병에 걸리지 않음

행선 수행을 하면 집중이 깊어진다. 경행을 통해 집중이 깊어진 수행자는 무릎이나 등의 통증, 두통과 같은 통증에서 자유로워진다.

(4) 소화가 잘 됨

어떤 음식을 먹어도 소화가 잘 되는 이득을 얻는다.

(5) 집중이 오래 지속됨

경행을 통해 얻은 집중은 쉽게 흐트러지지 않는다. 움직이면서 얻은 집중이기 때문에 오래갈 수 있다.

좌선을 통해 얻은 집중은 앉아 있을 때 얻은 것이기 때문에 일어서거나 걸을 때는 쉽게 집중이 깨진다. 눕거나 서서 하는 수행을 통해 얻은 집중도 일어서거나 걸으면 쉽게 깨질 수 있다. 경행을 통해 얻은 집중은 움직이면서 생긴 것이기 때문에 서 있거나 앉아 있거나 누워서도 집중을 유지할 수 있다.

경행을 통해 집중을 얻은 수행자는 알아차리는 힘이 향상된다. 그러므로 최선을 다해 경행을 할 것을 권한다. 처음 수행을 시작해서 아직 집중력이 없는 상태에서 경행을 한다는 것은 쉬운 일이 아니다. 처음에는 좌선이나 일상의 알아차림도 어렵다. 현재의 순간을 알지 못하기 때문에 분명하게 알아차릴 수 없는 것이다. 그러므로 경행을 통해 집중력을 얻을 때까지 열심히 정진해야 한다.

2) 서 있을 때

주의 깊게 알아차리고 있으면 멈추기 바로 직전인 두세 걸음 전에 멈추어 서려는 의도가 일어난다는 것을 알 수 있다. 이때 '멈추려 함, 멈추려 함' 하고 알아차린다. 분명한 앎의 가르침에 의하면 완전히 멈춰 섰을 때만 '섬, 섬' 하고 알아차린다. 그러나 여러분처럼 집중이 깊어진 상태에서는 가장 분명한 것을 알아차릴 필요가 있다. 그 순간에 가장 분명하게 나타나는 것이 멈춰 서려는 것이라면 그것을 먼저 알아차려야 한다.

그러면 의도에 의하여 공기를 밀어서 서 있는 자세가 된다. 이때 '서 있음, 서 있음'이라고 알아차린다. 알아차릴 때 머리, 몸, 팔, 다리와 같은 모양은 가능한 한 보지 않도록 노력한다. '섬, 섬' 하면서 단단한 느낌을 주의 깊게 알아차리도록 노력해야 한다. 여기에서 알아야 할 것은 단단한 느낌을 이해하는 것이다.

수행자의 집중이 어느 수준에 도달하면 '멈추려 함, 멈추려 함'이라고 알아차릴 때, 서서히 멈춰지는 움직임과 단단해지는 느낌을 알 수 있다. 어떤 수행자는 '섬, 섬'이라고 알면서 머리에서 몸의 아래쪽으로 내려가며 알아차리기도 하고, 몸의 아래쪽에서 머리로 올라가며 알아차리기도 한다.

집중이 깊어지면 머리에서 발을 향해 알아차릴 때 키가 점점 작아지는 것처럼 느낄 수 있다. 발에서 머리를 향해 알아차릴 때는 키가 점점 커지는 것처럼 느낄 수도 있다. 집중의 정도에 따라 다양한 경험을 하게 된다.

3) 앉을 때

멈춰 서고 나서 앉으려 할 때 앉으려는 의도가 분명하게 나타난다. 그러면 '앉으려 함, 앉으려 함'이라고 알아차린다. 집중이 깊어지면 의도를 알아차릴 수 있다. 그리고 나서 앉는 동작이 일어난다. 이때는 '앉음, 앉음'이라고 알아차린다. 이때 머리, 몸, 팔, 다리와 같은 모양은 가능한 한 보지 않고 대신 서서히 아래로 향하는 움직임, 즉 성품을 알아차리도록 노력한다.

머리, 몸, 팔, 다리와 같은 모양은 관념이므로 알아차리지 않는다. 위빠사나 수행에서는 관념은 알아차리지 않는다. 관념을 보게 되면 법을 얻는 데 오랜 시간이 걸린다.

사람은 해야 할 일이 너무 많다. 그럼에도 불구하고 열흘간의 수행에 참가하기 위해서 온 여러분은 성스러운 법을 빨리 얻기를 원하고 있다. 그러므로 알아차리는 마음에서 관념은 떼어놓고 성품을 꿰뚫어보듯이 알아차리도록 노력해야 한다. '앉음, 앉음'이라고 알아차릴 때 점차 아래로 향하는 움직임의 느낌, 즉 실재하는 성품을 꿰뚫어보듯이 알아차리려고 노력해야 한다.

관념과 성품은 분리된 것일까? 그렇지 않다. 관념과 성품은 공존한다. 그래서 성품은 관념인 형태(모양) 속에 감춰져 있다. 처음 수행을 시작하여 집중이 약할 때는 관념 속에 감춰진 실재를 찾아내기 위해 눈을 감고 앉을 필요가 있다. 그러면 법의 성품을 분명하게 볼 수 있게 된다.

집중은 대부분 눈에서 깨진다. 앉기 위해 눈을 크게 뜨면 성품을 분명하게 알 수 없다. 시선을 아래로 향하거나 눈을 감고 앉는 것이 좋다. 점차 아래로 향하는 움직임을 '앉음, 앉음'이라고 알아차려야 한다.

'앉음, 앉음'이라고 알아차릴 때,
—머리, 몸, 팔, 다리와 같은 모양을 떼어놓을 수 있고,
—서서히 움직이는 느낌을 꿰뚫어보듯이 볼 수 있으며,
—현재의 순간을 알아차릴 수 있다면,
세세한 움직임뿐만 아니라 아래로 향하는 움직임에서 무거운 느낌이 커지는 것을 알 수 있다.

집중이 깊어질수록, '앉으려 함, 앉으려 함' 하고 알아차릴 때 앉으려는 의도가 마음속에서 여러 번 일어난다는 것을 알게 된다. '앉음, 앉음' 하고 알아차릴 때 앉는 동작의 세세한 움직임을 분명하게 알게 된다. 집중이 더 깊어지면, '앉으려 함, 앉으려 함'이라고 알아차릴 때 그 의도가 한 번 일어나는 것이 아니라 간격을 두고 여러 번 일어난다는 것을 알게 된다.

한 번의 의도가 일어나고 사라지면,
다른 의도가 일어나서 사라지고,
또 다른 의도가 일어나서 사라지기를 몇 번 반복한다.

이것이 의도의 일어남과 사라짐이다.

'앉음, 앉음'이라고 알아차릴 때 이 움직임은 서로 연관되어 있지 않다. 주의 깊게 지켜보면 움직임의 단계에는 한 단계가 일어나고 사라진 뒤 간격이 있다는 것을 알게 된다. 그 간격은 다음에 이어지는 일어남과 사라짐 바로 전에 있다.

앉으면서 바닥에 닿으면 '닿음, 닿음'이라고 알아차린다. 알아차림을 지속시키기 위하여 기본자세인 '일어남, 꺼짐, 앉음, 닿음' 하고 알아차린다.

위빠사나 수행을 돕는 두 번째 요인을 설명할 때 공손하게 알아차리면서 앉는 자세에 대하여 상세하게 설명하였다. 움직임에 간격이 보이기 시작하면 다음에는 일어남과 사라짐이 더 분명하게 보인다.

집중이 더 깊어지면,
일어남은 분명하지 않고 사라짐만이 분명해진다.

앉으려는 의도를 알아차리면 앉으려는 의도가 '일어나는 것'은 분명하지 않다. 의도가 '사라지는 것'만이 분명하다. '앉음, 앉음'을 알아차릴 때는 앉는 움직임의 일어남은 분명하지 않고 그것의 사라짐만이 분명해진다.

집중이 아주 강해져서 **소멸의 지혜**에 이른 수행자는
'앉으려 함, 앉으려 함'을 알아차릴 때,

앉으려는 의도의 정지만을 알아차리는 것이 아니라
알아차리는 마음도 연속하여 사라진다는 것을 알게 된다.

'앉음, 앉음'을 알아차릴 때는 앉는 움직임의 정지와 알아차리는
마음의 정지를 알게 된다. 감각대상과 알아차리는 마음은 모두 사라진
다. 다시 말해 감각대상인 물질적 현상과 알아차리는 마음인 정신적
현상은 영원하지 않다. '영원하지 않다는 것'을 무상無常[7]이라고 한다.

수행자는 사라짐이 너무 빠르기 때문에 그것이 고통이라는 것을
알게 된다. 그것이 '괴로움(苦)'[8]을 아는 것이다.

사라짐이라는 괴로움을 어떻게 막을 수 있겠는가? 수행자는 그것
을 막을 방법이 없다는 것을 알게 된다. 그것들은 스스로 일어난다.
어떤 방법으로도 그것을 막을 수는 없는 것이다. 이것을 '무아無我'[9]

---

7) 무상無常을 빨리어로 아니짜anicca라고 하는데, 항상恒常 하지 않는 것을 말한
   다. 모든 것은 변하며 영원하지 않다는 뜻에서 무상이라고 한다. 무상, 고,
   무아를 존재하는 모든 것들의 보편적 특성 또는 일반적 특성이라고 한다.
   이 3가지를 합쳐서 삼법인三法印이라고 한다.

8) 괴로움(苦)을 빨리어로 둑카dukkha라고 하는데 원래 '참기 어려운', '하찮고
   비어 있는' 이라는 의미를 가지고 있다. 한문의 고苦가 뜻하는 '고통, 괴로움'
   보다는 포괄적인 의미를 가지고 있다. 따라서 우리가 알고 있는 고의 의미는
   고통, 괴로움, 불만족, 참기 어려움, 하찮고 비어 있는 등으로 이해하는 것이
   좋다. 괴로움은 크게 3가지로 분류한다.
   고고성(苦苦性)_생로병사生老病死와 같이 일상적으로 겪게 되는 괴로움
   괴고성(壞苦性)_변화로 인해 발생하는 괴로움
   행고성(行苦性)_조건 지어진 상태 자체의 괴로움. 몸과 마음이라는 오온을
   갖고 있다는 것 자체가 괴로움이다.

라고 한다.

정지를 알게 되면 좌선 수행을 하는 동안 무상, 고, 무아를 분명하게 알게 된다. 이것을 알면 앉아 있으면서도, 서 있으면서도 성스러운 법을 얻을 수 있다.

4) 자려고 누울 때

누우면서도 주의 깊게 알아차려야 한다. 자러 갈 때도 알아차림을 가져야 한다. 앉은 자세에서 누울 때도 알아차림을 가지고 누워야 한다. 집중이 깊어진 수행자는 자기 위해 누울 때 누우려는 의도가 먼저 일어난다는 것을 안다.

그러므로 '자려 함, 자려 함'이라고 알아차린다. 자려고 하는 의도가 몸을 잠자리로 서서히 눕게 한다. 그러면 '누움, 누움'이라고 알아차린다.

이렇게 할 때, 수행자는 머리나 몸, 팔, 다리와 같은 형태를 마음에서 떼어놓으려고 노력해야 한다. 몸이 서서히 잠자리로 향하는 움직임을 꿰뚫어보듯이 알아차리려고 노력해야 한다. '움직임, 움직임'

---

9) 무아無我를 빨리어로 아나따anatta라고 하는데, 항상 하는 자아自我가 없고, 나라고 하는 실체가 없는 것을 말한다. 무아는 마음이 없다는 것이 아니고 변하지 않는 마음이 없다는 뜻에서 무아라고 한다. 마음은 매 순간 일어나고 사라지면서 지속되기 때문에 어느 마음이 나의 마음이라고 할 수 없다. 나의 마음이란, 부르기 위한 명칭일 뿐이며, 단지 조건에 의해 일어나고 사라지는 순간순간의 마음만 있다.

혹은 '누움, 누움'이라고 알아차리는 데 중요한 것은 움직임의 성품을 아는 것이다.

　—몸이 점점 낮아져서 머리가 베개에 닿았을 때 '닿음, 닿음'이라고 알아차린다.
　—등이 바닥에 닿았을 때 '닿음, 닿음'이라고 알아차린다.
　—몸의 자세를 잡을 때 '자세를 잡음, 자세를 잡음'이라고 알아차린다.
　—몸이 편안하게 자리를 잡고 나면 '일어남, 꺼짐, 누움, 닿음'이라고 알아차리면서 잠에 든다.

5) 잠들려고 할 때

알아차리는 습관을 가지면 빨리 잠이 든다.

수면제를 복용하는 사람의 경우 알아차림이 좋아지면 더 이상 수면제를 복용할 필요가 없어진다. 집중이 잘 되면 잠들기도 쉽다. 알아차림이 아주 잘 되고 확고할 경우에는 잠잘 필요조차도 느끼지 못할 것이다. 알아차림이 약해지고 졸음이 우세할 때는 잠에 떨어지고 만다.

여기 모인 수행자들은 하루 종일 명상 수행을 하고 있는데, '자려 함, 자려 함'이라고 알아차리고, '잠듦, 잠듦'이라고 알아차리다 보면 얼마 지나지 않아 잠들어 버릴 것이다. 잠자리에 들어서 '일어남, 꺼짐, 누움, 닿음'을 알아차리는 것도 잠시 곧바로 잠에 떨어지고 만다. 얼마나 편리한가? 수면제를 먹을 필요도 없다.

'잠듦'이라고 알아차릴 때 머리나 몸, 팔, 다리는 보지 말고 몸이
서서히 움직이는 것을 꿰뚫어보듯이 알아차리려고 노력해야 한다.

―가능한 한 머리나 몸, 팔, 다리의 모양을 대상으로 하지 않을 때
―움직임의 성품만을 주의 깊게 알아차릴 때
―마음을 현재에 두고 알아차릴 때
―'누움, 누움'을 알아차리면서 누울 때

서서히 아래로 향하는 움직임에서 무거움이 분명하게 나타난다는
것을 알게 된다. 집중이 향상되어 '자려 함, 자려 함'이라고 알아차릴
때 자려는 의도가 마음에서 단계적으로 일어난다는 것을 알게 된다.
또 '잠듦, 잠듦'이라고 알아차릴 때 눕는 것이 조금씩 단계적으로
일어난다는 것을 알게 된다.

집중이 더 깊어지면 '자려 함, 자려 함'이라고 알아차릴 때 자고
싶은 마음이 간격을 두고 끊어져서 일어난다는 것을 알게 된다.

의도가 일어나고 사라지면
다음의 일어남과 사라짐이 있고,
또 다른 일어남과 사라짐이 계속된다.
그것들을 '일어남'과 '사라짐'이라고 한다.

나를 따라 다음과 같이 세 번 반복한다.

≪요약≫　　　성품을 이해할 수 있을 때,
　　　　　　　일어남과 사라짐을 볼 수 있다.

일어남은 나타나는 것이고,
사라짐은 없어지는 것이다.

　무거움의 '성품'을 이해하면 무거운 느낌이 단계적으로 일어나고 사라진다. 몸이 아래로 향해 서서히 움직이면서 이에 따라 무거운 느낌이 증가하는 것을 아는 것은 성품을 아는 것이다. 성품을 이해하게 되면 '일어남'과 '사라짐'을 곧 알게 된다. 그러므로 현상의 일어남과 사라짐을 이해하기 위해서는 성품을 대상으로 알아차려야 한다.

수행자가 일어남과 사라짐을 알고 집중이 깊어지면,
현상의 일어남은 분명하지 않고
오직 사라짐, 즉 정지만이 분명해진다.

　'자려 함, 자려 함'을 알아차릴 때, 자려는 의도의 정지가 연속적으로 일어난다는 것을 알게 된다.

　'잠듦, 잠듦'을 알아차릴 때 누워 있거나 자는 자세의 연속적인 정지를 알게 된다. 머리나 몸, 팔, 다리의 모양은 더 이상 분명하지 않다. 이 단계에서는 의도적으로 관념을 떼어놓고 보지 않아도 된다. 위빠사나 지혜의 단계가 높아지면 모양이나 형태와 같은 관념은 저절로 사라진다. 위빠사나와 관념은 완전히 상반되는 개념이기 때문이다.

아직 위빠사나 지혜가 성숙되지 않았을 때는 모양과 같은 관념이 분명하다. 그래서 이것들을 마음에서 분리해야 한다. 위빠사나 지혜가 성숙되어 **현상을 바르게 아는 지혜**에 도달하면 관념은 저절로 사라진다. 위빠사나 지혜가 얼마나 성숙되어 있는지 스스로 판단하려면 관념이 얼마나 사라졌는지를 알아보면 된다.

관념이 아직도 많이 남아 있다면 위빠사나 지혜가 아직 약하다는 의미이다. 스승에게 자신의 지혜에 대하여 물을 필요가 있을까? 물어 볼 필요가 없다. 그러나 수행자는 스승에게 자주 이것을 물어 본다.

"스승님, 저의 지혜가 어느 정도 성숙되었습니까?"

그러면 스승은 대답을 해줄 것이다. 수행자는 지혜의 단계가 높다는 이야기를 듣고 싶어 한다. 그러나 지혜의 단계가 낮다는 대답을 들으면 기운이 빠진다. 그래도 스승은 그의 지혜의 단계에 대하여 진실을 이야기해 주어야 한다.

"수행자여, 너는 이제 방금 지혜의 단계에 들어섰을 뿐이다. 너의 지혜는 아직 낮은 수준에 있다."

지도하는 스승은 이렇게 얘기해 주어야 한다. 사실을 이야기해 주는 것이 유일한 방법이다. 어떤 일이 있더라도 부처님의 가르침을 따라 진실하게 대답을 해야 한다.

진실을 들었을 때 수행자의 신심은 더욱 커질 것이고, 더 많이 노력할

것이다. 자신의 지혜가 얼마나 성숙한지 알고 싶으면 자신의 관념, 빤냐
띠를 관찰해 보면 알 수 있다. 아직도 관념이 많아서 분리해 보아야
할 것이 많다면 이것은 위빠사나 지혜가 낮은 수준에 있다는 것을 의미
한다. 이것을 미숙한 위빠사나Taruna Vipassanā라고 한다.

집중이 깊어져서 관념을 완전히 떼어놓고 볼 수 있으면 관념은
사라진다. 그래서 실재하는 것을 알 수 있고 위빠사나 지혜가 성숙하
는데, 이것을 굳건해진 위빠사나Balavant Vipassanā라고 한다. 이 단계에
들어서면 대상을 알아차리자마자 사라지기 때문에 수행이 쉬워진다.
정지가 연속되면 영원하지 않은 성품인 무상을 분명하게 알게 된다.
정지가 너무 빠르기 때문에 그것이 고통이므로 괴로움으로 느껴진다.
나를 괴롭게 만드는 사라짐을 어떻게 막을 수 있을까? 어떻게도 막을
수 없다. 정지는 자기 스스로 존재하는 것이다. 이것이 무아다. 무상,
고, 무아를 알게 되면 성스러운 법을 얻을 수 있다.

분명한 앎을 가지고 누울 때 성스러운 법을 얻는다. 부처님 당시에
아난존자에 대한 유명한 이야기가 있다. 당시에는 가섭존자가 승가를
이끌고 있었는데, 부처님의 가르침을 집대성하기 위해 첫 번째 결집
을 하려고 하였다. 그는 첫 번째 결집에 참가할 오백 명의 비구를
선택하기 위한 기준을 제시하였다. 결집에 참가하기 위해서는 두
가지 조건을 갖추고 있어야 했다.

─삼장三藏10)을 암송할 수 있는 비구

10) 삼장三藏은 부처님께서 설하신 빨리어 경전으로 『경장經藏』, 『율장律藏』, 『논
    장論藏』을 말한다.

―아라한

　가섭존자는 위의 조건을 갖춘 사백구십구 명의 비구를 찾았으나 마지막 한 명의 비구를 찾지 못했다. 그것은 아난존자 때문이었다. 아난존자는 부처님의 가르침을 하나도 빼놓지 않고 다 들었기 때문에 아난존자 없이는 첫 번째 결집을 완성할 수가 없었다.

　그때 아난존자만이 유일한 수다원이었다. 삼장은 암송하였지만 아라한이 되지는 못하였던 것이다. 아난존자가 첫 번째 결집에 선택될 수 있었을까? 그렇지 못했다. 그 당시에는 선택된 비구 이외에도 수많은 아라한이 있었기 때문에 만약 가섭이 아난존자를 선택한다면 자의적으로 선택한 것으로 생각될 수 있었다. 그러나 나중에 승가에서는 만장일치로 아난존자를 선택하였다.

　첫 번째 결집의 일원으로 선택된 아난존자는 결집이 시작되기 전 아라한이 되기 위해 열심히 수행하였다. 그러나 결집일 전날이 되도록 그는 아라한이 되지 못했다. 전날 밤 잠들기 전에 아난존자는 쉬지 않고 경행과 좌선을 하면서 알아차림을 확립하는 위빠사나 수행을 하였다.

　그리고 자신의 노력이 너무 지나쳤다는 생각을 하게 되었다. 그는 침실로 들어가서 침대 위에 앉았다. 서서히 몸을 아래로 향하면서 '누움, 누움'이라고 알아차렸다. 바닥에서 60센티미터 정도 떨어져서 머리가 베개에 닿기 바로 직전에 그는 세 가지 도과를 거쳐 아라한의 도과에 도달하였다.

아난존자가 좌선으로 아라한의 도과에 이르렀는가? 그렇지 않다. 아난존자가 경행으로 아라한의 도과에 이르렀는가? 그렇지 않다. 그는 '누움, 누움'이라고 알아차리면서 일상의 섬세한 알아차림, 즉 분명한 앎을 통해 아라한의 도과에 이른 것이다. 그러므로 수행자는 일상의 섬세한 알아차림을 하기 위해 노력해야 한다.

6 위빠사나 수행자의 근기를 돕는 네 번째 요인

이제 위빠사나 수행을 돕는 네 번째 요인에 대해서 이야기하겠다.

부처님께서는 이렇게 말씀하셨다.

"적절한 행위를 하면 얻는다."

"알맞게 행동하면 위빠사나 지혜가 완성되고
수행자의 근기가 강화된다."

첫 번째 요인__알아차림을 하는 데 있어 마음을 정지의 끝에 두어야 한다.

두 번째 요인__정지의 끝에 마음을 두고 알아차릴 때는 공손하면서도 꿰뚫어보듯이 알아차려서 실제로 정지를 볼 수 있어야 한다.

세 번째 요인__정지의 끝에 마음을 두고, 공손하면서도 꿰뚫어보

듯이 알아차려서 실제로 정지를 볼 수 있고, 수행기간 내내 알아차림
이 지속되어야 한다.

네 번째 요인__안거安居[1] 기간 동안 일곱 가지의 적절한(유익한)
조건을 갖춰야 한다.

이렇게 해야 수행에 힘이 생겨 법을 얻을 수 있다.

법을 얻고자 하는 사람들에게는 일곱 가지 적절한 조건을 갖추는
것이 매우 중요하다. 적절한 조건을 갖추지 못하면 법을 얻는 것이
쉽지 않다. 나를 따라 다음과 같이 세 번 반복한다.

≪요약≫　　　**적절하여 이득이 되는 조건에는
일곱 가지가 있다.
이 일곱 가지는 서로 연관되어 있다.**

수행을 하는 동안 일곱 가지의 적합한 조건을 갖추면 수행에 힘이
생겨 곧 성스러운 법을 얻을 수 있을 것이다. 일곱 가지의 적절한
조건은 다음과 같다.

－알맞은 수행 장소

1) 안거安居를 빨리어로 와사vassa라고 하는데 비, 우기雨期, 우안거雨安居, 년年,
　해라는 뜻을 가지고 있다. 안거는 부처님 시대부터 비가 가장 많이 오는
　3개월 동안 모여서 수행을 하는 제도이다. 비가 내리면 교통이 마비되어
　이동을 할 수 없기 때문에 이 시기에는 모여서 집중수행을 한다. 승가에서는
　안거의 수에 따라 비구의 법랍法臘을 정한다.

―탁발을 하기에 적합한 마을

―적절한 대화

―유익한 도반

―알맞은 식사

―알맞은 기후

―바른 자세(행, 주, 좌, 와)

1. 알맞은 수행 장소

안거에 들어갈 때는 수행하기에 적절한 장소(선원이나 절)를 선택해야 한다. 적절한 장소에서 수행을 하면 수행에 힘이 생겨 빨리 법을 얻을 수 있다. 적절한 수행 장소는 다음의 특징을 모두 갖추고 있는 곳이다.

(1) 마을에서 너무 멀지 않은 곳

(2) 너무 많은 사람들이 드나들지 않는 조용한 곳

(3) 벌레가 많지 않은 곳. 장소가 숲이라면 파리나 모기가 적고 위험한 맹수들이 오지 않는 곳

(4) 음식이나 약품을 쉽게 조달할 수 있는 곳

(5) 좋은 스승이 있는 곳. 법을 얻지 못한 사람에게 법을 얻을 수 있게 해주고, 더 빨리 법을 얻을 수 있도록 가르침을 주는 스승이 있는 곳

나를 따라 다음과 같이 세 번 반복한다.

≪요약≫　　　너무 멀지 않아 왕래하기 좋고,
시끄럽지 않으며,
벌레가 없고,
생필품을 얻기 쉽고,
훌륭한 스승과 좋은 도반이 있는 곳,
이 다섯 가지를 갖추고 있는 곳이
알맞은 수행 장소다.

좋은 스승이 있는 곳으로 가는 것은 다섯 가지 조건 중에서도 가장 중요하다. 수행을 지도하는 스승은 수행자의 성품을 보고 올바른 수행방법을 알려줘서 법을 얻을 수 있게 해주기 때문이다.

수행자에게 법을 알게 하고 법을 얻을 수 있게 하는 가장 중요한 요인은 수행 장소에 훌륭한 스승이 있는 것이다. 좋은 스승 밑에서 수행할 기회를 얻는다는 것은 법을 얻을 수 있는 확실한 보장을 받는 것이다.

부처님께서 석가족 출신인 나가라까가 사는 사캬 마을에 머물고 계실 때 아난존자가 부처님에게 말하였다.

"훌륭한 도반과 인연을 맺는 것은 도과道果를 얻는 데 있어서 절반을 좌우하는 것 같습니다."

그러자 부처님께서 대답하셨다.

"아난다야, 그렇게 말하지 마라. 도과를 얻는 데 있어서 훌륭한 도반과 인연을 맺는다는 것은 절반을 좌우하는 것이 아니라 전부를 좌우하는 것이다."

부처님 말씀처럼 훌륭한 도반에게 지도를 받고 수행을 하는 것은 매우 중요하다.

현대는 위빠사나 수행이 유행처럼 번지고 있다. 많은 지식인들이 시간이 날 때마다 위빠사나 수행을 하러 선원을 찾아 떠난다. 만약 그들이 적당하지 않은 장소에서 수행을 하여 법을 얻지 못하거나 수행이 향상되지 않는다면 그것은 시간 낭비요, 힘의 낭비이며, 수행을 하고자 하는 의욕을 떨어뜨리는 결과를 낳는다. 그렇기 때문에 알맞은 장소를 찾는 것은 매우 중요한 일이다.

부처님께서는 네 가지 형태의 수행 장소가 있다고 말씀하셨다.

(1) 법을 분명하게 얻지도 못하고 조건도 좋지 않은 장소
(2) 법을 분명하게 얻지는 못하나 조건이 좋은 장소
(3) 법을 분명하게 얻을 수 있으나 조건이 좋지 않은 장소
(4) 법을 분명하게 얻을 수 있고 조건도 좋은 장소

(1) 법을 분명하게 얻지도 못하고 조건도 좋지 않은 장소
수행처에서 스승이 충분히 지도해 주지 않거나 어떤 다른 이유로 제대로 수행을 하지 못한다면 아무리 오래 수행을 해도 법을 분명하게 얻을 수 없다. 물, 음식, 전기 등을 용이하게 얻을 수 없어도 좋은 조건이 아니다. 그런 조건 하에서는 수행자가 오래 머무를 수 없다. 수행자는 자신이 떠난다는 것을 알릴 필요도 없이 즉시 그곳을 떠나야 한다. 나를 따라 다음과 같이 세 번 반복한다.

≪요약≫ 　　　법을 분명하게 얻을 수 없고
　　　　　　　　생활하는 데 불편함이 많은 곳에서는
　　　　　　　　알릴 것도 없이 즉시 떠나야 한다.

(2) 법을 분명하게 얻지는 못하나 조건이 좋은 장소

좋은 조건에 있으나 열흘이나 보름이 지나도록 법을 얻지 못한다면 그곳에서 떠나야 한다. 이때는 선원의 책임자에게 떠난다는 것을 알리고 떠나야 한다. 나를 따라 다음과 같이 세 번 반복한다.

≪요약≫ 　　　법을 분명하게 얻을 수 없고
　　　　　　　　생활하는 데 불편함이 없는 곳에서는
　　　　　　　　떠난다는 것을 알리고 떠나야 한다.

(3) 법을 분명하게 얻을 수 있으나 조건이 좋지 않은 장소

선원에 도착하고 얼마 되지 않아 분명한 법을 얻었으나 조건이 좋지 않다면, 수행자는 참고 견뎌야 한다. 법을 더 분명하게 얻을 때까지 그곳에 머물러야 한다. 나를 따라 다음과 같이 세 번 반복한다.

≪요약≫ 　　　법을 분명하게 얻을 수 있고
　　　　　　　　생활하는 데 불편함이 많은 곳에서는
　　　　　　　　떠나지 말고 머물러야 한다.

(4) 법을 분명하게 얻을 수 있고 조건도 좋은 장소

선원에 도착하고 얼마 되지 않아 분명한 법을 얻고 조건이 좋은 곳이라면, 아무리 나가라고 하더라도 그곳에 머물러야 한다. 수행자 자신이 얻으려는 법의 단계에 아직 도달하지 않았음을 알리고, 그곳

에 머무를 수 있도록 허락을 받아야 한다. 나를 따라 다음과 같이
세 번 반복한다.

≪요약≫　　　법을 분명하게 얻을 수 있고
　　　　　　생활하는 데 불편함이 없는 곳에서는
　　　　　　떠나라고 하더라도 머물러야 한다.

부처님께서 말씀하신 것처럼 수행자는 첫 번째와 두 번째의 장소
를 피해야 한다. 그리고 법을 분명하게 얻을 수 있는 세 번째와 네
번째의 장소를 선택해야 한다.

2. 탁발을 하기에 적합한 마을

수행자에게는 탁발하기에 적합한 마을이 있어야 한다. 탁발을
해서 음식을 얻어야 하는 수행자에게는 적합한 마을이 가까이 있어야
한다. 너무 멀지도, 너무 가깝지도 않은 곳에 필요한 만큼의 음식을
얻을 수 있는 마을이 있어야 수행에 힘을 얻어서 발전할 수 있다.

3. 올바른 대화

수행 중에는 올바른 대화만 해야 한다. 이는 수행의 힘을 키우는
데 있어 갖춰야 할 기본 요소이다.

올바른 대화에는 열 가지가 있다. 그 외의 대화는 하지 말아야 한다. 물론 전혀 말을 하지 않을 수 있다면 그것이 가장 좋다. 나를 따라 다음과 같이 세 번 반복하라.

≪요약≫　　　적은 욕망과, 물질에 대한 만족,
　　　　　　친구와 멀리 떨어져 있고, 조용한 곳,
　　　　　　근면함, 계율, 고요함,
　　　　　　지혜, 해탈, 해탈의 지혜,
　　　　　　수행자는 오직 이 열 가지에 대해서만
　　　　　　대화해야 한다.

1) 욕망을 적게 가지는 것

부처님께서는 이렇게 말씀하셨다.

"출세간의 법[2]인 네 가지 도道, 네 가지 과果,
그리고 열반을 성취하려면 욕망이 적어야 한다.
욕망이 많은 사람은 아홉 가지 법을 얻을 수 없다."

아홉 가지 출세간의 법은 다음과 같다.

―네 가지 도道
―네 가지 과果

---

2) 출세간의 법은 수다원의 도道와 수다원의 과果, 사다함의 도와 사다함의 과, 아나함의 도와 아나함의 과, 아라한의 도와 아라한의 과를 말한다. 이들 4가지를 합쳐 사쌍팔배四雙八輩라고 한다.

―열반

출세간의 법은 욕망이 적은 사람이 얻을 수 있다. 나를 따라 다음과 같이 세 번 반복한다.

≪요약≫   욕망이 많은 사람은 탐욕이 두터워서
            법을 얻을 수 없다.
            알아차리는 수행으로 욕망이 적어지면
            법을 얻을 수 있다.

욕망이 많은 사람은 법을 얻을 수 없다. 주석서에는 이렇게 설명하고 있다.

"계율을 지킨 것을 자신의 것인 양 내보이는 것을 '욕망이 많은 것'이라고 한다."

계율을 잘 지키면 남들에게 그것을 이야기하고 싶어 한다. 집중이 깊어져도 다른 사람에게 이야기하고 싶어 한다. 위빠사나 지혜가 쌓이기 시작해도 이야기하고 싶어 한다. 이것을 '욕망이 너무 많은 것'이라고 한다.

스님의 경우에는 그런 것들이 알려짐으로써 더 많은 보시를 받게 된다. 어떤 스님이 계정혜戒定慧3)가 완성되었다는 말을 들으면 사람들

---

3) 계정혜戒定慧는 8가지 성스러운 길인 팔정도八正道를 의미한다. 팔정도는 사성제四聖諦인 고제苦諦, 집제集諦, 멸제滅諦, 도제道諦 중에서 도제에 해당한다.

은 그 스님에게 더 많은 것을 보시하고 싶어 한다. 이렇게 보시 받기를 즐기는 것을 욕망이 너무 많다고 한다. 그런 사람은 법을 얻을 수 없다.

욕망이 적은 사람은 자신의 계정혜에 대하여 남에게 알리지 않으려고 노력한다. 그는 조용히 수행한다. 그를 '욕망이 적은 사람'이라고 부른다.

여러분도 수행을 하여 법을 보기 시작하면 다른 사람에게 알리고 싶어 한다. 그래서 다른 사람에게 그것을 말하고 다닌다. 이렇게 하는 것이 수행에 도움이 될까? 자신이 경험한 것을 다른 사람이 이해해 주기를 바라기 때문에 계속해서 말한다. 그러나 법을 얻기 시작하였거나 의미 있는 경험을 하였을 때 다른 사람에게 그것을 말해서는 안 된다. 그렇게 하면 욕망이 지나친 사람이 되는 것이다.

수행자는 오직 지도 스승에게만 자신이 경험한 것을 이야기해야 한다. 아무리 다른 사람에게 말하고 싶어도 참아야 한다. 욕망이 지나친 사람은 법을 얻는 속도가 느려진다. 집중과 지혜가 쌓이기 시작하더라도 아무것도 얻지 않은 것처럼 행동하라. 그리고 조용히, 오직 자신의 알아차림에 마음을 두고 수행을 계속하라. 이것을 적은 욕망이라고 한다.

8가지는 정견正見, 정사유正思惟, 정어正語, 정업正業, 정명正命, 정정진正精進, 정념正念 정정正定을 말한다. 계戒는 알아차림이 있는 것을 말하고, 정定은 알아차림이 지속되어 집중의 상태에서 무상, 고, 무아의 지혜를 얻는 것을 말한다. 이상의 계정혜를 위빠사나 수행이라고 한다.

그러므로 말을 해야 하는 상황에서는 위의 규칙을 지켜서 이야기
해야 한다.

2) 만족할 줄 아는 것

부처님께서는 이렇게 말씀하셨다.

"네 가지 도, 네 가지 과, 열반에 이르는 아홉 가지 출세간의 법은,
물질에 대해 만족할 줄 아는 사람이 얻을 수 있다.
물질에 대해 만족할 줄 모르고, 욕망이 많은 사람은
아홉 가지 출세간의 법을 얻을 수 없다."

나를 따라 다음과 같이 세 번 반복한다.

≪요약≫　　　만족할 줄 모르고 탐욕스러운 사람은
　　　　　　법을 얻을 수 없다.
　　　　　　만족할 줄 아는 사람이 수행을 하면
　　　　　　법을 얻을 수 있다.

어떤 음식이 주어지더라도, 어떤 옷이 주어지더라도 만족한다.
아홉 가지 출세간의 법은 그렇게 할 수 있는 사람만이 얻을 수 있다.

수행에 참여하려면 만족할 줄 알아야 한다. 정해진 숙소에 머무는
것에 만족하는가? 어떤 음식이 제공되든 만족하는가? 그렇게 할 수
있어야 한다. 정말로 만족할 수 있는가? 채식 식단에 만족할 수 있는

가? 그 모든 것에 만족할 수 있다면 그것은 다행한 일이다. 그러나 그것들에 만족하지 못하고 있다면 과연 법을 얻을 수 있을까? 그렇지 않다. 만족할 줄 알면 분명히 법을 얻을 수 있다.

3) 조용한 곳을 즐기고, 친구를 멀리하는 것

부처님께서는 이렇게 말씀하셨다.

"네 가지 도와 네 가지 과, 열반의 아홉 가지 출세간의 법은
조용한 곳에 있기를 즐기는 사람이 얻을 수 있다.
친구와 가까이 있는 것을 즐기는 사람은
출세간의 법을 얻을 수 없다."

네 가지 도와 네 가지 과, 열반의 아홉 가지 출세간의 법은 조용한 곳에 있기를 즐기는 사람만이 얻을 수 있다. 이 법은 친구와 가까이 지내는 것을 즐기는 사람은 얻을 수 없다. 대화를 해야 하는 상황에서는 관련된 것만 이야기한다. 나를 따라 다음과 같이 세 번 반복한다.

≪요약≫　　　탐욕으로 친구와 가까이 하는 사람은
법을 얻을 수 없다.
조용한 곳에서 수행을 하는 사람은
법을 얻을 수 있다.

네 가지 도와, 네 가지 과, 열반의 아홉 가지 출세간의 법은 친구와 즐겁게 지내면서 사는 사람은 얻을 수 없다. 친구와 지내는 것을

좋아하는 사람은 법을 얻을 수 없고, 친구를 떠나서 조용한 곳에서 조용히 수행하기를 즐기는 사람은 법을 얻을 수 있다. 수행에 관한 대화는 무방하다.

수행자는 다음과 같이 자신을 성찰해야 한다.

─친구들과 어울리는 것을 너무 즐기지 않는가?
─주위에 친구가 있어야만 행복하다고 생각하는가?
─친구들이 가까이 있지 않으면 의기소침하여 불행해지는가?

만약 친구들과 떨어져 있어서 행복하지 않다면 당신의 바라밀은 성숙되지 않은 것이다. 법을 얻기 위해서는 가야 할 길이 멀다. 법을 얻기 위해서는 바라밀을 좀 더 성숙시켜야 한다.

그러나 어떤 사람들은 가족이나 친지들과 함께 어울려 사는 것을 환경이 그렇게 만들었다고 생각하고 받아들인다. 조건이 그들과 살게 만들었다고 생각한다. 그런 상황을 좋아하지는 않지만, 스스로가 그런 조건 속에 있도록 만들었기 때문에 받아들이고 사는 것이다.

그런 사람이 진실로 즐기는 생활은 조용한 곳이다. 조용한 곳에서 수행을 하고, 법을 얻는 것이 그가 좋아하는 것이다. 만약 이와 같다면 당신의 바라밀은 성숙된 것이다. 그는 곧 법을 얻을 것이다.

친구들과 지내는 것을 좋아하는 사람이 더 많은 바라밀을 쌓으려 면 친구 만나기를 즐기지 말아야 한다. 어떤 사람은 친구들과 지내는 것을 좋아하지 않는다고 말하기도 한다. 자신의 조건이 그러하기 때문에 사람들과 같이 지내는 것이라고 한다. 그들이 정말 좋아하는 것은 선원과 같이 조용한 곳에서 수행을 하는 것이다.

선원은 오직 법을 얻는 것을 즐기는 사람만이 머무를 수 있는 곳이다. 그렇지 않은 보통 사람들이 이곳에 머물 수 있을까? 그들은 그렇게 하지 못한다. 선원에서 즐겁게 머무를 수 있는 사람은 그 사람의 근기根氣와 바라밀이 성숙되어 있음을 말하는 것이다. 이것에 관한 대화를 하는 것은 무방하다.

4) 부지런히 수행하는 것

부처님께서는 이렇게 말씀하셨다.

"네 가지 도와 네 가지 과, 열반의 아홉 가지 출세간의 법은 열심히 수행을 하는 사람이 얻을 수 있다.
게으른 사람은 이 법을 얻을 수 없다."

나를 따라 다음과 같이 세 번 반복한다.

≪요약≫　　　수행을 하지 않고
　　　　　　게으름을 피우고 있으면,
　　　　　　법을 얻을 수 없다.
　　　　　　수행을 하고
　　　　　　수행을 마음에 두고 있으면,

법을 얻을 수 있다.

이것에 관하여 대화를 하는 것은 무방하다. 여기에는 몸으로 하는 노력과 마음으로 하는 노력의 두 가지가 있다.

(1) 몸으로 하는 노력

몸으로 하는 노력은 정해진 자세를 항상 유지하려는 노력이다. 예를 들면, 좌선을 할 때 허리를 바로 세우고 머리를 똑바로 하고 팔과 다리를 처음 시작할 대 놓여 있던 그대로 움직이지 않으려는 노력, 이렇게 노력하는 것을 몸으로 하는 노력이라고 한다. 몸으로 하는 노력은 반드시 균형이 맞아야 한다.

(2) 마음으로 하는 노력

마음으로 하는 노력은 감각대상이 일어날 때마다 알아차리려는 노력이다.

―배가 일어날 때 일어남을 알아차릴 수 있는 것
―배가 꺼질 때 꺼짐을 알아차릴 수 있는 것
―통증이 있을 때 그것을 꿰뚫어보듯이 알아차릴 수 있는 것
―보이는 것, 들리는 것 등 모든 것을 알아차릴 수 있는 것

이를 위해서는 많은 노력을 기울여야 한다. 무엇에 많은 노력을 기울여야 하는가? 알아차리는 마음에 노력을 기울여야 한다. 이것을 마음으로 하는 노력이라고 한다.

이상 두 가지 노력의 균형이 중요하다. 너무 지나쳐도, 모자라도 안 된다. 이처럼 균형 잡혀 있을 때 빨리 법을 얻을 수 있고, 지혜의 수준도 높아질 수 있다. 몸으로 하는 노력이 모자라면 마음으로 하는 노력도 모자라게 된다. 몸으로 하는 노력이 너무 강하면 그 긴장 때문에 마음으로 하는 노력에도 긴장이 들어가서 염려하는 마음이 일어난다. 그러므로 두 가지 노력은 균형 있고 자연스러워야 한다.

수행을 할 때는 알아차림에 집중해야 한다. 머리와 몸을 바로 세우고 팔, 다리의 긴장을 푸는 것, 이것이 몸으로 하는 노력이다. 어떤 감각대상이 일어나도 알아차릴 수 있는 것이 마음으로 하는 노력이다. 이 두 가지 노력은 지나치지도 모자라지도 않게 균형 잡혀 있어야 한다. 이 법은 노력을 하는 사람이 얻을 수 있는 법이다. 이것에 관하여 대화를 하는 것은 무방하다.

5) 계율에 관한 것

'계율을 지키면 집중을 빨리 얻을 수 있다'는 것에 관해서 대화를 하는 것은 좋다. 부처님께서는 계율을 지키는 사람이 얻을 수 있는 다섯 가지 이득에 관하여 말씀하셨다. 나를 따라 다음과 같이 세 번 따라한다.

≪요약≫ 재산을 쉽게 모을 수 있고,
자신이 지은 공덕이 널리 알려지며,
명성이 널리 퍼진다.
죽음에 임할 때 당황하지 않고,

천상에 가까이 다가간다.
이 다섯 가지가
계율을 지켜서 얻을 수 있는 이득이다.

계율을 잘 지키는 사람이 재산을 모으려고 하면 쉽게 모을 수 있다. 계율을 지키지 않는 사람은 재산을 모으려 해도 쉽지 않다.

계율을 잘 지키는 사람의 공덕은 널리 알려진다. 그를 만나지 않은 사람도 그의 공덕과 명성을 안다.

계율을 잘 지키는 사람은 어떤 계층의 사람을 만나도 그들을 무시하거나 업신여기지 않기 때문에 명망이 높다. 그는 어디에 가든 밝은 얼굴을 하고 있다.

죽음을 맞이해서도 즐겁고 기분 좋은 표상이 일어나서 좋은 마음으로 죽을 수 있다.

다시 태어나면 천상에 태어난다. 이것이 계율을 잘 지키는 사람이 얻는 이득이다. 이것에 관한 대화를 하는 것은 무방하다.

계율은 집중을 얻는 데 도움을 준다.
집중은 위빠사나 지혜를 얻는 데 도움을 준다.
모든 위빠사나 지혜가 완성되면, 도과의 지혜에 이르게 된다.
그러므로 계율을 지키는 것은 매우 중요하다.
계율을 지키는 것에 관하여 대화를 하는 것은 무방하다.

6) 집중에 관한 것

부처님께서는 이렇게 말씀하셨다.

"네 가지 도와 네 가지 과, 열반의 아홉 가지 출세간의 법은
고요하고 안정된 마음을 가진 사람이
얻을 수 있는 것이다."

고요하지 못하여 흔들리는 사람은 법을 얻을 수 없다. 이런 대화를
나누는 것은 무방하다. 집중이 있을 때라야만 위빠사나 지혜가 생긴
다. 위빠사나 지혜가 생기면 도과의 지혜를 얻는다. 이런 대화를 나누
는 것은 허용된다. 나를 따라 다음과 같이 세 번 반복한다.

≪요약≫   고요하지 못하고 마음이 흔들리는 사람은
법을 얻을 수 없다.
고요하고 주의 깊은 사람은
법을 얻을 수 있다.

7) 지혜에 관한 것

부처님께서는 이렇게 말씀하셨다.

"네 가지 도와 네 가지 과, 열반의 아홉 가지 출세간의 법은
지혜를 갖춘 사람이 얻을 수 있다.
지혜를 갖추지 못한 사람은 이 법을 얻을 수 없다."

이것에 관하여 대화를 나누는 것은 무관하다. 나를 따라 다음과 같이 세 번 반복한다.

≪요약≫　　　지혜가 없는 무지한 사람은
　　　　　　법을 얻을 수 없다.
　　　　　　지혜가 갖춰져서 주의 깊은 사람은
　　　　　　법을 얻을 수 있다.

네 가지 도와 네 가지 과, 열반의 아홉 가지 출세간의 법은 지혜를 가진 사람이 얻을 수 있다. 지혜가 없이는 이 법을 얻을 수 없다.

지혜바라밀智慧波羅密을 갖춰야 위빠사나 수행을 하는 것이 즐겁다. 지혜바라밀이 많지 않으면 수행의 즐거움을 알 수 없다.

—수많은 전생에서 탐욕이 없는 근기를 가지고 태어난 사람은 관용과 보시의 기쁨을 느낀다.
—수많은 전생에서 성냄이 없는 근기를 가지고 태어난 사람은 지계의 기쁨을 느낀다.
—수많은 전생에서 지혜를 가지고 태어난 사람은 위빠사나 수행의 기쁨을 느낀다.

성냄이 없는 것은 자애를 의미한다. 자애란 다른 사람을 행복하고 기쁘게 해주려는 의도나 행위를 말한다. 다른 사람이 잘되기를 바라는 사람은 계율을 지킬 수 있다. 계율을 지키지 못하면 다른 사람이 고통 받게 된다는 것을 알기 때문이다.

　　살인이나 도둑질은 다른 사람에게 고통을 주게 된다. 다른 사람의 부인이나 딸을 범하는 것도 그 사람에게 고통을 주는 것이다. 거짓말을 하는 것도 다른 사람에게 고통을 주는 것이다.

　　자애의 근기를 가진 사람, 성냄이 없는 근기를 갖춘 사람은 다른 사람에게 고통 주기를 원하지 않기 때문에 꾸준히 계율을 지킬 수 있다. 성냄이 없는 근기의 요소를 갖추었기 때문에 계율을 잘 지킬 수 있다. 더 나아가서 그런 사람은 계율을 지키는 것을 좋아한다. 이는 평화와 안녕을 얻기 위한 유일한 길이다. 이 사실을 아는 사람은 계율을 잘 지킬 수 있다.

　　성냄이 없는 근기를 갖춘 사람,
　　지혜의 요소를 갖춘 사람,
　　지혜바라밀을 갖고 있는 사람은
　　수행을 즐거워한다.

　　그런 사람은 수행을 할 수 있는 것을 즐겁게 생각한다. 이것을 꼭 기억해야 한다. 지혜바라밀을 가지고 있는 사람은 지혜를 필요로 하는 수행을 즐거워한다. 그래서 네 가지 도와 네 가지 과, 열반의 아홉 가지 출세간의 법을 얻을 수 있다.

　　지금 이 자리에 있는 여러분은 지혜바라밀의 근기가 어느 정도 쌓였기 때문에 스스로가 원하는 만큼 위빠사나 수행을 할 수 있는 것이다.

전생에 여러분은 수많은 세월을 두고 지혜바라밀을 쌓았다는 것을 알 수 있다. 바라밀 공덕을 쌓지 않은 사람은 아무리 수행을 하고 싶어도 할 수가 없다.

나는 한때 마하시 센터에서 수행을 할 때, 냐웅랑콩이라는 마을에서 7일간의 안거를 지낸 적이 있다. 이곳의 지도스승은 우 빤디따 사야도였다. 많은 어려움 속에서 수행을 시작하였다. 신심을 가진 많은 사람들이 보시를 하였다. 마을에는 한 떠돌이가 있었는데, 그는 보시가 들어오는 곳을 맴돌면서 음식을 얻어 살아가고 있었다.

그는 건강하고 건장한 사람이었다. 7일간의 수행기간 동안 그는 보시 음식이 들어오는 장소에서 살았는데 이를 발견한 사람들이 이 사실을 사야도인 나에게 고하였다. 사람들은 그가 묶여 있는 곳 없이 혼자 살기 때문에 수행하기에 아주 적합한 사람이라고 말하였다. 그래서 나는 "그렇구나. 그럼, 그 사람을 이리로 데리고 와 봐라"라고 말하였다.

그가 오자 나는 수행에 대해 많은 것을 이야기해 주었다.
"만약 그대가 수행을 한다면 편히 먹고 살 수 있을 것이다. 내가 그대를 양곤에 있는 선원으로 데리고 갈 것이니 거기서 수행을 시작하라."
그러나 그는 아무런 대답을 하지 않고 침묵을 지키고 있었다.

나는 두 번째로 그를 설득하였다.
"내가 그대를 돌볼 것이다. 그대가 할 것은 오직 수행뿐이다. 여기서부터 수행을 시작하라. 나중에 마하시 센터로 가도록 하자. 거기에서는 더 많은 것을 얻을 수 있다.”

두 번째로 그를 설득할 때도 그는 침묵을 지키고 있었다. 세 번째로 그에게 말할 때도 그는 아무런 대답을 하지 않았다.

그러고 나서 그는 내키지 않는다고 대답하였다. 내가 무슨 말을 할 수 있었을까? 나는 아무 말도 하지 않았다. 이렇게 간단한 대답에 나는 아무 말도 하지 않았다. 그에게 지혜바라밀이 있었던가? 그는 지혜바라밀을 갖추지 못했다. 그는 진정으로 자신을 구제해 줄 사람을 만났지만 지혜바라밀이 부족했기 때문에 내키지 않는다고 대답했던 것이다.

여러분은 지혜바라밀을 갖추고 있기 때문에 지금 이곳에서 마음껏 수행을 할 수 있는 것이다. 이것에 관하여 대화를 하는 것은 무방하다.

8) 해탈에 관한 것

‘해탈’이라고 설명되는 과果와 열반에 관하여 이야기하는 것은 무방하다. ‘과에 관한 법’은 과를 얻음을 말한다. 그리고 ‘열반의 법’에는 두 가지가 있다.

―유여열반有餘涅槃
―무여열반無餘涅槃

과와 열반에 관하여 대화를 하는 것은 무방하다.

(1) 유여열반

위빠사나 수행을 하여 아라한이 되면 열 가지 번뇌[4]가 완전히 사라진다. 그러나 여전히 오온을 지니고 있다. 이것을 열 가지 번뇌의 뿌리를 뽑은 유여열반이라고 한다. 오온을 지닌 채로 열반에 드는 것이다.

(2) 무여열반

이것은 아라한으로서 오온이 완전히 소멸한, 반열반般涅槃의 상태를 말한다. 오온이 완전히 소멸된 상태로 열반에 드는 것을 무여열반이라고 한다. 열반에 관해서는 어떤 대화를 해도 무방하다.

9) 열반涅槃의 지혜에 관한 것

열반의 지혜는 관찰지(觀察智, 되돌아보는 지혜)를 말한다. 관찰지에 관하여 이야기하는 것은 무방하다. 관찰지에는 열아홉 가지가 있다.

위빠사나 수행을 하는 사람이 완전히 알아차려서 자신이 지은 공덕에 따라 모든 것을 완수하면 수다원, 사다함, 아나함, 아라한이

---

4) 번뇌煩惱를 빨리어로 낄레사kilesa라고 하는데 오염, 죄 많은 욕망이라고도 한다. 아라한이 되면 10가지 속박(結, saṁyojana)에서 완전히 벗어난다. 속박은 족쇄를 말하는데 존재를 붙들어 매는 번뇌이다. 속박은 오하분결五下分結, 오상분결五上分結의 10가지가 있다. 오하분결은 욕계에 존재를 붙들어 매는 번뇌로 유신견, 회의적 의심, 계율이나 금지조항에 대한 집착, 감각적 욕망, 악의 등 5가지가 있다. 오상분결은 색계와 무색계에 존재를 붙들어 매는 번뇌로서, 색계에 대한 욕망, 무색계에 대한 욕망, 아만, 들뜸, 어리석음 등 5가지가 있다.

되어 물질과 정신이 모두 소멸하는 단계에 이른다. 이 단계에 이르면 다섯 가지 반조(返照, 되돌아봄)를 하게 된다.

(1) 모든 것이 사라진 열반의 반조
(2) 도道의 반조
(3) 과果의 반조
(4) 소멸된 번뇌의 반조
(5) 완전히 소멸되지 않은 번뇌의 반조

(1) 모든 것이 사라진 열반의 반조

위빠사나 수행을 하여 알아차림이 완전해지면 정신과 물질이 모두 소멸하는 단계에 이른다. 이것은 지금까지 살아오면서 한번도 경험해 보지 못한 해방의 기쁨을 맛보게 된다는 것을 의미한다. 열반을 통하여 분명하게 그 기쁨의 상태를 되돌아볼 수 있다. 이것이 열반의 반조다.

(2) 도의 반조
(3) 과의 반조

이 해방의 상태에 이르기 위해서는 도과를 얻어야만 한다. 도과의 지혜가 있어야 이 상태에 이를 수 있다. 도과의 지혜가 없이는 열반에 이를 수 없다. 이것이 도과의 반조다.

(4) 소멸된 번뇌의 반조
(5) 완전히 소멸되지 않은 번뇌의 반조

해방의 상태에 이르고 나면 번뇌가 모두 소멸되기 때문에 마음이 완전히 청정해진다. '내 마음은 그전과는 다르다. 이제는 완전히 청정해졌다.' 이렇게 생각하는 것을 '소멸된 번뇌의 반조'라고 한다.

'모든 번뇌가 완전히 소멸된 것은 아니다. 아직도 내게는 알아차려야 할 것들이 남아 있으므로 계속해서 알아차려야 한다.' 이렇게 생각하는 것을 '완전히 소멸되지 않은 번뇌의 반조'라고 한다.

열아홉 가지 관찰지觀察智란 무엇인가?

수다원__다섯 가지를 돌아봄
사다함__다섯 가지를 돌아봄
아나함__다섯 가지를 돌아봄
아라한__네 가지를 돌아봄

모두 합치면 열아홉 가지 관찰지가 된다. 수행을 하는 동안에 관찰지에 관하여 대화를 하는 것은 무방하다.

아라한에 이른 사람은 모든 번뇌가 소멸하였기 때문에 반조할 번뇌가 남아 있지 않다. 그러므로 완전히 소멸되지 않은 번뇌의 반조를 할 필요가 없다. 따라서 아라한은 네 가지만 돌아보는 것이다.

4. 유익한 도반

수행기간 동안 서로 이득을 줄 수 있는 도반을 만나 함께 수행하는 것은 수행을 돕는 또 하나의 요인이다.

여기에서 수행을 하고 있는 여러분은 서로 유익한 도반들이다. 마하시 사야도의 방법으로 수행을 하고 있는 여러분은 유익한 도반이 될 수 있다.

서로 다른 의견을 가지고 있는 사람이 있을까? 없다. 만약 다른 의견을 가진다면 서로에게 유익하지 못할 것이다. 서로 다른 의견이나 이론을 가지고 논쟁을 하게 된다면 이곳이 조용할 수 있을까? 그렇지 못하다. 그렇다면 서로 유익한 도반이 될 수 없다.

마하시 사야도의 가르침에서, 꿰뚫어보듯이 그리고 공손하게, 지속적으로 알아차리라는 말은 유익한 도반과 함께 수행하는 것을 의미한다. 수행자가 신중한 태도를 갖는다면 다른 도반들에게도 도움이 되지 않겠는가? 그렇다. 여러분 모두는 다른 사람에 대해서 신중한 태도를 갖기 위해 노력해야 한다.

다른 수행자의 알아차림을 끊어지지 않게 하기 위해 큰 소리로 말하지 않고, 알아차림을 가지고 조용하게 행동한다.

알아차림을 가지고 문을 닫거나 열면 다른 사람의 알아차림을 끊어지게 하지 않는다. 문을 거칠게 열고 닫으면 다른 수행자의 알아차림을 방해할 수 있다. 그러므로 수행자는 모든 행동을 신중하게 하여 다른 수행자의 알아차림을 끊지 않도록 노력해야 한다.

수행에 도움이 되는 도반이 되려면 다른 수행자에 대해서 신중한 태도를 갖기 위하여 모든 주의를 기울여야 한다. 그렇게 하면 좋은 도반이 될 수 있지 않겠는가?

무엇보다 수행자가 알아차림에만 모든 주의를 기울인다면, 자신의 알아차림을 지속시킬 수 있을 뿐 아니라 다른 수행자를 돕는 길이기도 하다.

그러므로 지속적이고 주의 깊게 알아차릴 수 있도록 노력하는 것이 모든 사람이 조화롭게 공존할 수 있는 길이며, 수행이 향상될 수 있는 길이다.

5. 알맞은 식사

수행 중에는 적절한 식사를 하는 것이 수행을 돕는 한 요인이 된다. 수행자는 오직 알맞게 먹어야 한다. 그렇지 않으면 수행의 힘이 증장되지 않아서 법을 얻기 어렵다.

수행 중에는 잠을 유발하는 음식이나 자극적인 음식을 먹지 않아야 한다. 너무 자극적인 음식을 먹으면 화장실에 자주 가게 된다. 화장실에 자주 가게 되면 알아차림을 지속할 수 없게 된다. 잠을 유발하는 음식을 먹으면 어떻게 될까? 자꾸 잠이 온다. 어떤 수행자는 "음식을 너무 많이 먹어서 좌선을 하는 열두 시간 내내 졸았습니다"라며 잠에 대한 이야기를 자주 한다.

그러므로 간이 강한 음식이나 잠을 유발하는 음식은 먹지 않도록 해야 한다. 적절한 식사, 균형 잡힌 식사를 해야 한다. 그래서 수행자를 위한 음식은 이에 알맞게 요리해야 한다.

알맞은 식사라면 적당량을 먹어야 한다는 의미다. 여기에 온 수행자들은 모두 지금 이 자리에서 도과의 지혜를 얻고자 한다. 도과의 지혜를 얻으려면 적당히 먹어야 한다.

그래야만 법을 빨리 얻을 수 있다. 음식이 너무 맛있어서 배불리 먹게 되면 좌선을 할 때 잠이 오게 된다. 이것은 알아차림이 연속적이지 못하다는 것을 의미한다. 그러므로 수행자는 적당량을 먹어야 한다. 사리불은 알맞게 먹는 법을 가르쳤다. 부처님 제자 중에서 지혜가 가장 뛰어난 사리불은 다음과 같이 말하였다.

"마음을 열반으로 향하고 있는 수행자,
위험을 감지할 수 있는 수행자는
마지막 네다섯 숟가락은 먹지 않고 대신 물을 마신다.
마지막 네다섯 숟가락을 줄임으로써
편안하게 지낼 수 있기 때문이다."

열반으로 마음을 향하고 열심히 수행하는 사람은 음식을 먹을 때도 네다섯 숟가락을 남겨야 한다. 그 대신 허기를 채우기 위해 물을 마시도록 한다. 그렇게 하면 수행을 편안하게 할 수 있으며, 행주좌와行住坐臥 중 어떤 자세에서도 쉽게 수행을 할 수 있다. 그 때문에 지속적으로 알아차릴 수 있고, 그 결과 수행에 힘이 생겨 법을 얻을 수 있다. 나를 따라 다음과 같이 세 번 반복한다.

≪요약≫　　　다섯 숟가락을 줄이고
　　　　　　대신 물을 마셔라.
　　　　　　이렇게 하면 허기가 지지 않는다.
　　　　　　그러면 어떻게 수행을 하더라도(行住坐臥)
　　　　　　많은 행복감을 성취할 수 있다.

네다섯 숟가락을 줄이라는 것은 구체적으로 네 숟가락, 다섯 숟가락을 줄이라는 말이 아니다. 사리불이 말한 것은 한 숟가락에 들어오는 양이 많은 사람은 네 숟가락, 한 숟가락에 들어오는 양이 적은 사람은 다섯 숟가락을 줄이라는 의미이다. 사리불은 지혜가 출중하게 뛰어난 분이었다. 만약 사리불이 정확하게 몇 숟가락을 줄이라고 말하였다면 저마다 양이 다른 사람들은 어려움을 느꼈을 것이 분명하기 때문에 네다섯 숟가락이라고 어림잡아 말한 것이다.

부처님 시대에는 사람들이 모두 건강하고 음식도 알맞았기 때문에 네다섯 숟가락을 줄일 수 있었다. 그러나 지금은 네다섯 숟가락을 줄이는 것이 가능한가? 그렇지 않다.

어떤 사람은 한 숟가락에 들어오는 음식이 많아서 다섯 숟가락을 먹으면 음식을 다 먹는 경우가 있다. 또 어떤 사람은 네 숟가락을 먹으면 음식을 다 먹기도 한다. 이 사람들이 네다섯 숟가락을 줄인다면 그들은 수행을 할 수 없다. 그러므로 적당한 양을 줄이도록 해야 한다. 그 대신 허기가 진다면 물로 채워 주라는 의미이다.

사리불은 지혜가 뛰어났기 때문에 이렇게 다른 조건의 상황도 고려하였다. 음식의 양을 줄임으로써 수행자의 몸이 가벼워지고 수행하기에도 편안해진다. 그래서 수행에 힘이 생겨 법을 얻을 수 있는 것이다.

부처님께서도 얼마만큼을 먹어야 하는지에 대해 말씀하셨다. 이것은 코살라 왕에 관하여 하신 말씀이다.

어느 날 부처님께서 사와띠의 제따와나 사원에 머무르실 때, 코살라 왕이 식사를 마친 후 부처님에게로 갔다. 그는 부처님께 예의를 표하며 절을 한 뒤 부처님 옆에 공손하게 앉았다.

코살라 왕은 역사적으로 대식가로 알려져 있다. 그는 2와 1/4이나 되는 사발밥과 양 한 마리를 통째로 넣어 만든 카레를 모두 먹었다. 기록에 의하면 2와 1/4이 되는 사발밥을 먹었다고 써 있다. 한 마리의 양이라는 것도 그만큼의 밥을 먹을 수 있다면 능히 양 한 마리가 들어간 카레를 먹었을 것이라고 생각해서 원로들이 한 말이었다. 그렇게 많은 음식을 먹은 코살라 왕은 부처님 옆에 공손하게 앉아 있을 때 졸음이 왔다. 졸음을 쫓느라 애쓰는 코살라 왕은 땀을 비오듯 흘렸으며 이를 본 시자는 그에게 부채질을 해주었다.

이것을 아신 부처님께서 왕에게 물으셨다.
"오, 왕이시여! 피곤해 보입니다. 식사 후에 조금 휴식을 취하셨습니까?"
왕이 대답하였다.

"아닙니다. 식사를 마친 후에는 항상 이렇게 괴롭습니다."

이에 부처님께서 말씀하셨다.

"그것은 사실입니다. 탐욕을 가진 사람들은 언제나 괴로움에 직면합니다. 그런 사람들은 도과와 열반에 이를 수 없습니다. 그들은 끝없이 늙음, 병듦, 죽음에서 벗어나지 못합니다."

그런 사람은 어린 돼지와 같다. 어린 돼지는 태어나면서부터 바닥 아래에 있는 헛간에서 먹고 자란다. 어린 돼지가 다 자라면 너무 뚱뚱해져서 헛간에서 나올 수 없기 때문에 그 속에서만 움직이고 돌 수 있다. 탐욕이 많은 사람 또한 자신의 침대에서만 움직이고 돌게 되는 것이다.

나태와 무기력이 괴롭히고 있을 때는 무상, 고, 무아를 알 수 없다. 그래서 끝없이 늙음, 질병, 죽음을 반복한다. 그런 사람들에게는 많은 괴로움이 따른다. 법을 얻을 수도 없다.

부처님의 말씀을 듣고 코살라 왕은 매우 기뻐하였다. 왕이 기뻐하자 부처님께서는 게송을 읊으셨다.

"코살라 왕이여,
모든 것을 잘 알아차리는 사람과
음식을 먹을 때 자신의 양을 아는 사람은
모든 느낌으로부터 자유로우며,
빨리 늙지 않고 오래 살 것입니다."

음식을 먹을 때 양을 조절할 수 있는 사람은 어떤 이익이 있을까? 모든 것을 잘 알아차리고, 음식의 양을 잘 조절하는 사람에게는 세 가지 이득이 있다. 느낌으로부터 자유롭고 싶지 않은가? 그렇다. 느낌에서 자유롭고 건강한 사람이 수행을 할 수 있다. 나를 따라 다음과 같이 세 번 반복한다.

≪요약≫　　　믿음, 건강, 바른 생각,
　　　　　　　노력을 계속할 수 있는 것,
　　　　　　　일어남과 사라짐을 아는 것,
　　　　　　　이것이 법을 얻기 위한 다섯 가지 요인이다.

믿음은 법을 얻기 위해 갖춰야 할 첫 번째 요인이다. 느낌에서 벗어나고 건강해지는 것은 법을 얻기 위해 갖춰야 할 또 다른 요인이다. 건강해진다는 것은 누구에게나 중요하다. 젊어 보이는 것은 누구나 바라는 일이다.

여기에 모인 수행자 여러분도 젊어 보이기를 바란다. 그래서 더 열심히 수행하게 되고, 더 많은 선업의 공덕을 쌓게 된다. 또 오래 사는 것도 많은 사람들이 바라는 일이다. 사람들은 장수하는 것을 좋아한다. 오래 살면 더 많은 선업을 쌓을 수 있다. 부처님께서 위의 세 가지 이득에 대하여 말씀하시자 왕은 무척 기뻐하였다.

그는 자신이 게송을 외우기를 원했으나 졸음이 너무 와서 부처님께 이렇게 말하였다.

"오, 부처님이시여! 저는 먼저 집으로 돌아가겠습니다. 이 게송을 제 조카에게 들려주시겠습니까?”

그래서 부처님께서는 왕의 조카에게 게송을 들려주고, 왕이 마지막 한 숟가락을 먹으려 할 때 이 게송을 읽어 주라고 하셨다.

왕의 조카는 그렇게 하였고, 왕은 식사 때마다 마지막 한 입씩 줄여 나갔다. 왕은 1/6사발의 밥으로 만족을 느꼈고, 물론 더욱 건강해졌다. 건강이 많이 좋아졌기 때문에 사냥을 나갈 수도 있고, 운동을 할 수도 있었다. 왕은 부처님에 대한 신심이 더욱 커져서 그 어떤 것에도 비길 수 없이 많은 보시를 하였다. 적당히 먹는 것이 얼마나 큰 이득을 주는가? 나를 따라 다음과 같이 세 번 반복한다.

≪요약≫　　자신에게 알맞은 식사량을 알고
그 양만큼만 먹으면,
세 가지 이득이 있다.
느낌에서 벗어나고,
젊음을 유지할 수 있고,
오래 살 수 있다.

부처님께서는 적절한 양을 먹으면 느낌으로부터 벗어나고, 젊음을 유지하고, 오래 살 수 있다고 말씀하셨다.

이것이 알맞은 식사다. 적절한 식사를 하면 수행에 힘이 생겨서 법을 더 빨리 얻을 수 있다. 반면에 알맞은 식사를 하지 않아서 수행에 힘을 얻지 못하고, 결과적으로 법을 보지 못한 한 수행자의 이야기가 있다.

부처님께서 사와띠의 제따와나 수도원에 머무르실 때의 이야기이다.

72명의 비구가 부처님께 명상 주제를 받아서 안거 기간 동안 수행을 하기 위해 떠났다. 그들은 코살라 왕국의 산 밑에 있는 마띠카라고 하는 마을을 지나고 있었다.

그 마을 촌장의 어머니였던 마띠카마타는 비구들이 부처님께서 주신 명상 주제를 가지고 마음을 깊이 집중한 채 걸어가는 것을 보았다. 크게 감명 받은 촌장의 어머니는 그들을 마을에 잠시 머물렀다가도록 청했다. 그녀는 비구들이 어디로 가고 있느냐고 물었다. 비구들은 적절한 장소를 찾고 있다고 답하였다. 비구들이 지명을 얘기하지 않은 것으로 봐서 아직 알맞은 곳을 찾지 못했다는 것을 알았다.

그녀는 비구들에게 음식을 제공할 테니 그녀의 마을에서 안거를 지내라고 청하였다. 그녀는 비구들에게 여기서 안거를 지내면 마을 사람들에게 보시공덕을 쌓을 기회가 될 것이라고 말하였다.

그래서 비구들은 그곳에 있는 사원에 머물기로 하고 열심히 수행하였다. 비구들은 함께 수행을 하면 좋은 결과를 얻지 못할 것이라 생각하여 각자 떨어져서 수행을 하기로 하였다. 필요한 것이 있을 때 사원 중앙에 있는 종을 치면 모이기로 약속하고 각자 열심히 수행을 하였다.

어느 날 저녁 마띠카마타가 친구들과 함께 비구에게 공양 올릴 꿀, 당밀, 버터기름, 짜뚜마두(꿀과 오일, 버터를 섞어 만든 것으로 비구들이 오후에 먹는 음식)를 가지고 왔다. 사원 안에 들어섰지만 단 한 명의 비구도 찾을 수가 없었다. 그녀는 공양이 충분치 않았기 때문에 비구들이 모두 떠난 것이라고 생각하였다. 비구의 습성(수행 일정)을 잘 아는 어떤 사람이 종을 치라고 이야기해 주었다. 그녀가 종을 치자 비구들은 수행을 멈추고 모두 모였다.

마띠카마타는 두 손을 모아 공손하게 절을 하면서 비구들 앞으로 나가 말했다.

"존경하는 스님, 처음 우리 집에 오셨을 때는 모두 함께 계셨습니다. 그런데 오늘 보니 각자 떨어져서 계십니다. 무슨 문제가 있는 것입니까?"

"그렇지 않습니다. 우리는 각자 사문(沙門)의 법을 수행하고 있기 때문에 떨어져 있는 것입니다."

그녀는 '사문의 법'이란 말을 듣고 수행을 하고 싶다는 생각이 일어났다. 마띠카마타는 다시 물었다.

"존경하는 스님, 사문의 법이란 스님만이 할 수 있는 것입니까? 저와 같은 여자들은 할 수 없는 것입니까?"

"그렇지 않습니다. 여자도 할 수 있습니다. 사문의 법이란 그 용어가 그러할 뿐입니다. 비구뿐 아니라 여자도 남자도 할 수 있는 수행입니다."

"그렇다면 저에게도 그것을 가르쳐 주십시오."

비구는 마띠카마타에게 자신들이 수행하고 있는 사문의 법을 알려주었다.

사문의 법에는 부정관5) 수행과 무상관6) 수행 두 가지가 있다.

(1) 부정관 수행

여기서의 명상 주제는 몸을 서른두 가지로 나누어 이것을 지켜보는 것이다. 머리카락, 몸의 털, 손톱, 치아, 피부, 살, 근육, 뼈, 골수, 신장, 심장 등을 다시 열두 개의 하위 집단으로 나눠서 그것에 대해 명상한다.

(2) 무상관 수행

현상의 정지의 끝 부분에 마음을 겨냥하는 것(위빠사나 수행자의 근기를 돕는 첫 번째 요인)이다.

"수행자는 일어남의 정지에 마음을 겨냥한다.
우리의 오온에 있는 정신적인 것과 물질적인 것은
모두 일어나자마자 바로 사라진다."

정지를 보면 그것이 영원하지 않다는 것을 알게 된다. 그 명상 주제도

---

5) 몸의 혐오에 대한 숙고를 부정관不淨觀이라고 하는데, 빨리어로 아수바바와나asubhabhāvanā라고 한다. 아수바asubha는 부정한, 나쁜, 추하다는 뜻이고 바와나bhāvanā는 수행을 말한다. 부정관은 감각적 욕망을 없애기 위해서 몸의 더러움을 알아차리는 수행과 시체가 썩어가는 것을 알아차리는 수행이 있다. 여기서는 32가지 몸의 더러움을 알아차리는 수행을 말한다.

6) 무상에 대한 수행 주제를 무상관無常觀이라고 하는데, 무상관은 대상이 가지고 있는 변화를 알아차리는 수행이다. 모든 대상은 일어나고 사라지는 성품을 가지고 있는데 이러한 성품을 알아차리는 것이다. 그러기 위해서는 일어남과 사라짐이 있은 뒤의 정지停止에 마음을 기울여야 한다.

그녀에게 가르쳤다. 마띠카마타는 집으로 가서 그 방법으로 수행을 하였다. 며칠이 지나고 나서 그녀는 세 가지 도과를 얻어 아나함이 되었다. 그것도 평범한 아나함이 아니라 신통력을 갖춘 아나함이 되었다. 그녀는 자기에게 방법을 알려준 비구들이 법을 얻었는지 궁금하였다.

그녀가 신통력으로 비구들이 어떤 법을 얻었는지를 보니 비구들은 아직 아무 법도 얻지 못하였을 뿐 아니라 집중도 제대로 하지 못하고 있었다. 그녀의 신통력으로 보니 비구들의 전생은 수다원, 사다함, 아나함, 아라한이 될 수 있을 만큼 충분한 바라밀 공덕이 쌓여 있었다.

그녀는 다시 한 번 생각해 보았다.
'장소가 알맞지 않은가?'
'사원이 불편한가?'
'사원이 길가에 있는가?'
그러나 그 사원은 수행을 하기에 알맞은 장소였다.

그녀는 유익한 도반을 만나지 못해서 법을 얻는 것이 늦어지는 것은 아닌지 살펴보았다. 그러나 그들은 서로에게 아주 유익한 도반이라는 것을 알았다.

그렇다면 식사가 적절하지 않기 때문에 법을 얻지 못하는 것은 아닐까라고 생각해 보았다. 그러자 제공되는 음식이 그렇게 좋지 않다는 것을 알게 되었다. 그래서 집중이 되지 못하였던 것이다. 집중이 형성되지 못하였기 때문에 위빠사나 지혜를 얻을 수 없었고, 그렇기 때문에 도와 과를 얻을 수 없었던 것이다.

이것을 깨닫고 그녀는 비구에게 여러 가지 알맞은 음식을 제공하였다. 비구들은 자신들에게 필요한 음식을 먹을 수 있었으며, 집중이 형성되어 결국 네 가지 도과를 얻어 아라한이 될 수 있었다.

마띠카마타가 신통력을 얻기 전까지는 비구들이 적합하지 않은 음식을 먹었기 때문에 법을 얻지 못하였다는 이야기가 맞는 것인가? 그렇다. 그녀가 신통력을 얻고 나서 알맞은 음식을 제공해 주었기 때문에 비구들은 법을 얻을 수 있었다.

이와 같이 알맞은 음식은 수행자의 수행에 도움이 되는 중요한 요인 중 하나이다.

6. 알맞은 기후

적당히 춥고, 적당히 따뜻한 기후도 수행을 돕는 데 있어 필요한 기본 요소이다. 수행자가 위빠사나 수행을 하려면 기후가 알맞은지를 고려해야 한다. 너무 덥지도, 춥지도 않은 알맞은 기후를 가진 장소를 선택해야 한다.

만약에 수행자가 기후가 맞지 않은 장소를 선택한다면 집중을 할 수 없을 것이다. 미얀마의 다른 지역에 사는 사람이 더운 여름철에 훌륭한 스승을 찾아 만달레이, 파꾸쿠 같은 지방에서 수행을 한다면,

더위를 견뎌내기가 힘들어 결국 오래 집중할 수 없게 된다.

혹은 따웅기, 카레이와 같은 매우 추운 지역으로 수행을 떠나게 된다면, 겨울의 혹독한 추위에 수행을 잘할 수 있을까? 그렇지 못하다. 그런 곳에서도 수행을 잘할 수 없다.

너무 춥거나 너무 더운 지역에서, 너무 춥거나 너무 더운 시기에 수행을 하게 되면 집중을 할 수 없기 때문에 위빠사나 지혜가 일어나지 못한다. 위빠사나 지혜가 일어나지 않으면 도과를 얻을 수 없다. 기후가 적절하지 못하면 법을 얻을 수 없다.

양곤은 기후가 적당하다. 여름은 너무 덥지 않고, 우기인 겨울은 너무 춥지 않다. 일 년 내내 기후가 모두 적당하므로 위빠사나 수행을 하는 데 이상적인 기후를 갖추고 있다.

양곤을 수행하기에 알맞은 지역으로 알려져 있다. 알맞은 지역이란, 기후가 적당한 곳, 음식이나 옷을 쉽게 구할 수 있는 곳, 부처님의 가르침이 번성하는 장소를 말한다.

양곤은 일 년 내내 적당한 기후를 가지고 있고, 음식이나 기타 필수품을 쉽게 구할 수 있으며, 삼장三藏을 아는 스님이 많고, 경전 공부가 번성하고 있는 곳이다. 도과를 얻기 위해 수행하는 수행자들과 도과를 얻을 때까지 위빠사나 수행을 가르치는 스승이 많은 양곤에는 법을 얻을 수 있는 수행법이 번성하고 있다. 그래서 양곤을 법을 얻을 수 있는 이상적인 곳이라고 말한다.

지금 이렇게 좋은 곳에서 수행을 하는 여러분은 법을 얻을 수 있는 시기에 있는 것이다. 여러분들은 바라밀 공덕이 있기 때문에 법을 얻을 수 있는 것이다. 이와 같이 위빠사나 법을 얻기 위해 10일 코스에 참여한 여러분에게도 알맞은 기후는 중요하다.

7. 바른 자세

위빠사나 수행을 하면서 바른 자세를 취하는 것은 수행을 돕는 요인 중 하나이다. 수행자는 반드시 자신에게 맞는 바른 자세를 선택해야 한다.

　－앉은 자세
　－서 있는 자세
　－걷는 자세
　－누운 자세

위의 네 가지 중에서 수행자는 자신이 법을 얻기에 가장 적합한 자세가 무엇인지를 결정해야 한다.

앉은 자세가 법을 얻기에 적합하다고 판단되면 대부분의 수행시간을 앉아서 보내야 한다. 서 있는 자세가 법을 얻기에 적합하다고 판단되면 대부분의 수행시간을 서서 보내야 한다. 또 걷는 것이 법을 얻는 데 적합한 자세라고 판단되면 대부분의 수행시간을 걸으면서 보내야 한다.

원로 스승들은 처음 수행을 하는 사람은 누운 자세로 수행을 하지 말라고 한다. 집중이 생기기 시작할 때 와선臥禪을 하면 잠이 쉽게 들기 때문이다. 그러므로 초보자는 누운 자세로 수행을 하지 않도록 한다. 잠을 잘 때만 눕는 자세를 하며 잠드는 것을 알아차린다.

위빠사나 수행을 하여 기본적인 집중이 쌓이게 되면, 다음과 같은 경우에는 누운 자세로 수행을 할 수도 있다.

　―나이가 들었을 경우
　―아픈 경우
　―앉거나 서거나 걷는 자세가 어려운 경우
　―꼭 누운 자세에서만 법을 분명히 찾을 수 있는 경우
　―누운 자세가 아니면 알아차림이 잘 안 되는 경우

자신에게 적합한 자세를 찾으면 수행에 더욱 힘이 생겨 곧 법을 얻을 수 있다.

지금까지 다음과 같이 수행에 힘을 줄 수 있는 일곱 가지 주제에 대해서 이야기하였다.

1. 알맞은 수행 장소
2. 탁발을 하기에 적합한 마을
3. 올바른 대화
4. 유익한 도반
5. 알맞은 음식

6. 알맞은 기후

7. 바른 자세(행, 주, 좌, 와)

　여기에 있는 수행자 여러분이 열심히 수행을 하겠다고 서원하고 또 법을 얻을 때까지는 수행을 멈추지 않겠다는 각오를 하였다면, 앞에서 말한 일곱 가지를 갖추는 일이 매우 중요하다. 수행에 맞지 않은 환경에서는 수행의 힘이 생기지도 않고 법을 얻을 수도 없다. 일곱 가지 알맞은 조건들을 갖추고 있을 때 비로소 수행에 힘이 생기고, 법을 얻을 수 있을 것이다.

　이상과 같이 위빠사나 수행을 돕는 네 번째 요인에 대해 이야기하였다.

7 위빠사나 수행자의 근기를 돕는 다섯 번째 요인

이제 위빠사나 수행을 돕는 다섯 번째 요인에 대하여 이야기하도록 하겠다.

1. 집중을 얻게 된 원인

"마음의 평온을 얻게 된 원인과
집중을 얻게 된 원인,
이전에 집중했을 때 나타난 현상[1]들을 기억함으로써
수행자의 힘이 강해져서
위빠사나 지혜를 얻을 수 있다."

---

[1] 수행자는 수행이 잘 될 때도 있고 잘 안 될 때도 있다. 수행이 잘 될 때는 먼저 잘 안 되는 것 때문에 싫어하는 마음을 알아차려야 한다. 그리고 수행이 잘 되었을 때의 수행방법을 떠올려야 한다. 예를 들어, 호흡을 알아차릴 때 호흡의 성품인 부풀고 꺼지는 바람의 요소를 알아차린 것, 혹은 호흡의 정지 또는 매 순간 호흡이 모두 다르게 느껴진 것들을 기억해야 한다.

수행자는 좌선이 끝날 때 반드시 이런 것들을 기억해야 한다. 수행을 하면서 어느 때, 어떤 좌선에서는 수행이 잘 되는 때가 있다. 그때는 무엇 때문에 수행이 더 잘 되었는지를 되돌아봐야 한다.

　　─좌선할 때 앉았던 장소가 편안해서인가?
　　─기후가 좋아서인가?
　　─음식이 적합했기 때문인가?
　　─자세가 편안했기 때문인가?
　　─몸의 노력2)이 잘 되었기 때문인가?
　　─마음의 노력3)이 잘 되었기 때문인가?

여기에는 한 가지 또는 그 이상의 원인이 있을 수 있다. 이런 것들을 되돌아보면 어떤 요인 때문에 수행이 잘 되었는지를 알 수 있다. 그리고 자신에게 집중을 가져왔던 현상들을 기록해 놓는다. 이것이 수행을 돕는 또 하나의 요인이다.

한번 알아차림이 잘 되고 난 다음에도 알아차림이 잘 안 될 수가 있다. 이때도 왜 수행이 잘 안 되었는지를 되돌아봐야 한다.

2) 몸의 노력은 경행을 하는 것, 자세가 바른가, 몸에 힘이 들어가 있는가를 살피는 것이다. 수행을 하기에 좋은 최적의 몸의 상태를 만드는 것이 몸의 노력이다.

3) 마음의 노력은 수행을 시작하기 전이나 수행 중에 항상 현재의 마음가짐을 알아차리는 것이다. 지금 마음가짐이 어떤가, 바라는 마음이 있는가, 싫어하는 마음이 있는가, 게으른 마음이 있는가를 알아차린다. 그리고 수행 중에도 알아차리고 있는 마음을 다시 알아차려서 계속 노력을 기울여야 한다. 또한 대상에 마음을 보내서 알아차림을 강화하는 것도 마음의 노력이다.

─너무 많이 먹어서인가? 너무 많이 먹으면 평상시처럼 알아차리기가 어렵다.
─주변 환경이 적합하지 않을 때도 알아차림이 끊어질 수 있다.
─기후가 너무 춥거나 더워도 수행이 잘 안 될 수 있다.

알아차리는 수행이 잘 안 될 때, 어떤 수행자는 기온이 적절하지 않아서 잘 안 된다는 결론을 내릴 수 있다.

수행이 잘 된 이유와 잘 안 된 이유를 모두 적어 놓으면, 수행이 잘 안 될 때 그 원인이 무엇인지를 기억해 낼 수 있을 것이다.

─수행이 잘 안 된 것이 좌선을 하는 장소 때문이었다면 자리를 바꿔서 수행이 잘 되게 할 수 있다.
─수행이 잘 안 된 것이 너무 많이 먹었기 때문이었다면 다음번에는 음식의 양을 줄여서 수행을 잘 되게 할 수 있다.
─수행이 잘 안 된 것이 자신에게 적합한 자세가 아니었기 때문이라면 자세를 바꿔서 긴장을 풀어줄 수 있다.
─자신에게 맞는 자세로 바꾸고 좀 더 노력한다면 알아차림이 더 좋아질 것이다.

노력이 지나치거나 또는 마음에 걱정이 많기 때문에 수행이 잘 안 되었다면, 노력을 늦추어 긴장을 약간 풀어주면 알아차림이 훨씬 좋아질 것이다.

그러므로 수행을 하는 중에 집중과 알아차림이 잘 된 현상을 기록

하고 기억하는 것은 수행을 돕는 한 요인이다. 나를 따라 다음과
같이 세 번 반복한다.

≪요약≫　　　마음의 집중을 계발하기 위해서는
　　　　　　　이전에 집중했을 때 나타난 현상들을
　　　　　　　잘 기억해야 한다.

집중을 계발시키려면 이전에 집중했을 때 나타난 현상들을 잘
기억해야 한다. 그것들을 적어 놓지 않으면 알아차림이 잘 안 될
때, 그 이유를 알 수 없기 때문에 바로잡기가 어려워진다. 그러면
알아차림이 끊어지므로 빨리 법을 얻을 수 없다.

자신의 수행 경험을 기록함으로써 좌선이 잘 될 때와 잘 되지
않을 때에 그 원인을 알아서 바로잡을 수 있고, 알아차림이 좋아져서
법을 얻을 수 있다.

2. 지혜의 단계

좌선이 잘 되거나 혹은 잘 안 되는 데에는 또 다른 이유가 있다.
수행자의 지혜의 단계에 따라 좌선이 잘 될 수도 있고, 안 될 수도
있다. 이것은 하늘을 나는 새와 같은 것이다. 새가 하늘을 날 때
때로는 낮게 날 수도 있고 높이 날 수도 있다. 이와 마찬가지로 위빠사
나 수행에는 알아차림이 잘 되는 단계와 잘 안 되는 단계가 있다.

정신과 물질을 구별하는 지혜에서는 알아차림이 비교적 잘 된다. **원인과 결과를 아는 지혜**에서도 알아차림이 꽤 잘 된다.

그러나 세 번째 지혜의 단계인 **현상을 바르게 아는 지혜**에 이르면 알아차림이 잘 되다가 안 되는 것을 경험한다.

이 단계에서는 모든 종류의 통증, 즉 가려움, 메스꺼움, 고통스러움, 진동, 쑤심, 흔들림, 누름, 무거움, 뻐근함 등 여러 가지 좋지 않은 느낌을 경험한다. 이때 수행을 포기하고 싶어지기도 한다. 수행을 시작하는 종이 울리면 수행처로 가는 발걸음이 무거울 수도 있다.

바른 방법으로 바르게 수행하는 수행자는 열흘 정도 수행을 하면 이 단계에 이른다. 이 단계에서는 괴로운 느낌이 너무 강하게 많이 나타나서 수행이 무서워지기까지 한다. 좌선을 하는 것이 두려워서 대신 경행을 선택하기도 한다.

내가 위빠사나 수행을 하면서 **현상을 바르게 아는 지혜**에 이르렀을 때, 좌선을 하려고 앉기만 하면 괴로운 느낌이 너무 많이 일어났기 때문에 서는 자세(住禪)[4]로 수행을 하고 싶었다. 그래서 이에 관해

---

4) 위빠사나 수행은 자신이 좋아하는 특정한 자세만 알아차리는 것이 아니고 모든 자세를 알아차려야 한다. 수행을 잘하기 위해 자세를 바꾸다 보면 인내하는 힘을 키울 수 없고 집중이 되지 않는다. 좌선 중에 졸음으로 인해 알아차리기가 어려울 때는 눈을 살며시 뜨고 바닥을 지켜봐도 되며, 그래도 졸릴 때는 일어서서 수행을 해도 된다. 서 있어도 졸릴 때는 경행을 할 수도 있다. 하지만 잘 안 된다고 자꾸 다른 자세로 바꾸는 것은 바람직하지 않다.

스승과 의논하기도 하였다.

어느 날 다른 도반들과 함께 지도스승을 찾아가서 자신의 수행 경험을 보고할 기회가 왔다. 스승에게 절을 하자마자 나와 마찬가지로 다른 도반들도 앞 다투어 지도스승에게 다음과 같이 말하였다.

"스승님, 좌선을 할 때 괴로운 느낌이 너무 많이 일어납니다. 선 자세로 수행을 하도록 허락해 주십시오."

스승은 이렇게 답하였다.

"여러분은 수행을 시작한 지 이제 열흘이 되었다. 서서 수행을 하도록 허락할 수 없다."

현상을 바르게 아는 지혜에 이르면 수행은 잘 안 될 수밖에 없다. 따라서 **현상을 바르게 아는 지혜**에서는 스승의 지도에 따라 수행을 해야 한다. 공손하고 꿰뚫어보듯이 알아차려야만 한다. 이렇게 해서 알아차림이 정상적으로 되면 다음 단계인 **생멸의 지혜**에 이른다. 이 지혜에 이르면 고통은 즐거움으로 바뀐다. 이 단계에서는 모든 종류의 즐거움을 경험하게 된다.

－몸과 마음의 가벼움
－몸과 마음의 유연함
－몸과 마음의 능숙함

마치 모든 감각대상과 알아차리는 마음이 저절로 되어가는 것과 같이 보인다. 수행자는 앉아서 그것을 바라보고 있는 것만 같다. 알아차림이 아주 쉬워진다.

―몸의 적합함과 마음의 적합함

이전에 나타났던 지혜인 **정신과 물질을 구별하는 지혜, 원인과 결과를 아는 지혜, 현상을 바르게 아는 지혜**에서, 한 시간 좌선을 하는 동안 지세를 한두 번 바꾸었던 수행자가 **생멸의 지혜**에 이르면 자세를 바꾸지 않고 내내 한 자세를 유지할 수 있다.

이전에 나타났던 지혜인 **정신과 물질을 구별하는 지혜, 원인과 결과를 식별하는 지혜, 현상을 바르게 아는 지혜**에서 자세를 바꾸지 않고 한 시간 좌선을 했던 수행자가 **생멸의 지혜**에 이르면 두 시간, 세 시간, 네 시간, 다섯 시간까지도 자세를 바꾸지 않고 좌선을 할 수 있다. **생멸의 지혜**에 이르면 몸과 마음이 수행을 하기에 적합해져서 알아차림이 좋아지기 때문이다.

이렇게 지혜의 수준에 따라서 알아차림이 좋을 수도 나쁠 수도 있다. 지도하는 스승들은 그런 상황을 잘 알고 있다. 스승의 가르침을 받으면 수행자는 힘을 키워서 수행을 향상시킬 수 있다.

3. 현생과 전생에서부터 축적된 조건

현생과 전생에서부터 축적된 조건에 따라서 알아차림이 잘 될 수도 있고, 안 될 수도 있다. 알아차림이 잘 되거나 혹은 잘 안 되는 사람의 경우를 다음의 네 가지로 나눌 수 있다.

(1) 괴로운 느낌이 많고 지혜[5]를 얻는 것이 느림_수행을 할 때 알아차림이 어렵고 고통스러우며 법을 보는 것도 느린 수행자를 말한다.

(2) 괴로운 느낌이 많으나 지혜를 얻는 것이 빠름_수행을 할 때 알아차림이 어렵고 고통스러우며 법을 보는 것이 빠른 수행자를 말한다.

(3) 즐거운 느낌이 많으나 지혜를 얻는 것이 느림_수행을 할 때 알아차림이 쉽고 편안함을 경험하지만 법을 보는 것이 느린 수행자를 말한다.

(4) 즐거운 느낌이 많고 지혜를 얻는 것이 빠름_수행을 할 때 알아차림이 쉽고 편안함을 경험하면서도 법을 보는 것이 빠른 수행자를 말한다.

(1) 괴로운 느낌이 많고 지혜를 얻는 것이 느림

현생 또는 과거 생에 사마타 수행이나 위빠사나 수행을 해본 적이 없는 사람이다. 위빠사나 수행을 하는 데 있어 알아차리는 것이 어렵다. 법을 얻는 것도 아주 느리다.

(2) 괴로운 느낌이 많으나 지혜를 얻는 것이 빠름

현생 또는 과거 생에 위빠사나 수행은 하였으나 사마타 수행을 해보지 못한 사람이다. 그는 위빠사나 수행을 하는 데 있어 고통스럽고 알아차리는 것이 어렵다. 그러나 법을 빨리 얻을 수 있다.

---

5) 지혜는 여러 가지가 있는데, 이 경우에는 빨리어의 아빈냐abhiññā를 의미한다. 지혜가 있어서 안다는 뜻으로 경험을 통해서 얻어지는 보다 높은 지혜를 말한다. 신통神通, 초범지超凡智, 승지勝智라고도 한다.

(3) 즐거운 느낌이 많으나 지혜를 얻는 것이 느림

현생 또는 과거 생에 사마타 수행은 하였으나 위빠사나 수행을 해보지 않은 사람이다. 그는 위빠사나 수행을 하는 데 있어 알아차리는 것이 쉽고 편안하지단 법을 얻는 것은 아주 느리다.

(4) 즐거운 느낌이 많고 지혜를 얻는 것이 빠름

현생 또는 과거 생에 사마타 수행이나 위빠사나 수행을 모두 해본 적이 있는 사람이다. 그는 위빠사나 수행을 하는 데 있어 알아차리는 것이 쉽고 편안할 뿐 아니라 법을 얻는 것도 빠르다.

수행자는 자신이 어디에 속하는지 스스로 알 수 있다. 여러분은 분명히 이 네 가지 중 하나에 속해 있다. 모든 사람은 네 번째에 속하기를 바라고 있지만 모든 사람이 그럴 수는 없다. 이 모든 것은 자신이 과거에 어떻게 해왔느냐에 따른 것이다.

4. 법을 얻는 것이 느린 사람의 두 가지 유형

법을 얻는 것이 느린 사람에는 두 가지 유형이 있다.

첫 번째 유형_괴로움이 많고 지혜를 얻는 것이 느리면 알아차리는 것이 어렵고 법을 얻는 것도 느린 사람이다.

두 번째 유형_즐거운 느낌이 많고 지혜를 얻는 것이 느리면 알아차리는 것은 쉬우나 법을 얻는 것이 느린 사람이다.

1) 괴로운 느낌이 많고 아는 지혜를 얻는 것이 느린 사람

이런 사람은 수행을 할 때 괴로운 느낌이 너무 많아서 수행이 고통스럽고 불편하다. 게다가 법을 얻는 것도 느리다. 이런 사람은 느낌을 극복하기 위해서 열심히 알아차려야 한다. 그래야만 성내는 마음이 제거되어 법을 얻을 수 있다.

통증, 간지러움, 아픔과 같은 느낌이 생기면 편안하지 않고 즐겁지 않은 마음이 생긴다. '이토록 아프고 끔찍한 이 느낌이 사라지기나 할까? 영원히 사라지지 않을 것 같다'고 생각한다. 이런 불행한 생각, 즉 성내는 마음이 반복적으로 일어날 때 이것을 '괴로운 느낌에 머물러 있는 성냄'[6]이라고 한다. 나를 따라 다음과 같이 세 번 반복한다.

≪요약≫　　　괴로움에 머물러 있는
그 성냄은
반드시 제거되어야 한다.

이 말은 괴로운 느낌 때문에 불행한 마음, 괴로운 느낌에 머물러 있는 성냄이 반복해서 일어나는 것은 반드시 제거되어야 한다는 의미다. 이것을 없애야만 법을 얻을 수 있다. 그럼 어떻게 해야 하는가?

부처님께서는 이렇게 가르치셨다.

---

6) 머물러 있는 성냄을 빨리어로 빠띠가누사야 도사(patighanusaya dosa)라고 하는데, 괴로운 느낌에 잠재되어 있는 싫어하는 마음을 의미한다. 괴로운 느낌이 계속되면 자연스럽게 싫어하는 마음이 쌓여서 성냄으로 발전한다.

"오온에서 괴로운 느낌이 일어날 때,
그것을 가시가 박혀 있는 것이라고 생각하고 알아차려야 한다."

숲에서 일을 하던 사람이 손이나 발에 가시가 박혔다면 가시를 빼내어야 다시 일을 할 수 있다. 그래야만 정해진 시간에 일을 마칠 수 있다. 급해서 가시를 뽑지 않은 채 일을 한다면, 박힌 가시에 마음이 가 있기 때문에 제시간에 일을 마칠 수 없다. 그러므로 먼저 가시를 뽑아야 한다.

박힌 가시를 먼저 뽑아야 하는 것과 마찬가지로 괴로운 느낌이 오온에서 일어나면 괴로운 느낌을 극복하기 위해 알아차려야 한다. 그 느낌을 극복하면 가시를 뽑아낸 것과 같이 '괴로운 느낌에 머물러 있는 성냄'이 없어진다. 그러므로 그는 법을 얻을 수 있고, 궁극적으로는 성스러운 법에 이를 것이다. 나를 따라 다음과 같이 세 번 반복한다.

≪요약≫　　괴로움이 일어나면
가시를 뽑아내는 것처럼
그렇게 알아차려야만 한다.

몸에 박힌 가시를 뽑아내는 것처럼 괴로운 느낌은 알아차림으로 극복해야 한다. 나는 괴로운 느낌을 알아차림으로 극복하는 방법에 대하여 여러 번 이야기했었다. 새로 들어온 수행자를 위해 그 이득에 대해서 다시 한 번 말하기로 한다. 통증이나 메스꺼움 같은 느낌이 일어날 때, 이러한 괴로운 느낌이 뚜렷이 나타날 때는 먼저 그것을 참아내려고 결심해야 한다.

그래서 예부터 "인내가 열반으로 이끈다"는 말이 있는데, 위빠사나 수행에는 가장 도움이 되는 이야기다. 수행자는 좌선을 하는 동안 내내 괴로운 느낌이 있더라도 걱정하지 말아야 한다. 이때 수행자는 오직 다음과 같은 태도를 취하면 된다.

통증으로 인한 느낌은 저절로 일어나는 것이며,
내가 해야 할 일은 오직 알아차림뿐이다.

그리고 마음의 긴장을 풀어야 한다. 괴로운 느낌이 더 강해질수록 몸이나 마음에 긴장이 올 수도 있다. 수행자는 그럴 때마다 긴장을 풀도록 해야 한다.

괴로운 느낌이 더 강해질 때는,
—마음의 긴장을 풀고
—몸의 긴장을 풀도록 한다.

그러고 나서 마음을 느낌이 있는 곳에 겨냥하고 다음과 같이 주의 깊게 살펴본다.

—얼마나 고통스러운가?
—통증이 피부에 있는가?
—혈관에 있는가?
—뼈에 있는가?
—아니면 골수에 있는가?

그 정도의 집중으로 통증, 가려움, 쑤심, 두근거림 등 그것이 무엇이든 주의 깊게 꿰뚫어보듯이 알아차려야 한다.

이렇게 네 번에서 다섯 번 연속해서 알아차리고 나면 통증이 더 강해지는 것을 알게 된다. 통증이 최고에 이르면 통증은 가라앉기 시작한다. 그러나 이때도 알아차림을 느슨히 해서는 안 된다. 그전과 마찬가지로 꿰뚫어보듯이 알아차리고 있어야 한다.

느낌이 강해지고 약해지는 것을 아는 것은,
느낌의 성품을 아는 것이다.

집중이 강해지고 깊어지면 다음과 같은 것을 분명하게 알 수 있다.

─한 번 알아차리면 그 느낌이 더 강해지는 것을 알 수 있다.
─한 번 더 알아차리면 그 느낌이 줄어드는 것을 알 수 있다.
─한 번의 알아차림으로 그 느낌이 다른 곳으로 옮겨 가는 것을 알 수 있다.

이것이 느낌의 성품을 좀 더 아는 것이다. 그리하여 느낌은 항상 괴로운 것이 아니라 계속해서 변한다는 것을 알게 된다. 이것이 느낌의 성품을 이해하는 것이다.

집중이 더 강해지면 통증을 '통증, 통증'이라고 알아차릴 때,
─통증이 일어나면 사라짐이 따른다는 것을 안다.
─통증은 일어나고 사라진다는 것을 안다.

일어남과 사라짐을 경험하면 통증은 더 이상 문제가 되지 않는다. 수행자는 단지 모든 일어남과 사라짐을 잘 알아차리기만 하면 된다. 꿰뚫어보듯이 알아차리는 것이 주된 관심사이다. 알아차림이 느낌보다 우선하기 시작한다.

알아차림을 계속하여 **소멸의 지혜**에 이른 상태에서 '통증, 통증'이라고 알아차리면,
　─통증이 시작되는 것은 분명하지 않으며,
　─통증이 사라지는 것만이 분명해진다.

통증을 알아차리자마자 통증은 사라진다.

대부분의 시간 내내 사라짐만이 지속되기 때문에 통증은 더 이상 중요하지 않고 사라짐을 알아차리는 것이 더 중요하다. 이것은 알아차리는 마음에 의해 괴로운 느낌이 제압당한 것이다.

집중이 깊어질수록 통증을 알아차릴 때마다,
　─통증만 사라지는 것이 아니라
　─통증을 알아차리는 마음 또한 사라진다는 것을 알게 된다.

수행을 잘하는 수행자 중에서는 통증을 알아차릴 때마다,
　─통증이 사라지고,
　─통증을 아는 마음이 사라지며,
　─통증이 사라지는 것을 아는 그 마음도 사라지는 것을 안다.
이상의 세 가지의 사라짐을 알게 된다.

사라짐을 경험하면서 수행자는 이렇게 생각한다.

―통증은 영원한 것이 아니다.
―아는 마음도 영원한 것이 아니다.
―알아차리는 마음도 영원한 것이 아니다.

영원하지 않음을 무상이라고 한다. 이렇게 알아차림으로써 수행자는 느낌을 극복하고, '괴로운 느낌에 머물러 있는 성냄'을 제거할 수 있다. 수행자는 곧 성스러운 법을 얻게 될 것이다.

알아차리는 동안 일어나는
모든 고통을 극복해야 한다.

알아차리는 동안 괴로운 느낌을 극복하면 수행하기 전부터 있어 왔던 오래된 느낌들도 함께 제압하게 되고, 또한 전부터 있어 왔던 지병들도 치료될 것이다.

2) 즐거운 느낌이 많고 지혜를 얻는 것이 느린 사람

즐거운 느낌이 많고 지혜를 얻는 것이 느린 수행자는 평화롭고 편안하게 수행을 한다. 그러나 법을 얻는 것은 매우 느리다. 그 이유는 좋은 느낌에 너무 집착하고 있기 때문에 법을 얻는 것이 느린 것이다. 그러므로 이때는 반복적으로 일어나는 '즐거운 느낌에 머물러 있는 탐욕'7)을 제거해야 한다. 나를 따라 다음과 같이 세 번 반복한다.

7) 머물러 있는 탐욕을 빨리어로 라가누사야 로바rāganusaya lobha라고 하는데,

≪요약≫　　　　즐거움에 머물러 있는
　　　　　　　그 탐욕은
　　　　　　　반드시 제거되어야 한다.

기분 좋고 즐거운 느낌 속에는 탐욕이 숨어 있고, 그 탐욕은 반드시 버려야 한다는 의미이다.

알아차림이 즐거울수록 집착이 일어나며,
그것을 멈춤으로써 수행은 향상된다.

알아차림이 잘 되면 즐거운 느낌이 일어난다. 수행자가 즐거운 느낌에 탐욕(집착)이 생기면 법을 빨리 얻을 수 없을 뿐만 아니라 거기에서 멈춰 버릴 수도 있다. 그러므로 탐욕은 반드시 버려야 한다. 그래야 법을 얻을 수 있다.

그러면 즐거운 느낌은 어떻게 알아차려야 없앨 수 있는 것일까? 부처님께서는 다음과 같이 가르치셨다.

"즐거운 느낌이 일어나면
이것이 괴로움이라는 것을 알 때까지 알아차려야 한다."

즐거운 느낌은 기분 좋고 행복한 느낌이다. 수행자가 **생멸의 지혜**에 이르면 몸과 마음의 행복한 상태를 경험하게 된다. 반복되는 행복

즐거운 느낌에 머물러 있는 바라는 마음을 의미한다. 즐거운 느낌이 계속되면 자연스럽게 즐거운 느낌을 좋아하는 마음이 쌓여서 탐욕으로 발전한다.

에 집착하고 바라는 마음을 '탐욕에 머물러 있는 마음'이라고 한다. 이 탐욕을 없애려면 즐거운 느낌을 알아차려야 한다.

어떻게 그것을 알아차려야 할까? 수행자는 '평온함, 평온함' 하면서 분명하게 나타나는 즐거운 느낌을 알아차려야 한다. 몸이 평온하면 몸의 평온함을 '평온함, 평온함'이라고 알아차린다. 마음이 평온하면 마음의 평온함을 '평온함, 평온함'이라고 알아차린다.

계속 알아차려서 집중이 깊어지면
생멸의 지혜에 이르게 된다.

이때 '평온함, 평온함'을 알아차리면,
—평온한 상태가 일어나고 나서
—사라지는 것을 느낀다.
이것을 일어남과 사라짐이라고 부른다.

이 일어남과 사라짐의 속도는 아주 빠르기 때문에 수행자는 이것을 심한 고통이라고까지 생각한다. 이때 비로소 그것을 괴로움으로 생각하게 된다.

수행자는 '일어남'과 '사라짐' 때문에 어려움과 고통을 호소한다. 그것은 너무 빠르게 일어나고 사라진다. 수행자가 이것을 모두 알아차리는 것은 매우 어렵기 때문에 괴로움으로 느낀다. 그것을 어떻게 막을 수 있을까? 이때 스승은 그것을 제때에 알아차리지 못한다면 그냥 '앎, 앎'이라고 알아차리도록 지도한다.

　　'일어남과 사라짐'이 너무 빠르기 때문에 그것이 매우 어렵고
고통스러워서 그것을 괴로운 느낌으로 생각한다. 그것이 괴로운 느낌
이라는 것을 알게 되면, 행복해지려고 하는 잠재적 탐욕으로 인해
일어나는 마음을 버린 것이다. 어느 누구도 괴로운 느낌에 집착하려
하지 않기 때문이다. 그것에 집착하지 않으면 잠재적 탐욕으로 인해
일어나는 마음을 버리게 된다. 나를 따라 다음과 같이 세 번 반복한다.

≪요약≫　　　　즐거운 느낌에 머물러 있는 탐욕은
　　　　　　　확실하게 버려야 한다.
　　　　　　　즐거운 느낌이 일어날 때
　　　　　　　이것을 괴로움이라고 아는 것이
　　　　　　　바른 알아차림이다.

　　즐거운 느낌을 괴로움이라는 것을 알게 되면 곧 즐거운 느낌에
집착하는 탐욕이 사라진다. 그러면 법을 얻을 수 있고, 성스러운 법도
얻을 수 있다.

　　지금까지 수행을 돕는 다섯 번째 요인에 대해 이야기하였다.

8 위빠사나 수행자의 근기를 돕는 여섯 번째 요인

오늘은 위빠사나 수행자의 근기를 돕는 아홉 요인 중, 여섯 번째 요인에 대하여 이야기하겠다.

1. 깨달음의 요소(覺支, bojjhanga)[1]를 적절하게 숙고함

1) 도道와 과果를 성취하여 열반에 이르기 위해서는 반드시 깨달음의 7가지 요소(七覺支, sambojjhanga)라는 깨달음의 구성요건이 성숙되어야 한다. 그 7가지 요소는 다음과 같다.

　1. 알아차림의 깨달음의 요소(念覺支, sati sambojjhanga)
　2. 법에 대한 고찰의 깨달음의 요소(擇法覺支, dhammavicaya sambojjhanga)
　3. 노력의 깨달음의 요소(精進覺支, vīriya sambojjhanga)
　4. 희열의 깨달음의 요소(喜覺支, pīti sambojjhanga)
　5. 평안의 깨달음의 요소(輕安覺支, passaddhi sambojjhanga)
　6. 집중의 깨달음의 요소(定覺支, samādhi sambojjhanga)
　7. 평등의 깨달음의 요스(捨覺支, upekkhā sambojjhanga)

이 중에서 앞선 3가지인 알아차림과 법에 대한 고찰, 노력은 수행을 시작하는 데 필요한 기본이 되는 요소들이다. 이를 기본으로 해서 수행을 지속하면 다음에 나타나는 것이 희열, 평안, 집중, 평등의 요소들이지만 어느 경우에나 부처님께서는 이렇게 말씀하셨다.

"이 깨달음의 요소를 적절히 숙고하면,
위빠사나 지혜를 계발하고 수행의 근기를 강화할 수 있다."

주석을 하는 스승은 다음과 같이 설명하고 있다.

깨달음의 요소에 대하여 적절하게 숙고하면, 수행자의 수행 근기를 강화하는 데 도움이 되고, 이렇게 함으로써 법(붓다의 가르침)을 찾아내며, 그 법을 키우면 결국에는 성스러운 법을 성취하게 된다. 깨달음의 요소를 숙고함으로써 수행자는 수행의 근기를 강화하고, 법의 힘을 키워서 결국에는 성스러운 법을 얻을 수 있다는 것이다.

수행자가 위빠사나 수행(통찰 지혜 수행)을 열심히 하면, 알아차림이 잘 되어 의외로 법을 잘 이해하게 되는 때가 있다. 이때 수행자는 기뻐서 어찌할 바를 모르게 되는데, 결국 이 때문에 집중이 약화된다. 흥분하고 집중이 떨어져서 알아차림이 약해진다.

또 어떤 때는 수행이 잘 안 되어서 법을 찾기는 했으나 수행에서는 뚜렷한 진전을 보지 못하는 경우도 있다. 이때 수행자의 지혜는 한동안 같은 수준에 머무르고, 온갖 종류의 괴로운 느낌을 겪게 된다. 이때 수행자는 크게 실망하여 의욕을 잃고 만다.

이렇게 집중이 떨어질 때는 적절한 유형의 깨달음의 요소에 대하

이에 안주하지 않고 알아차림을 지속하여야 한다. 수행은 오직 과정이다.

여 숙고할 필요가 있다. 그렇게 함으로써 수행의 힘이 다시 강화되며,
법을 얻는 것도 좋아지게 된다.

≪요약≫　　　　성스러운 깨달음의 요소에 대하여
　　　　　　　　적절하게 숙고하는 것이
　　　　　　　　지속되어야 한다.

대상이 분명할 때, 대상을 찾는 것이 잘 될 때, 수행이 의외로
잘 될 때, 기분이 좋아져서 흥분할 때, 그래서 자신이 들떠 있음을
알았을 때, 수행자의 집중은 떨어져 있을 것이다. 이때 수행자는 세
가지 유형의 깨달음의 요소의 법을 숙고할 필요가 있다.

≪요약≫　　　　들뜨고 산만하여 마음이 흔들릴 때
　　　　　　　　평정, 집중, 평안함의
　　　　　　　　세 가지 깨달음의 요소를 숙고한다.

2. 언제, 어떻게 평정의 깨달음의 요소를 숙고하는가?

수행자의 마음이 들떠 있고 산만할 때, 제대로 알아차릴 수 없을
때, 알아차림이 잘 되지 않을 때는 '평정의 깨달음의 요소'를 숙고해
야 한다.

빨리어로 삼보장가sambojjhanga는 깨달음의 구성요소라는 의미다.
우리가 기분이 좋아서 들떠 있고 산만하다고 말할 때, 그 들떠 있는

마음을 분석해 보면, 좋은 범주에 속한다고 말할 수 있다. 이러한 마음의 일어남은 좋은 느낌이 있기 때문에 생겨난 것이다. 이와 같은 좋은 느낌, 행복한 느낌이 있을 때는 알아차려야 한다. 그리하여 수행자는 즐거운 감정이 단순한 하나의 감정이 아니라 그 속에 즐겁지 않은 감정인, 괴로운 느낌이 함께 존재한다는 사실을 알고 명심해야 한다.

수행을 하면서 이 감정은 고통스러운 느낌인 괴로움으로 바뀔 수도 있다. 만약 수행자가 즐거움과 괴로움을 동일한 것으로 생각하고, 그런 마음자세로 계속 수행을 하면, '평정의 깨달음의 요소'가 일어날 수 있다. 그러면 수행자의 마음은 안정되고 알아차림도 잘 될 것이다.

3. 언제, 어떻게 집중의 깨달음의 요소를 숙고하는가?

들뜬 마음과 산만한 마음을 분석해 보면, 그것은 현재를 알아차리지 못하기 때문이라는 것을 알게 된다. 과거에 있었던 일을 기억하여 불러온 것이다. 예전에 수행할 때 아주 좋았거나 특별한 의미가 있다고 생각되었던 것들을 기억해 낸 것이다. 때로는 아직 일어나지도 않은 즐거운 것들에 대하여 생각할 수도 있다. 이렇게 마음은 집중하기가 어렵다. 이처럼 마음은 항상 망상을 하며 돌아다니고 있다. 마음은 과거로 가기도 하고 미래로 향하기도 한다. 이것이 바로 현재를 알아차리지 못하고 있다는 의미다.

수행자는 이 사실을 알고, 지금 현재에 초점을 맞추어서 대상이 일어날 때마다 무엇이 일어났고 언제 일어났는가를 정확하게 알 수 있어야 한다. 그래서 현재에 대한 알아차림을 제대로 할 수 있을 때 '집중의 깨달음의 요소'가 일어나게 될 것이다. 이렇게 알아차렸을 때 수행자의 마음은 비로소 안정을 찾게 되고 집중이 될 것이다.

4. 언제, 어떻게 평안의 깨달음의 요소를 숙고하는가?

사실 매우 들떠 있고 산만한 마음은 어떤 면에서는 흥분의 요소를 가지고 있다. '이렇게 알아차림이 잘 되는데 이 상태가 그대로 지속될 것인가? 상황이 바뀌어서 알아차림이 다시 어려워지지나 않을까?' 이런 생각들 때문에 집중하여 알아차리지 못한다. 이러한 염려가 '의식의 연속체' 속에서 일어나지 않으려면 수행자는 다음과 같은 태도를 취해야 한다.

알아차림이 잘 되면 이에 따라 스스로에게 좋은 것이고,
알아차림이 잘 안 되면 스스로에게 안 좋은 것이다.
수행을 하다 보면 알아차림이 잘 될 수도 있고,
잘 안 될 수도 있다.
이 모든 것이 스스로의 의지로 일어나며,
그렇게 될 수밖에 없다.

이렇게 마음을 편안하게 하고 몸을 이완시켜서 평온하게 해야 한다. 이때 수행자는 반드시 몸과 마음을 모두 이완시키도록 해야

한다. 이렇게 하면 '평안의 깨달음의 요소'가 일어나서 마음이 평온해지고 안정을 되찾을 것이며, 알아차리는 것이 다시 잘 될 것이다.

수행이 잘 되었을 때나 아주 특별한 경험을 했을 때는 수행자의 마음이 들뜨고 산만해져서 방황하게 된다. 그때 이상과 같은 세 가지 깨달음의 요소를 숙고해야 한다.

　－평정의 깨달음의 요소
　－집중의 깨달음의 요소
　－평안의 깨달음의 요소

이런 요소에 대한 숙고가 적절하게 균형이 잡히면, 마음은 안정을 되찾아 집중할 수 있을 것이며, 알아차림이 다시 잘 될 것이다. 때로는 법을 찾는 것이 잘 안 되어서 진전이 안 될 수도 있다. 이때도 수행자는 실망해서는 안 된다.

5. 마음 길들이기

위빠사나 수행은 몸을 건강하게 하기 위해서 하는 것도 아니고, 입으로만 떠들고, 언변을 구사하기 위해서 하는 것도 아니다. 위빠사나 지혜는 이러한 방법으로 얻는 것이 아니라 오직 정신적 활동을 통해서만 얻을 수 있다. 정신적 활동은 매우 복잡하고 깊으며 미세하다. 수행자가 마음의 안정을 유지하기 위해서는 많은 노력이 필요하다. 마음을 다스리는 데에는 위빠사나 수행이 가장 효과적인 방법이다.

부처님께서는 마음을 다스리려면 노력을 해야 한다고 말씀하셨다. 마음을 다스릴 줄 알게 되면, 부유한 인간으로 태어나거나 천인으로 날 수 있으며, 열반에도 이를 수 있다. 위빠사나 수행을 하다 보면 마음이 길들여지고 이로서 도와 과, 열반에 이를 수 있다. 그러므로 무엇보다도 먼저 마음을 길들이고 다스릴 수 있어야 한다.

그래서 부처님께서는 이렇게 말씀하셨다.

"길들이기 매우 어렵고,
빠르게 일어났다가 빠르게 사라지는 성품을 가지고 있으며,
원하는 것은 무엇이든 하고야 마는,
마음을 길들이는 것은 바람직한 일이다.
왜냐하면 이는 우리를 부유한 인간으로 태어나거나
혹은 천인으로 태어나게 하고,
결국은 열반에 이를 수 있게 하기 때문이다.
위빠사나 수행을 통해서 마음을 길들이는 것은
도과와 열반에 이르는 길이다."

1) 마음은 길들이기 어렵다

마음을 길들이고 다스리는 일은 매우 어려운 일이다. 마음은 스스로의 의지로 움직여서 원하는 곳은 어디라도 가며, 자유롭게 떠돌아다닌다. 마음으로 갈 수 없는 나라가 있는가? 상상만으로도 어디로든 갈 수 있다. 이를 막을 수 있는가? 아무도 자신의 나라로 들어오는 마음을 막을 수 없다. 마음에는 장벽이 없다.

2) 마음은 빠르게 일어나고 사라진다

마음은 빠르게 일어났다가 빠르게 사라지는 성품을 가지고 있다. 매우 빠른 속도로 변화한다. 한순간 행복하다가도 다음 순간에는 슬퍼진다. 이 순간에 행복하다가도 다음 순간에는 화를 낸다. 이 순간에는 공손하다가도 다음 순간에는 그렇지 않다.

마음은 감각대상에 반응하여 빠르게 변한다. 부처님의 지혜에 의하면, 번개가 번쩍하는 동안, 또는 눈이 한 번 깜박거리는 동안에 몇 조兆에 달하는 의식이 일어나서 변한다고 한다.

위빠사나 지혜가 성숙한 수행자는 스스로, 마음이 빠르게 일어나서 빠르게 사라진다는 것, 매우 빠르게 변한다는 사실을 알게 될 것이다.

3) 마음은 제멋대로 간다

마음은 자기가 선택한 마음의 대상에 스스로의 의지로 다가간다. 그러므로 수행자가 부처, 법, 승가, 정신, 물질이라는 특정한 마음의 대상에 마음을 두는 것은 쉽지 않다. 위빠사나를 처음 시작한 수행자는 정신적 대상과 물질적 대상에 집중을 하려고 해도 마음이 여기저기로 돌아다닌다. 그 마음은 시장으로, 사무실로, 사원으로, 사업하는 곳으로 어디든 돌아다닌다.

4) 마음은 원래 선하지 않은 것을 좋아한다

마음은 여간 해서는 선한 생각에 머물지 않는다. 마음은 선하지 않은 생각과 선하지 않은 대상에 빠져드는 것을 좋아한다. 그것은 수행자 개인의 성품이 그래서 그런 것이 아니다. 원래 마음의 성품이 선하지 않은 행위를 좋아한다. 마음은 좋지 않은 것을 즐긴다. 마음을 내버려두면, 마음은 대부분 선하지 않은 생각을 하고 있다.

여기 있는 수행자 여러분은 어려서부터 좋은 사람들, 좋은 부모, 좋은 스승이 있었기 때문에, 이곳에서 부처, 법, 승가, 부모, 스승, 정신의 법, 물질의 법과 같은 선한 생각을 유지할 수 있도록 수련하고 있는 것이다.

수행자 여러분은 마음이 산만하게 돌아다니도록 놔두지 않는다. 그 이유는 좌선을 하여 마음을 다스릴 수 있기 때문이다. 그렇다고 수행이 쉽다는 말은 아니다. 위빠사나 수행을 통해 마음이 길들여질 때, 바로 그 길들여진 마음이 수행자가 원하는 도과와 열반에 이르게 할 것이다.

마음을 다스리기 위해 노력하는 수행자를 위하여, 위빠사나 수행을 하기 위해 최선을 다하고 있는 수행자를 위하여, 마하시 사야도는 다음과 같은 말하였다. 부처님에 대한 경의와 존경을 가지고, 아울러 마하시 사야도에 대한 경의와 존경을 가지고, 나를 따라 다음과 같이 세 번 반복한다.

≪요약≫　　　그 자리에 머무르지 않고
빠르게 돌아다니며
상상만으로도 그곳으로 가며
어디에도 도달할 수 있는 것은,
길들여지지 않은 거친 마음,
무모한 마음이다.
인내를 가지고 주의 깊게 알아차려라.
마음을 길들이고 순화시켜
그렇게 되었을 때
열반에 이를 것이다.

　　길들여지지 않은 거친 마음을 빨리어로 위냐냥vinñānam이라고 하는데 알음알이 또는 다양하게 하는 것을 말한다. 수행 중에 불쾌한 대상을 경험하면 수행자의 의욕이 떨어진다. 그래서 수행을 더 하고 싶지 않다는 생각을 하게 된다. 그리고 수행이 지겨워져서 게을러진다. 수행에 있어서 아무런 진전도 보이지 않는다. 오랫동안 노력했지만 아무런 발전이 없다. 때로는 아주 불쾌한 경험을 하기도 한다. 이때 수행자는 매우 실망한다. 수행자는, 자신이 이번 생에서 법을 얻을 수도 없고 열반에 이르지도 못할 것이라고 생각한다. 권태감이 자리 잡는 것이다.

　　이때 수행자는 다음과 같은 균형 잡힌 세 가지 깨달음의 요소를 숙고하도록 해야 한다.

　　(1) 노력의 깨달음의 요소＿깨달음에 대한 힘의 요소
　　(2) 희열의 깨달음의 요소＿깨달음에 대한 기쁨의 요소

(3) 대상의 탐구에 대한 깨달음의 요소_깨달음에 대한 실천적인
탐구의 요소

위의 세 가지 깨달음의 요소를 숙고하면 좌절에서 벗어나 향상하
게 된다. 알아차림도 잘 될 것이다.

≪요약≫　　　수행에 대한 마음이 저조할 때는
　　　　　　　노력, 희열, 대상의 탐구에 대한
　　　　　　　세 가지 깨달음의 요소를 숙고한다.

6. 언제, 어떻게 노력의 깨달음의 요소를 숙고할 것인가?

어떻게 수행 중에 '노력의 깨달음의 요소'를 숙고할 것인가? 의욕이
많이 떨어질 때, 지겹고 좌절감을 느낄 때, 다음과 같이 알아차려야
한다.

"수행자여, 당신은 부처님의 가르침이 있는 시대에 살고 있다.
지금 수행을 열심히 하지 않으면,
그래서 이번 생에 법을 얻지 못하면,
미래의 어느 생에 지옥에 떨어져 고통을 받게 될지 모른다.
지옥에서 고통을 받으면서
절망과 후회, 자책하는 마음으로 울부짖을 것이다.
그제야 부처님의 가르침이 살아 있는 시대에,
인간으로 태어났을 때에

위빠사나 수행을 위해 최선을 다하지 않은 것을 후회할 것이다.
수행을 완성하지 못한 까닭에
지금 지옥에서 고통을 받고 있기 때문이다.”

수행자가 지옥에서 겪을 모든 고통을 생생하고 구체적으로 떠올려본다면 기분이 한결 나아질 것이다. 그래서 경각심을 가지고 다시 수행에 전념할 수 있을 것이다.

지금 현재의 이 순간은 바로 수행을 통해 지옥, 축생, 아귀 아수라의 고통에서 벗어날 수 있는 그 순간이다. 바로 다음과 같은 네 가지의 얻기 힘든 기회를 만나는 것이다.

1) 인간으로 태어나는 것
2) 건강하게 살아 있는 것
3) 사악도의 문을 닫을 수 있는 위빠사나 통찰수행을 쉽게 배울 수 있는 것
4) 부처님의 가르침이 있는 시대에 살고 있는 것

부처님께서는 수행자가 이렇게 네 가지 기회를 얻기가 힘들다고 하는 ‘의식의 연속체’를 가지고 있을 때 열심히 수행을 하면 사악도의 윤회에서 벗어날 기회가 온다고 하셨다. 수행자의 마음속에 얻기 어려운 네 가지 기회에 대한 의식이 지속되고 있을 때, 위빠사나 통찰 지혜로 바르게 수행을 한다면 사악도의 윤회의 고통에서 벗어날 수 있다는 것이다.

"인간으로 태어나는 것은 매우 어려운 일이다.
인간으로 태어나서 살아가는 것도 매우 어려운 일이다.
낮은 세계로 가는 문이 닫히고,
도와 과에 이를 수 있는 위빠사나와 같은
성스러운 법을 들을 수 있는 것도 매우 어려운 일이다.
모든 부처님들이 이 세상에 출현하는 것도 매우 어려운 일이다."

"이런 네 가지를 만나기가 어렵다고 하는
'의식의 연속체'를 가지고 있는 수행자가
부지런히 노력하면 열반에 이를 수 있다.
그러나 수행을 열심히 하지 않는다면,
미래의 어느 생에서인가 지옥에 떨어져서
후회와 자책을 하게 될 것이다."

이와 같이 부처님께서는 우리에게 경고하셨다. 좌절을 겪고 있는 수행자가 위와 같이 알아차리면 기분이 한결 나아질 것이다. 그래서 다시 용기를 얻어 이제는 수행도 잘할 수 있을 것이다.

이에 대해 주석을 해주는 스승들은 다음과 같이 설명한다.

수행자의 마음속에는 바로 이번 생이, 낮은 세계인 사악도로 가는 문을 닫을 수 있는 절호의 기회이며, 윤회로부터 벗어날 기회라고 하는 '의식의 연속체'가 있다.

─부처님의 가르침이 번성하는 정법시대에 태어나는 것

—가르침이 널리 알려진 미얀마에 사는 것

—의식의 연속체 속에 자신이 지은 업은 자신의 것(業自性正見)이라고 하는 올바른 견해가 지속되고 있는 것

—온전한 안, 이, 비, 설, 신, 의라는 감각기관을 가지고 있는 것

이러한 수행자는 낮은 세계로 가는 문을 닫고, 법을 얻어 바로 이번 생에 사악도로부터 벗어날 수 있는, 얻기 어려운 계기를 마련할 수 있다. 이러한 절호의 기회가 바로 여기 있는데, 어떻게 좌절만 하고 있겠는가. 오직 수행에 전념하여야 한다.

이렇게 숙고하면 수행자는 용기를 얻을 수 있을 것이다. 특히 지옥에서의 고통에 대하여 숙고해야 한다. 많은 수행자들이 지옥의 고통을 숙고함으로써 법을 얻었다. 부처님 당시에는 부처님께서 지옥의 고통을 생생하게 느낄 수 있도록 자세하게 설명해 주셔서 거의 모든 수행자들이 큰 두려움을 느끼고, 정신적인 장애를 극복하고, 수행에 정진하여 목표에 도달하였다.

부처님께서 사와띠에 있는 제따 사원에 머무르고 계실 때의 일이다.

한 비구가 윤회의 잘못됨을 알고, 부처님으로부터 수행에 대한 가르침을 받고 숲 속에 은둔하면서 수행하였다. 수행자의 노력에도 불구하고 석 달이 지나도록 집중조차 하지 못하였다. 집중을 얻지 못하면 법도 얻을 수 없기 때문에 수행자는 용기를 잃고 자신은 이 생에서 법을 얻을 수 없다고 생각하였다. 그러고 나서 결심하기를, 부처님 계신 곳으로 돌아가 부처님 곁에서 부처님을 모시면서 부처님

의 말씀이나 듣기로 하였다.

그러자 그의 마음은 편안해졌다. 비구는 부처님 곁으로 돌아왔으나 수행은 전혀 하지 않았다. 비구가 수행을 하지 않는 것을 본 동료 비구가 수행을 하지 않는 이유가 법을 완성했기 때문이냐고 물었다. 비구는 자신이 왜 이런 바람직하지 않은 행동을 하게 되었는지 그 이유를 설명하였다.

이 말을 들은 동료 비구들은 부처님 말씀에 의거하여 열심히 수행을 하면 소기의 목적을 달성할 수 있다고 말하고, 그 비구를 설득하여 부처님께 가보라고 하였다.

부처님께서는 그에게 열심히 수행하지 않으면, 그래서 법을 이루지 못하면 미래의 어느 생엔가는 반드시 지옥으로 떨어질 것이라고 말씀하셨다. 그때 비구는 기회가 왔을 때 법을 얻지 못한 것을 후회하게 될 것이며, 행상인 세리와가 겪은 것과 같은 마음을 갖게 될 것이라고 하셨다. 비구는 부처님께 세리와에 관한 이야기를 들려주기를 청하였다.

과거 다섯 번째 겁의 세상으로 거슬러 올라가 지금 부처님이 보살[2]이었을 때, 그는 행상인 집안에 태어났다. 장사를 하는 중에 그는

2) 보살菩薩을 빨리어로 보디삿따bodhisatta라고 하는데 깨달음을 구하는 구도자求道者라는 뜻이다. 보살은 부처가 되기 위해 헌신하는 구도자를 뜻한다. 역대의 모든 부처는 무수한 세월 동안 보살행을 하면서 바라밀 공덕을 쌓은 결과로 부처가 되었다. 상좌불교에서는 보살을 부처의 전생이라고 한다. 보살에는

세리와라고 하는 욕심이 많은 행상인과 함께 장삿길을 떠났다. 두 사람은 함께 여기저기 돌아다니면서 장사하였는데, 두 사람은 한 사람이 장사를 하는 동안에는 같은 거리에서 장사하지 않기로 약속하였다. 그래서 한 사람이 그 거리를 떠나고 나면 다른 사람이 들어가서 장사를 하였다. 이들은 돈을 주고 팔거나 교환할 장신구, 목걸이, 그릇 등을 등에 메고 다녔다. 그는 목걸이, 화장품, 옷감, 그릇을 가지고 있었다.

욕심 많은 행상인이 한 할머니와 손녀가 살고 있는 거리로 들어섰다. 그들은 할아버지가 살아 있을 때는 부유하였으나 지금은 가난하게 살고 있었다. 그러나 손녀는 아직 젊기 때문에 화장품 같은 것들이 가지고 싶었다. 그래서 그녀는 상인을 불러 놓고 할아버지 때부터 내려온 낡은 잔 하나를 보여주면서 상인이 원하는 것과 바꾸자고 말하였다. 그 잔은 깨진 주전자 조각들 중간에 놓여 있었다. 손녀는 상인이 주는 대로 낡은 잔과 바꾸겠다고 하였다.

상인은 잔을 긁어 보고 나서 오랫동안 내버려두어서 먼지가 쌓인 잔이 사실은 황금으로 만든 잔이라는 것을 알았다. 그 잔은 십만 루피는 받을 수 있었다. 그는 아무것도 모르는 두 여인을 속이기 위해 그 잔은 몇 페니도 안 되는, 아무런 가치도 없는 것이라고 말하였

3가지 유형이 있다.
1. 지성적인 보살__외적 대상에 대해 믿음을 가지며 지혜를 계발하기 위해 노력한다.
2. 헌신적인 보살__믿음과 신앙이 깊다.
3. 활동적인 보살__명예나 평판을 생각하지 않고 남을 위해서 적극적으로 봉사한다.

다. 상인은 다시 돌아올 속셈으로 잔을 두고 그 거리를 떠났다.

그 다음으로 미래에 부처님이 될 상인이 거리에 들어서자, 이들은 그에게도 낡은 잔을 보여주었다. 상인은 잔이 긁힌 자국을 보고, 그 잔이 황금 잔이라는 것을 알았다. 상인은 이 잔이 매우 비싼 것이라고 말하였다. 그리고 자신이 가지고 있는 오백 루피의 현금과 오백 루피 어치의 물건을 합쳐도 천 루피밖에 안 되므로 잔을 살 수 없다고 말하였다. 할머니는 상인이 가지고 있는 것이 무엇이든 바꾸겠다고 하였다. 상인은 강을 건널 때 필요한 돈과 저울만 제외하고 가지고 있는 모든 물건을 주었다.

얼마 안 있어 욕심 많은 상인이 돌아와 아주 적은 돈을 쳐줄 것이라고 말하였다. 그러나 이미 다른 상인이 잔을 가져갔다는 말을 듣고, 그는 십만 루피를 잃은 것 때문에 실망하고 후회하였다. 그는 다른 상인이 황금 잔을 가져갔다는 사실에 화가 나서 마음을 통제할 수 없었다. 그 상인은 자신이 가지고 있던 모든 짐을 여인들의 집 앞에 내려놓았다. 미래에 부처님이 될 상인을 때리기 위해 무게를 재는 자를 집어 들고 달려갔다. 그가 강둑에 도착했을 때 부처님이 될 상인은 강 한복판을 건너고 있었다.

욕심 많은 상인은 뱃사공에게 배를 다시 돌리라고 소리쳤다. 그러나 뱃사공은 미래에 부처님이 될 상인을 먼저 건네주어야겠다고 생각하였다. 배가 건너편으로 도착하는 것을 본 욕심 많은 상인은 그 자리에서 심장마비로 죽고 말았다. 이 사건이 있은 뒤로 그는 미래의 부처님을 시샘하게 되었다. 훗날 그는 데와다따[3]로 태어났다. 다섯 번의 겁이

넘도록 그는 부처님에 대한 나쁜 감정을 가지고 있었다.

그래서 부처님께서는 부처님의 가르침이 있는 동안 수행을 열심히 하지 않으면 지옥에 가서 크게 후회할 것이라고 비구에게 경고하셨다. 부처님께서는 다음과 같은 게송을 읊으셨다.

"나의 가르침인 성스러운 법은,
그대를 최종 목적지인 수다원의 도에 이르게 하는 배와 같다.
이 기회를 놓친다면,
그대는 오랫동안 반복해서 절망에 빠질 것이다.
저 행상인 세리와가 기회가 왔는데도 그것을 잡지 못한 것과 같이
반복해서 절망에 빠질 것이다."

"여래4)의 가르침의 이로움을 잘 알면서도
열반이라고 하는 피안으로 가는 배에 비유되는
수다원도에 이르지 못한다면,
미래 생에서 끝없는 후회를 할 것이며
지옥에서 오랫동안 후회할 것이다.
이는 많은 후회와 고통을 받은 뒤 죽음을 맞이한

------

3) 데와닷따Devadatta는 부처님의 사촌으로 부처님의 제자가 되었으나 자신이 붓다가 될 계획을 가지고 있었다. 그리하여 아자따사뚜 왕자를 꼬여 부왕을 죽이게 하고, 자신은 붓다를 살해하려 하였으나 실패하였다. 그는 그 과보로 지옥으로 떨어졌다.

4) 여래如來를 빨리어로 따타가따Tathāgata라고 하는데, '이렇게 온 자'라는 의미이다. 부처님께서 스스로를 부를 때 여래라고 하셨다.

세리와와 같은 경우다.”

　　그리고 부처님께서는 이 비구에게 수행지도를 해주셨다. 부처님의 가르침을 받은 비구는 열심히 수행하였다. 수행에 많은 진전을 본 비구는 계속해서 수다원도, 사다함도, 아나함도와 아라한도에 이르게 되었다. 여기 있는 수행자들은 수행의 노력이 약해지거나 지겨워질 때면 지옥에서의 고통에 대해 숙고해야 한다.

≪요약≫　　기회가 여기에 있는데도
　　　　　　그것을 최대한 이용하지 못하는 바보는
　　　　　　십만의 가치가 있는 황금 잔을 잃고
　　　　　　절망에 빠진 행상인과 같다.

　　그에게는 기회가 왔었다. 황금 잔을 먼저 찾은 것은 그였다. 조금만 더 노력해서 정당한 돈을 지불했더라면 그는 황금 잔을 차지할 수 있었을 것이다. 그러나 욕심이 앞서서 절망으로 고통 받다가 그만 심장마비로 죽은 것이다.

　　부처님의 가르침은
우리가 살고 있는 현재에 있다.
부처님의 가르침은 십만 루피의 가치가 있는 황금 잔과 같아서
도와 과의 법을 얻을 수 있다.

　　부처님의 가르침이 가까이 있을 때
하나의 도道에도 이르지 못한다면,

부처님의 가르침이 가까이 있을 때
열반이라는 궁극의 목적지로 이끌어 줄
첫 번째 도道인 수다원도에 이르지 못한다면,
저 행상인과 같이 후회하여
매우 불행해질 것이다.

지옥에서의 고통은 반복되는 불행의 원인이 될 것이다. 이 비구는
수행을 열심히 해야겠다고 결심하고 열심히 노력하여 아라한에 도달
하였다.

부처님의 가르침이 가까이 있을 때
열심히 수행하면
아라한이 될 수 있다.

바른 수행법인 부처님의 정법이 가까이 있을 때, 위빠사나 수행을
하면, 그의 바라밀의 정도에 따라 최종 목적지인 아라한에 이를 수
있다. 부처님 시대에는 바라밀이 성숙한 수행자가 많았기 때문에
노력하여 아라한에 이른 수행자가 많았다. 부처님을 기쁘게 해드리기
위해서 우리의 최종 목적지는 아라한이 되는 것이어야 한다.

수다원에 이르는 것으로는 부처님을 만족시키지 못한다. 사다함,
아나함이 되더라도 부처님을 기쁘게 해드리지 못한다. 열심히 노력하
여 아라한이 되어야만 부처님의 바람을 만족시키는 것이다. 현대시대
는 부처님의 가르침이 쇠퇴하는 시기이므로 열심히 노력해도 아라한
이 되는 수행자가 적다.

그럼에도 불구하고 여전히 많은 수행자가 노력을 통해 수다원도
와 과에 이르고 있다. 지옥으로 가는 문이 닫히는 수다원은 분명히
추구할 만한 가치가 있다.

따뜻하고 동정심이 많은 연로한 스승들은 가까운 제자를 만나면
항상 열심히 수행하라고 격려한다. 열심히 수행하여 적어도 고통
받는 세계로 들어갈 위험의 뿌리가 뽑힌 수다원 정도는 성취하라고
격려한다. 마하시 사야도는 가까운 제자를 만날 때마다 최소한 수다
원에는 이를 수 있도록 노력을 게을리 하지 말라고 되풀이하여 말하
였다. 그분은 항상 다음과 같은 충고의 말을 하였다.

≪요약≫   사악도의 위험이 끝나는
            지혜의 수준에
            반드시 이르러야 한다.

여러분은 이 자비로운 스승의 말씀을 명심해야 한다. 부처님의
가르침이 있는 시대에, 이 법을 실현할 수 있도록 살아 있고, 인간으로
태어났으며, 위빠사나 수행방법이 번성하는 시기에, 적어도 지옥의
문을 확실하게 닫아주는 수다원의 도와 과에 이를 수 있도록 열심히
수행해야 한다.

자비로운 스승의 말씀을 듣는 것은 큰 이익이 된다. 이 말씀을
듣지 않으면 어리석다는 꼬리표만 달게 될 것이다. 기회가 주어졌을
때, 어리석은 길을 선택할 사람은 아무도 없을 것이다. 우리는 언제나
두려움에 떨고 있다. 더 이상 여기에서 머무를 수 없지 않는가? 가능한

모든 시간을 수행에 전념하는 수행자 여러분은 현명하지 않은가? 우리는 자비로운 스승의 말씀을 부처님의 말씀이라고 생각하고 들어야 한다.

여기에 있는 여러분도 운이 좋으면 웨부 사야도를 접견할 수 있다. 웨부 사야도는 아라한이라고 알려져 있다. 사야도는 알아차림 없이 움직이는 것을 거의 본 적이 없다. 사야도는 존경을 받을 만한 분이다. 아무리 가까운 제자가 그에게 인사를 하러 와도 사야도는 수행에 큰 뜻을 품고 법문을 하거나 수행지도를 할 때 이외에는 거의 말씀을 하지 않으며, 법문도 많이 하지 않는다.

웨부 사야도를 존경하는 어느 한 부부가 있었는데, 수행을 게을리 하지 말라는 사야도의 말씀을 따라 최선을 다하여 열심히 수행하였다. 어느 날 이 부부가 사야도를 뵈러 갔다. 웨부 사야도는 수행이 어떻게 되어가고 있는지 물었다. 사야도는 이들 부부의 수행이 그다지 만족스럽지 않아 보였다.

"그대들은 그동안 가게에 모아두었던 힘을 어디에 쓰려고 하는가?"

이 질문은 더 많은 수행을 해야 한다는 소리로 들리는 것이 아닌가? 보통 사람 같았으면 이런 말을 듣고 기분이 상했을 테지만 부부는 사야도의 배려에 큰 감동을 받았다. 이들 부부는 수행을 하는 데 모든 힘을 쓰라는 웨부 사야도의 이런 말씀을 나에게 말해 주었다.

이것이 수행의 진전을 위하여 노력의 깨달음의 요소를 숙고하는 방법이다.

7. 어떻게 희열의 깨달음의 요소를 숙고하는가?

'희열의 깨달음의 요소'도 숙고해야 한다. 희열에는 여러 가지가 있다.

—욕망과 결합된 희열(Kāmāmisa pīti)
—세간과 결합된 희열(Lokāmisa pīti)
—출세간과 결합된 희열(Viṭṭāmisa pīti)

욕망과 결합된 희열은 세속적인 대상에서 오는 희열을 의미한다. 수행자가 즐거운 것을 보고, 좋은 냄새를 맡고, 맛있는 것을 먹고, 좋은 소리를 들으면서 감각적 즐거움을 경험할 때, 즐거운 감정으로 해방감을 느끼게 된다. 이러한 희열은 '희열의 깨달음의 요소'가 아니다. 법을 얻는 길로 인도하는 것이 아니기 때문이다.

세간과 결합된 희열은 가치 있는 일을 성공적으로 해낸 경우, 하기 어려운 일을 훌륭하게 완수한 경우, 가족을 위한 사업을 성공적으로 수행한 경우, 국가를 위해 훌륭한 일을 해낸 경우에 황홀한 기쁨을 느끼면서 일어난다. 이러한 희열은 깨달음의 요소에 해당하지 않는다. 이 경우에도 성스러운 법을 얻는 길로 인도하지 않는다.

출세간과 결합된 희열은 선행을 하고 자선을 베풀며 훌륭한 가르침을 알게 된 경우에 얻는 기쁨으로서, 자신이 선업을 많이 쌓았기 때문에 좋은 생을 받아 윤회할 것이라는 확신을 갖게 된다. 이렇게 알게 되면 육체적인 즐거움과 정신적인 즐거움이 일어난다. 이러한 희열을 출세 간과 결합된 희열이라고 한다. 그러나 이러한 희열 역시 깨달음의 요소에 해당하지 않는다. 성스러운 법을 얻는 길로 인도하지 않는다.

그렇다면 어떤 희열을 깨달음의 요소로서의 희열이라고 하는가? 희열은 붓다, 법, 승가에 대한 공경을 숙고하고 무상, 고, 무아의 삼법인과 스승, 부모에 대한 공경을 숙고할 때 일어나며, 위빠사나 수행을 통해 일어난다. 이것들이 바로 깨달음의 요소로서의 희열이라고 할 수 있다. '희열의 깨달음의 요소'가 수행자의 의식 속에 일어날 때, 의기소침하고 깊은 우울함에 빠졌던 것이 의욕과 열의로 바뀌어서 새롭게 수행의 진전을 보게 된다.

불법승 삼보에 귀의하거나 여러 차례 삼법인을 공경해 온 수행자는 다른 사람이 어떤 위험에 처한 것을 보면서, 자신은 삼법인을 공경한 선업의 공덕으로 이와 비슷한 위험으로부터 벗어난 것이 한두 번이 아니었다는 것을 알게 된다. 삼법인을 알았던 선업 때문에 어려웠던 일들도 비교적 쉽게 풀린 것이다. 삼법인에 대하여 많이 생각하는 수행자는 이러한 사실을 알게 될 것이다. 뒤돌아보면 오늘날 그가 흔들림 없이 서 있을 수 있었던 것도 삼법인에 대한 확고한 믿음을 가지고 한결같이 이에 대한 숙고를 했기 때문이다. 이런 사실을 깨닫게 되면 너무 기뻐서 희열이 일어난다.

지금 현재 자신이 이 세상에서 확고하게 서 있을 수 있는 것이 스승과 부모님의 가르침과 그 도움 때문이라는 것을 깨달을 때, 그는 매우 기쁘고 즐거워진다. 바로 희열이 일어난 것이다. 이러한 희열에는 깨달음의 요소가 들어 있다. 이런 희열은 수행자가 법을 얻는 데 도움을 준다. 그 후에는 절망이 일어나지 않기 때문이다.

이런 이유로 수행에 대해 용기를 잃었을 때는 삼법인과 스승, 부모에 대한 공경을 숙고하라고 권한다. 아마도 대부분의 경우 수행에 대한 열정을 되찾게 될 것이다. 특히 위빠사나 수행 중에 일어나는 희열의 경우에는 희열이 일어났다는 것을 알아차리자마자 수행의 힘이 나고 알아차림도 좋아진다는 것을 알아야 한다.

생멸의 지혜에 이른 수행자는 다음의 다섯 가지 희열을 경험한다.

(1) 가벼운 희열__가볍게 흔들리는 즐거움이다
가슴 윗부분에서 움직이는 느낌, 등뼈가 으슬으슬한 느낌이 있으며, 이 느낌은 한번 일어났다가 사라진다.

(2) 순간적인 희열__순간적으로 일어나는 즐거움으로 여러 번 일어난다
수행자는 사야도에게 이렇게 보고한다.
"몸에서 여러 번 경련이 일어납니다. 이것을 어떻게 알아차려야 합니까?"
이때 사야도는 '경련, 경련' 하며 알아차리라고 말한다. 위빠사나 수행은 한마디로 무엇이 일어나건 일어나는 바로 그 순간에, 일어난 것을 알아차리는 것이다. 알아차리는 힘(집중)이 좋은 수행자는 한 번의 경련이 다음 경련으로 이어지며, 또다시 그다음 경련으로 이어진다는 것을 알 수 있다. 이러한 수행자는 희열을 알아차릴 수 있을 것이다.

(3) 진동하는 희열＿주요 현상은 진동이며 기쁨이 넘쳐흐르는 것이다
생멸의 지혜에 이른 수행자는 이를 경험할 수 있다. 몸의 아래에서 위쪽으로 따뜻한 기운이 올라오거나 차가운 안개가 감싸는 느낌이 몸의 위쪽으로 서서히 움직이기도 한다. 이 느낌은 몸의 위쪽으로 올라오면 사라진다. 어떤 때는 따뜻한 느낌이나 차가운 느낌이 몸의 위쪽에서 시작되어 아래쪽으로 내려와서 사라지기도 한다.

수행자는 사야도에게 이렇게 보고한다.
"지금까지 살면서 한번도 이런 따뜻한 느낌이나 차가운 느낌을 느껴 본 적이 없습니다. 이 느낌은 바깥에서 오는 것이 아닙니다."

이 느낌은 위쪽에서 와서 아래쪽으로 향하기를 반복한다.

(4) 들어올리는 희열＿황홀하고 짜릿한 느낌으로 위로 들려져서 날아오르는 희열이다
부처님 시대에는 이런 희열이 일어나 하늘로 떠올라서 실제로 공중을 날아다닌 사람들이 있었다. 지금은 하늘을 날아다니는 사람이 거의 없다. 일반적으로는 수행이 아주 잘 될 때, 수행자의 손이 떠오르는 것처럼 보인다. 어떤 때는 양손이 저절로 천천히 올라와서 절을 할 때처럼 연꽃 모양이 되기도 한다.

이곳 센터에 있는 한 수행자는 좌선을 시작한 지 얼마 안 되어 팔이 들어올려진 채로 한 시간 내내 그렇게 앉아 있었다. 나는 그녀에게 팔이 아프지 않았냐고 묻자 그녀는 그렇지 않았다고 대답하였다. 이것을 들어올리는 희열이라고 한다.

한 수행자는 좌선하는 동안 근처의 다른 장소로 이동한다. 어떤 수행자는 수행하는 동안 개구리가 뛰는 것처럼 살짝 뛰어오르기도 한다. 만약 그가 경행을 하는 중에 들어올리는 희열이 일어났다면 여기저기로 뛰었을지도 모른다.

들어올리는 희열이 일어나면 수행자는 매우 가볍고 빠른 느낌을 갖는다. 수행자는 뛰고 있는 것 같은 느낌을 받을 수도 있다. 다리의 움직임이 재빠르다고 느껴지기 때문에 뛰고 있는 것처럼 느끼는 것이다.

사야도는 수행자에게 뛰려 하지 말라고 말해 줘야 한다. 뛰면 알아차리기가 어렵기 때문이다. 들어올리는 희열이 일어났다는 것은 수행자가 **생멸의 지혜**를 얻었다는 것을 의미한다.

옛날 스리랑카에는 하늘을 날아다니는 사람들에 대한 기록이 있다. 산꼭대기에 사원이 있고 그 산 아래에는 한 마을이 있었다. 한 가족이 사원에서 일 년마다 열리는 경축행사에 참석하여 제단에 경의를 표하기 위해 산으로 올라갔다. 만삭으로 몸이 무거운 젊은 여인만 집에 남게 되었다. 가족들은 그녀를 위해 더 많이 기도하고 더 열심히 법문을 들을 것이라고 약속하고 집을 떠났다. 그 당시의 경축행사는 음악 공연은 거의 없었고, 대신 비구가 법문을 하고 빨리어 경전을 읽고 불과 물, 꽃을 사원에 바쳤다.

여인은 문에 서서 멀리서나마 사원을 올려다보았다. 사원은 진주와 꽃이 이어진 것처럼 환하게 밝혀져 있었고, 청중은 사원 주위를 돌면서 경의를 표하고 있었다. 비구가 빨리어 경전을 낭송하는 소리가 바람을 타고 들려왔다. 법회에 참석한 사람들은 매우 운이 좋은 사람들이라고 생각하고 있을 때 그녀는 형언할 수 없는 신심을 느꼈다. 그때 여인에게 들어올리는 희열이 일어났다. 그녀의 몸은 공중으로 높이 떠올랐다. 그녀의 마음이 사원을 향하자 그녀의 몸은 산을 날아서 사원에 도착하였다. 사원에서 그녀는 예를 올리고 법문을 들었다.

그녀의 가족은 그녀보다 늦게 사원에 도착하였다. 가족들은 자기들보다 먼저 도착해 있는 여인을 보고 깜짝 놀랐다. 그녀가 하늘을 날아서 왔다고 말하자 가족들은 그런 말도 안 되는 소리는 하지 말라고 하였다. 하늘을 날 수 있는 분은 오직 벽지불과 아라한뿐이니 그런 농담을 하지 말라고 하였다. 그러자 그녀는 부처님에 대한 말할 수 없는 존경심 때문에 몸이 하늘을 날아 여기에 도착한 것이라고 대답하였다. 이것이 들어올리는 희열이다. 행사가 끝나고 그녀는 가족과 함께 걸어서 집으로 돌아왔다. 들어올리는 희열이 더 이상 일어나지 않았으므로 날 수 없었기 때문이다.

들어올리는 희열이 일어나면 수행자의 마음이 유쾌해져서 수행을 아주 잘할 수 있다. 그래서 들어올리는 희열에 대한 숙고도 아주 잘할 수 있다. 수행자가 용기를 잃었을 때 수행자는 알아차림을 하고 숙고하여 '희열에 대한 깨달음의 요소'가 일어나도록 해야 한다.

희열을 많이 느끼는 성향을 타고난 수행자들이 빠르게 법을 얻었다고 하는 이야기는 많다.

부처님 시대에 꾸꾸따의 마하까삐나 왕과 아노자데위 왕비는 희열이 아주 강한 성향을 타고났다. 그래서 그들은 수행을 하여 매우 빠르게 법을 얻을 수 있었다. 어느 날 사와띠에서 온 상인들이 궁전에 도착하였다. 그들은 왕을 만나기 위해 궁전의 뜰로 갔다. 왕에게 자신들이 준비한 선물을 바치고 난 뒤 왕과 상인들은 담소를 나누었다.

왕은 그들의 임금이 나라를 잘 다스리는지, 나라는 번창하고 있는지를 물었다. 그들은 자신의 나라에는 지금 부처라고 하는 보물, 법이라고 하는 보물, 승가라고 하는 보물이 출현하였다고 말하였다. 이 말을 들은 왕은 정신을 잃었다. 정신을 차린 왕은 다시 한 번 그것이 사실인지를 확인하였다. 그들은 다시 한 번 자신의 나라에는 부처, 법, 승가라고 하는 삼보三寶가 출현하였다고 말하였다.

이 말을 들은 왕은 다시 한 번 정신을 잃었다. 정신을 차린 왕은 다시 한 번 그 이야기를 해달라고 하였고, 그들은 자신의 나라에는 부처, 법, 승가라고 하는 보물이 있다고 말하였다. 왕은 세 번째로 정신을 잃었다. 다시 정신을 차린 왕은 그들에게 불보佛寶를 말한 대가로 십만 루피를, 법보法寶를 말한 대가로 십만 루피를, 승보僧寶를 말한 대가로 십만 루피를 주었다. 그리고 왕은 상인들에게 자신은 부처님이 계신 곳에 가서 비구가 되기 위해 지금 길을 떠날 것이라는 사실을 왕비에게 전해 달라고 부탁하였다.

왕은 왕관과 왕국을 왕비에게 물려주었다. 그러고 나서 천 명의 대신들에게 함께 가기를 원하는지 물었다. 대신들은 왕을 따르기로 하였다. 대신들도 상인들에게 자신들의 부인에게 비구가 되기로 결심한 사실을 전해 달라고 부탁하였다.

그들은 부처님이 머무는 곳으로 향하였다. 그들은 삼법인에 대한 존경심을 생각하는 것만으로 세 개의 강을 배 한 척 없이 건넜다. 이들이 세 번째 강을 건너 강둑에 이르렀을 때 부처님으로부터 나오는 빛을 보았다. 부처님이 법문을 마치자마자 과거의 바라밀이 성숙되고, 강한 희열이 일어나서 그들 모두는 수다원이 되었다. 부처님께서 "어서 오시오, 비구여!"라고 말씀하시자마자 그들 모두는 비구가 되었다.

왕비도 상인으로부터 불보라는 말을 듣고 세 번을 기절하고, 법보라는 말을 듣고 세 번, 승보라는 말을 듣고 다시 세 번을 기절하였다. 희열이 아주 강한 사람들이 아닌가? 수행을 하다가 희열이 생겨서 정신을 잃는 사람들이 있기는 하다. 그렇다면 그들은 수행을 하여 성스러운 단계에 이르렀기 때문에 정신을 잃는 것인가? 그런 것은 전혀 아니다. 왕비는 상인에게 구십만 루피를 주었다. 대부분의 경우 여성 신자가 남성보다 더 후하다.

왕비는 왕이 자신에게 왕국을 주겠다는 말을 하고 떠났다는 말을 듣고, 마치 왕이 뱉어놓은 침을 삼키는 것 같은 느낌을 받았다. 왕비는 자신이 원하는 것은 왕관이 아니라 왕이 얻으러 떠난 법이라고 상인들에게 말하였다. 왕이 가지고 있는 부는 괴로움으로 가득 찬 것이다. 왕비는 바라밀이 성숙되어 있었기 때문에 왕의 부를 원하지 않았다.

그래서 그것이 더러운 침으로 생각되었던 것이다.

왕비는 대신들의 부인들에게 출가에 뜻이 있는지를 물었다. 그들은 모두 왕비를 따라 비구니가 되기로 결심하였다.

그들은 불보에 대한 존경심을 숙고하면서 마차를 타고 첫 번째 강을 건너고, 법이라는 보물을 숙고하면서 두 번째 강을 건넜으며, 승가라는 보물을 숙고하면서 세 번째 강을 건넜다. 마지막 강을 건너고 강둑에 이르렀을 때, 그들은 부처님으로부터 나오는 빛을 보았다. 그들은 바로 부처님께 가서 절을 하였다. 그러나 그들은 비구 복장을 한 왕과 대신들을 볼 수 없었다. 부처님은 신통력으로 이들 비구들이 보이지 않게 하였다. 비구가 된 남편을 보게 된다면 너무 기뻐하거나 혹은 슬퍼하게 되어 최종 목적지에 다다르지 못할 수 있기 때문이었다.

부처님의 법문을 듣고 왕비와 천 명의 부인들은 수다원이 되었고, 왕과 천 명의 대신들은 아라한이 되었다. 그들은 모두 성스러운 법을 아주 빠르게 얻었는데, 이는 그들이 강한 희열을 타고났기 때문이었다.

≪요약≫　　　　**수행하는 마음의 기운이 쇠할 때**
노력, 희열, 대상의 탐구에 대한
세 가지 깨달음의 요소를 숙고하라.

수행하는 마음이 잘 안 될 때 노력, 희열, 대상의 탐구에 대한 세 가지 깨달음의 요소를 숙고함으로써 의욕이 되살아날 수 있다.

8. 대상의 탐구에 대한 깨달음의 요소는 어떻게 숙고하는가?

이제 대상의 탐구dhammavicaya에 대한 깨달음의 요소에 대해 이야기 하기로 한다. 빨리어로 담마dhamma란 사물의 성품을 말하고, 위짜야 vicaya는 탐구, 숙고를 의미한다. 위빠사나 수행을 할 때 대상의 탐구에 대한 깨달음의 요소는 '무상, 고, 무아'에 대하여 탐구하는 지혜를 말한다. 수행자가 대상의 자연적 성품인 실재하는 것을 탐구하여 얻은 깨달음의 요소를 '대상의 탐구에 대한 깨달음의 요소'라고 한다.

법을 보는 것이 잘 안 될 때, 성품이 분명하게 보이지 않을 때, 수행이 잘 안 되어 똑같은 법의 지혜 수준에 머물러 있을 때, 수행자의 의욕이 떨어진다. 이를 바로잡기 위해서는 '대상의 탐구에 대한 깨달음의 요소'를 숙고해야 한다. 수행자는 '의식의 연속체' 속에 흐르고 있는, 바꿀 수 없는 성품인 늙음, 병듦, 죽음에 대하여 탐구해야 한다. 이렇게 함으로써 수행에 대한 의욕과 정신적 힘이 살아날 수 있다.

1) 늙어 가는 것

수행자는 늙어 가는 것에 대한 성품을 탐구해야 한다.

다가오는 어느 날
나는 너무 늙어서 다른 사람의 도움이 없이는
살 수 없게 될 것이다.

우리는 철저히 꿰뚫어보듯이 이를 숙고하여 늙어 가는 과정을 분명하게 마음속에 새겨서 이해해야 한다. 이렇게 숙고하면 더 늙기 전에 수행을 해두는 것이 가장 현명하고 바른 판단이라고 생각하게 될 것이다.

왜 이렇게 사기가 떨어져 어물거리고 있도록 내버려두고 있는가?
나는 더 늙기 전에 수행을 해야 한다!
늙으면 더 이상 수행을 할 수 없을 것이다!

이렇게 함으로써 '대상의 탐구에 대한 깨달음의 요소'가 일어나서 다시 수행을 할 수 있을 것이다.

≪요약≫   **늙음의 위협이 눈앞에 다가오기 전에**
미리 숙고하라.
늙기 전에 수행을 시작하는 것이
가장 유익하다는 것을.

부처님께서는 신도들에게 아직 젊다고 생각할 때 수행을 시작해야 한다고 말씀하셨다. 젊어서 수행을 시작하면 법을 보는 것이 빠를 것이며, 쌓아 놓은 바라밀의 정도에 따라 더 높은 성스러운 법을 얻을 수 있을 것이다.

20대에서 40대에 올바른 수행을 한다면, 한 달 안에 지혜를 완성할 수 있다. 50대에서 60대가 되어 건강이 예전 같지 않은 시기에는 지혜를 완성하는 데 약 두 달이 걸린다. 어떤 이는 그렇게 하더라도 만족할 만한 지혜에 이르지 못할 수도 있다.

70대를 넘어 80대가 되면, 인내심을 가지고 수행을 하더라도 분명하게 법을 이해하려면 긴 시간이 필요하다. 수행은 어렵고 노력을 해도 성과가 없다. 늦게 수행을 시작한 사람으로서 법을 완전히 이해하는 경우는 거의 없다. 80세가 넘으면 수행을 하기에는 이미 너무 늦었다.

≪요약≫　　　늙기 전에 수행을 시작하는 것이
유익하다.
늙으면 수행을 한다고 하더라도
도움이 되지 않는다.

80세가 넘으면 너무 늙어버린 것이다. 늙는다는 것의 의미는 신체와 정신의 기능이 모두 늙었다는 것이다. 신체적으로 나이가 들면 주의력이 떨어지고 몸이 무겁다. 걷기도 힘들고, 앉아 있는 것도 어려우며, 서 있는 것조차도 너무 고된 노동이다. 나이가 들어서 뚱뚱하기까지 하다면 그는 일어서 있을 때 누군가의 도움을 받아야 한다. 경행을 하는 것도 피곤하고 의자에 앉는 것도 마찬가지로 어렵다. 이러한 신체적 결함이 있다는 것은 물질이 노쇠했다는 징후이다.

정신적인 기능도 노쇠하여 정신은 나태해진다. 이것저것을 잊어버리고, 무언가를 가지러 방으로 들어갔다가도 무엇을 하러 방에 들어왔는지 생각나지 않아서 밖으로 나와서 그게 무엇이었는지 기억해야 한다. 무언가를 가지러 밖으로 나왔다가도 무엇을 하러 나왔는지 생각나지 않아서 다시 들어가서 그것이 무엇이었는지를 생각해야 한다. 70대, 80대가 되면 정신이 나태해진다. 사물의 명칭과 이웃의 이름도 잊어버린다. 얼마 지나지 않아 가족을 부를 때도 바로 이름을 기억하기 어려워진다.

　나이가 든 수행자의 몸은 건강하지 못하기 때문에 좌선을 할 때 자주 자세를 바꾸고 싶어진다. 건강하지 못하므로 같은 자세를 오랫동안 유지하지 못하며 자주 쉬러 들어가게 된다. 마음이 나태해져서 의식에 무엇이 일어나더라도 적절한 시기에 알아차리지 못한다. 나이가 들면 이것이 불편하다.

　어떤 때는 자녀나 손자가 수행을 하여 많은 지혜를 경험하고 부모가 같은 경험을 하기를 바라는 마음으로 부모를 수행처로 모셔 온다. 그러나 나이가 많은 부모는 수행에 진전을 보지 못하고 피로만 느낄 뿐이다. 며칠간의 헛된 시간을 보내고 나면 스승들은 이 나이 많은 수행자가 열심히 수행할 수 없다고 생각한다. 이들의 알아차림은 너무 멀리 떨어져 있고, 너무 느슨하다. 늙은 부모 입장에서는 아무런 성과가 없기 때문에 수행이 즐겁지 않다. 이대로 돌아가기에는 창피한 일이라서 수행처에 머물러 있지만 정력과 시간만 낭비한다. 그래서는 아무런 성과도 얻지 못한다.

　스승은 그들의 수행성과가 만족스럽지 못하다고 하며, 노력이 부족하다고 지적한다. 그들은 집으로 돌아갈 때가 되어도 기대하던 답변을 얻지 못할 것이다. 과연 이것이 이득이 있는 일인가? 아무런 이득도 없다.

　≪요약≫　　　**나이가 들어서 법을 얻지 못하면
후회하게 될 것이다.**

80대나 90대가 되면 마음이 단단하지 못하다. 자신을 훈계해 주는 수행을 한 적이 없기 때문에 젊은 사람들과 어울리기를 원할 것이다. 그러나 젊은 사람들은 할아버지와 어울리기를 원하지 않으므로 그를 피하려고 한다. 그는 손자들이 자기를 더 이상 좋아하지 않으며, 어른으로서의 존경심도 없다고 생각한다. 그는 거부당하고 소외되었다고 생각하며 불행해 한다. 그러고 나면 그는 제2의 아동기로 들어서게 될 것이다. 이것은 선업의 원인이 되지 않는다.

이러한 조부모를 모시는 자식도 선하지 않은 행동(생각)을 한다. 스스로도 늙으면 아무 쓸모가 없을 것이라고 말하여 불선업의 원인을 만든다. 이것은 주변의 모두에게 유감스러운 일이다. 자신은 물론 주변 모두에게도 선한 것은 거의 없고 불선으로 가득 차게 된다.

반대로 좀 더 일찍 수행을 하여 법의 지혜를 얻은 사람은 나이가 들어서도 알아차림을 하는 데 더 마음을 기울이고 만족해한다. 조용한 장소를 더 좋아하고 수행처에서 수행하는 것을 즐길 것이다. 자녀들도 존경심을 가지고 부모를 찾는다. 나이가 들면 수행할 시간도 더 많아져서 수행도 잘 된다. 그는 성스러운 법을 얻을 수 있을 것이다.

그러므로 나이가 더 들기 전에 수행처로 들어가는 것은 진정으로 현명한 일이다. 사람들은 나이가 들어갈수록 움츠러든다.

부처님 시대에 마하다나라고 하는 부유한 집안의 아들이 살고 있었다. 바나라스라는 나라에서 그는 80억대의 재산을 가지고 있었고, 또한 80억의 재산이 있는 집의 상속녀와 결혼을 하였다. 그는 부유한 계층의 사람으로서 하루에 세 번 바나라스의 왕을 접견하러 가야 했다. 거기서 그는 술을 좋아하는 사람들과 어울려 술을 마시는 버릇을 얻었다. 그에게는 온갖 쾌락주의자들이 따랐다. 얼마 안 되어 그는 자신과 부인의 재산을 모두 잃었고, 다른 사람의 집에 머물면서 거리에서 구걸을 하는 처지가 되었다.

어느 날 부처님이 비구들과 함께 사원에서 탁발을 나가는데, 늙은 마하다나가 사원 식당 앞에서 남은 음식을 구걸하고 있었다. 이를 본 부처님께서 미소를 지으시자 입에서는 빛이 나왔다. 비구들이 이를 보고 부처님께 그 연유를 여쭈었다. 부처님께서는 저 거지가 여느 사람이 아니라며 말씀하셨다. 그는 80억대의 재산을 물려받은 사람이었지만, 부를 유지하기 위해 열심히 일하지 않았기 때문에 지금 아무런 희망도 없이 살고 있다고 설명하셨다.

그가 처음에 열심히 일했다면 바나라스에서 가장 부유한 사람이 되었을 것이다. 그때 수행을 열심히 하였다면 그는 아라한이 되었을 것이고, 그의 부인은 아나함이 되었을 것이다.

그다음에라도 그가 열심히 일을 하였다면 두 번째로 부유한 사람이 되었을 것이다. 만약 그가 수행을 열심히 하였다면 아나함이 되었을 것이고, 부인은 사다함이 되었을 것이다.

그다음에라도 그가 열심히 일을 하였다면 세 번째로 부유한 사람이 되었을 것이다. 만약 그가 수행을 열심히 하였다면 사다함이 되었을 것이고, 부인은 수다원이 되었을 것이다.

그러나 지금 그는 모든 시간을 보내고 기회를 놓쳐 버렸다. 그는 이제 물이 모두 말라버린 연못에 있는 날개 부러진 늙은 학과 같다. 그에게는 아무런 희망도 남아 있지 않다. 우리도 이 나이가 되면 쇠약해지지 않는가? 그는 세간의 모든 것을 잃었을 뿐만 아니라 법도 얻지 못하였다.

"알아차림을 확립하는 위빠사나라는 성스러운 습관인,
수행도 하지 않고
재산조차도 모으지 못한 어리석은 자는
물고기 한 마리 없이, 말라붙은 연못에 버려진,
날개 부러진 학과 같이, 후회하면서
아무런 희망 없이 버려진 쓰레기처럼 살아갈 것이다."

그래서 부처님께서는 위대한 법문에서 우리에게 이렇게 말씀하신 것이다.

물이 없다는 것은 살 집이 없는 것과 같다.
물고기가 없다는 것은 음식도, 재산도 없는 것과 같다.
날개가 부러졌다는 것은 어느 곳에서도 일자리를 찾거나
돈을 벌 수 없다는 것과 같다.
그들이 할 수 있는 유일한 선택은 구걸하는 것이다.

우리 모두는 늙으면 쇠약해진다. 그렇지 않은가? 그러므로 너무 늙기 전에 수행을 시작하는 것은 매우 중요하다. 우리는 더 늙기 전에 수행을 시작하여 도달하기 어려운 법을 얻어야 한다. 이와 같이 숙고하는 것이 마음에 깊이 와 닿는다면 '대상의 탐구에 대한 깨달음의 요소'가 일어난 것이다. 떨어진 의욕이 다시 생기고 수행을 하고자 하는 열정도 생길 것이다.

2) 위험한 질병

우리는 질병에 걸릴 가능성에 대하여 자세히 살펴봐야 한다.

≪요약≫　　위험한 질병이 닥치기 전에
미리 숙고하고 준비해라.
병에 걸리기 전에 수행을 시작하면
매우 편리하다.

실제로 심각한 병에 걸려 고통 받는 것이 얼마나 위협적인지 우리는 잘 알고 있다. 여기서 병이라고 하는 것은 가벼운 병을 뜻하는 것이 아니다. 수행자가 큰 고통을 받게 될 병에 대해서 숙고한다면 자신은 병에 걸리지 않을 것이라는 자만심이 없어지고, 수행에 전념할 수 있을 것이다.

질병이 오기 전에 빨리 그리고 열심히 수행하는 것이 좋다.
병이 오고 나면 고통이 나를 지배하여 집중을 하기가 어렵다.
힘을 잃고 고통이 나를 지배하게 되면,
더 이상 수행을 할 수 없을 것이다.

고통이 지배하게 되던 수행자는 힘을 잃는다. 알아차릴 힘이 거의 남아 있지 않아서 수행할 수 없게 된다. 그리고 고통은 점점 더 심해진다.

≪요약≫　　고통이 왔을 때 수행을 시작하면
　　　　　성과를 얻을 수 없다.
　　　　　고통이 오고 나서 수행을 시작하면
　　　　　이를 분명히 알 수 없으므로
　　　　　아무런 쓸모가 없다.

누구나 정도의 차이는 있으나 불치병이나 임종의 고통을 언젠가는 만나게 되어 있다. 어느 누구도 이를 피해 갈 수 없다. 어느 날이 되면 병과 고통으로 죽음을 맞이해야 한다. 수행자는 이를 분명하게 알기 위해 숙고해야 한다.

그런 상황이 왔을 때 법에 대한 훈련이 되어 있지 않거나 고통을 알아차릴 수 없다면 두 개의 가시에 찔린 사람과 같다.

나무를 하기 위해 숲으로 간 사람의 손이 가시에 찔렸다. 가시를 빼낼 뾰족한 물건이 없기 때문에 가시를 빼어내기 위해 다른 가시를 찾는다. 그러나 다른 가시로도 박힌 가시는 빼지 못한 채 오히려 이것에 찔려 상처를 입는다. 몇 개의 가시가 그의 손에 박혀 있는가? 그렇다. 두 개의 가시가 손에 박혀 있다.

이와 마찬가지로 수행자가 병으로 인해 고통스러울 때 수행을 할 수 없다면, 몸의 고통은 처음에 박힌 가시와 같다. 몸의 고통으로 인해 그의 마음도 비참해진다.

―내가 여기서 회복할 수 있을까?

―이 병으로 죽게 되는 것은 아닐까?

―병을 고칠 수 있는 훌륭한 의사와 좋은 약을 찾을 수 있을까?

이렇게 온갖 슬픔과 비탄이 일어난다. 어떤 사람은 병이 심각해지거나 임종을 맞이할 때 많은 눈물을 흘린다. 이때 그는 얼마나 많은 가시에 찔린 것인가? 그렇다. 두 개의 가시에 찔린 것이다. 이렇게 슬픈 마음을 가지고 죽음을 맞이하게 되면 다시 태어남에 대해 편안한 마음을 가질 수 있을까?

그의 마음은 두려움과 불행으로 가득 차 있다. 이런 상태에서 죽음을 맞이하게 되면 낮은 세계에 태어날 가능성이 높아진다.

≪요약≫   고통을 받으면서 법을 보지 못하면
          중대한 실수를 하는 것이다.

이것은 중대한 실수를 범하는 것이다. 그는 낮은 세계로 가게 된다. 그래서 병이 오기 전에 미리 준비해야 하며, 서둘러서 수행을 시작해야 한다.

"오, 수행자여,
그대에게 병이 왔을 때 법을 보지 못하면
죽음을 맞이할 때까지 괴로움을 느낄 것이며,
낮은 세계로 가게 될 것이다.
법을 얻을 가능성이 있는 지금,

어찌하여 게으름을 피우고 자기 단속을 하지 않고 있는가?”

이렇게 생각함으로써 수행의 즐거움을 느끼게 되고 수행이 발전하게 될 것이다.

질병으로부터 완전히 자유로운 사람은 아무도 없다. 우리는 대부분의 시간을 크고 작은 병에 시달리면서 살고 있다. 아프다는 핑계로 수행을 하지 않는다면 영원히 수행할 기회를 잃고 말 것이다.

부처님께서는 이와 같이 가르치셨다.

“몸이 아프면, 그냥 아프게 두어라.
다만 마음까지 아프도록 해서는 안 된다.”

병에 걸리지 않는 오온은 없다. 옛날에 나쿨라삐따라고 하는 부유한 사람이 살고 있었다. 그는 과거 오백 생 동안 부처님의 아버지였다. 그가 80세가 되어 인생의 황혼기에 접어들면서 몸이 약해졌다. 물론 병을 이겨낼 만한 힘이 없어서 다시는 건강을 되찾을 것 같지 않았다. 그는 부처님을 생각해 냈다.
‘나는 앞으로 부처님을 뵙기 어려울 것이다. 그러므로 내가 거동할 수 있을 때 부처님을 뵙고 말씀을 청해야겠다.’
그래서 그는 부처님께 가서 죽기 전에 수행할 수 있는 법문을 청하였다. 부처님께서는 나이 든 사람이 알아듣기 쉽게, 그러면서도 현실을 직면할 수 있도록 다음과 같이 말씀하셨다.

"오, 그대여, 누구도 병에서 자유로운 사람은 없다.
그대들 중 누군가가 병이 없다고 말한다면
그것은 그가 무지하고 어리석기 때문이다."

주석을 하는 스승들은 이 말씀을 병에서 자유로운 사람은 단 한 사람도 없다고 해석한다. 우리의 몸 안에서 아홉 개의 구멍을 통해 흘러나오는 것들은 모두 병이다. 눈에서 나오는 분비물도 병이고, 귀를 통해서 나오는 분비물도 병이다. 코, 입, 피부 구멍, 대변, 소변으로 나오는 분비물은 모두 병이다.

그것들이 규칙적으로 분비되지 않아서 평상시보다 더 많이 나올 경우에 병에 걸리는 것이다. 이 모든 분비물이 병의 잠재된 원인이다. 그러므로 병에서 자유로운 사람이 있겠는가? 누구도 병에서 자유로울 수 없다. 주석을 하는 스승들은, 부처님의 말씀은 모든 것이 진실이라고 상세하게 설명한다.

"오, 부유한 자여
몸을 가지고 있는 동안에는 아프고 고통스러운 것이지만
나의 마음은 그와 같이 고통스러운 것이 아니다.
그대는 이런 마음가짐으로 수행하여
그렇게 될 수 있도록 훈련을 해야 한다."

그 노인은 부처님의 말씀을 듣고 매우 기뻐하였다. 그는 자신의 문제에 집중하였다. 그의 몸은 계속해서 아팠다. 그는 이제 마음까지 아프지 않도록 알아차려야겠다고 생각했다. 자기에게 적합한 수행을 만난 것을 크게 기뻐하면서 부처님께 절을 하고 부처님의 접견장소를 나와 손에는 연꽃을 들고 문까지 뒷걸음으로 물러나왔다.

사리불은 나쿨라삐따의 얼굴에서 깨끗하고 밝은 빛이 나는 것을 보고 부처님께서 어떤 법문을 해주셨는지를 물었다. 노인은 부처님께서 자신에게 적합한 법문을 해주셨다고 거만하게 말하였다. 그는 겸손하게 대답하지 않았다. 이 노인은 자신이 부처와 가장 친한 사이라고 생각하고 있었다.

지혜 제일인 사리불은 그에게 어떤 법문을 들었는지 말해 달라고 하였다. 노인은 "몸이 통증으로 고통 받고 있다면 몸을 고통 받게 내버려둬라. 마음까지 고통 받지 않도록 하는 수련에만 전념해야 한다"라고 말하였다.

이에 사리불은 "몸이 아프면 마음도 아프다. 그 몸은 아프나 마음은 아프지 않다"라는 말씀을 듣지 않았느냐고 물었다. 노인은 자신의 처지에 맞는 법문을 듣고 너무 만족하여 더 이상의 법문을 듣지 않은 채로 나왔다고 대답하였다. 그러면서 그것이 어떤 의미인지 사리불에게 물었다. 사리불은 다음과 같이 설명하여 주었다.

정신과 물질에 대하여 완전하게 이해하지 못할 때는 '몸이 아프면 마음도 아프다'라고 한다. 이때 오온을 '나'라고 생각한다. 이 물질(色)은 '나 자신', '나의 것'이라고 생각한다. 생각지도 않게 몸이 움직이지 않거나 쇠약해지면 '내가' 쇠약해지는 것으로 생각한다.

괴로운 느낌(受)은 자기 스스로 생겨났는데, '내가' 통증으로 고통받는다고 생각한다.

지각(想)은 자기 스스로 일어난 것을 아는 것인데, '내가' 안다고 생각한다.

마음의 형성력(行)은 자기 스스로 고치고 재정비한 것인데, '내가' 고쳤다고 생각한다.

아는 마음(識)은 자기 스스로 아는 것인데, '내가' 안다고 생각한다.

수행자가 색, 수, 상, 행, 식이라는 오온을 '자기 자신'이라고 생각하여 집착한다면 바로 부처님께서 첫 번째로 말씀하신 바와 같이 '몸이 아프면 마음도 아프다'라고 오해하고 착각하게 되는 것이다.

사리불은 스무 가지의 자아가 있다는 잘못된 견해를 상세하게 설명하였다.

네 가지(受, 想, 行, 識)를 포함한 몸(色)이라는 물질에 대하여 집착하는 것
네 가지(色, 想, 行, 識)를 포함한 느낌(受)에 대하여 집착하는 것
네 가지(色, 受, 行, 識)를 포함한 지각(想)에 대하여 집착하는 것
네 가지(色, 受, 想, 識)를 포함한 마음의 형성력(行)에 대하여 집착하는 것
네 가지(色, 受, 想, 行)를 포함한 아는 마음(識)에 대하여 집착하는 것

이렇게 총 스무 가지의 자아에 대한 잘못된 견해가 있다.

오온을 바로 알지 못하여 정신과 물질을 구별하지 못하는 수행자는 오온을 '나'로 생각하여 그것에 집착하므로 몸이 아플 때 마음도 아픈 것이다. 몸에 병이 올 때 수행자의 마음도 괴로운 것이다. 이것을 '몸이 아프면 마음도 아프다'라고 하는 것이다.

> **≪요약≫**　　정신과 물질을 '나'라고 생각하면,
> '몸과 마음'이 함께 아프게 된다.

여기 앉아 있는 여러분과 같이 정신과 물질의 차이를 구별하여 알아차릴 수 있고, 느낌과 알아차리는 마음을 분리하여 수행하면 '비록 몸이 아프더라도 마음은 아프지 않다'라고 할 것이다. 알아차림의 집중이 좋은 수행자는 '통증, 통증'이라고 주의 깊게 알아차릴 때, 아픈 몸이 하나라면 알아차리는 의식은 완전히 다른 하나라는 것을 알 수 있다.

어떤 수행자는 통증이 몸에서 온 것이 아니라 외부에서 온 것 같다고 보고하기도 한다. 통증이 다른 곳에서 온 것같이 느끼는 것이다. 그 수행자의 마음에서 통증은 이미 괴로움이 아니다. **소멸의 지혜**에 이른 그 수행자는 알아차리는 마음이 넘치기 때문에 몸만 아플 뿐 마음은 아무런 영향을 받지 않는다.

> **≪요약≫**　　정신과 물질이 일어날 때,
> 분리하여 잘 알아차리면,
> 몸이 아프도록 놔두어도
> 마음은 아프지 않다.

이는 **소멸의 지혜**에 이른 수행자에게 가장 분명하게 나타난다. '통증, 통증'이라고 알아차리면 통증은 금세 사라진다. 통증은 한 번 알아차리면 즉시 정지가 온다. 통증을 또 알아차려도 즉시 통증의 정지가 보일 것이다. 수행자에게는 더 이상 통증은 중요하지 않고 정지가 중요하다. 알아차리자마자 통증이 잠시 사라지는 것이 수행자의 마음을 지배한다.

수행자는 그것이 일어나자마자 사라지는 것에 중점을 두어야 한다. 알아차릴 때 현상이 일어나는 것은 분명하지 않지만, 그 대신 일어난 통증은 강하고 분명하다. 그것이 사라질 때 통증은 더 이상 분명하지 않다. 통증이 있다는 것은 알지만 그것에 지배당하지는 않으므로 통증으로 고통 받지 않는다. 이것이 **소멸의 지혜**에 이른 수행자가 '몸이 아프더라도 마음은 아프지 않는' 이유이다.

(1) '몸이 아파서 마음이 아프다'라고 하면 어리석은 범부다.
(2) '몸이 아플 뿐 마음은 아프지 않다'라고 하면 아라한이다.
(3) '몸이 아파서 마음이 아프다'라고도 하고, '몸이 아플 뿐 마음은 아프지 않다'라고도 한다면 선한 범부, 이곳에서 수행하고 있는 수행자와 교학자 그리고 수다원, 사다함, 아나함이라고 할 수 있을 것이다.

세 번째에 속하는 사람의 경우, 주의 깊지 못하거나 알아차리지 못할 때는 '이 몸이 아프면 마음도 아프다'라는 '의식의 연속체'가 작용한다. 이 사람이 수행을 하여 통증을 알아차려 극복하고 나면 '몸이 아프더라도 마음이 아픈 것은 아니다'라고 한다.

수행자 여러분은 두 가지를 모두 가지고 있다. 그래서 아직은 완전하지 못하다. 한쪽이 될 수 있도록 더욱 열심히 수행해야 하지 않겠는가? '몸이 아프더라도 마음이 아픈 것은 아니다'라고 하는 아라한은 수행자로서 열심히 노력하여 도달해야 할 목표이다. 아라한만이 오직 안전하고 확고하다.

수행자가 통증의 성품을 마음의 눈으로 분명하게 보면, 병으로 인한 고통을 경험하기 전에 수행을 해야겠다는 결심을 한다. 그래서 아직 고통이 생기기 전에 노력할 준비가 되어 있다. 이렇게 숙고하는 지혜가 일어나서 수행을 열심히 하게 된다.

3) 피할 수 없는 죽음

우리는 '대상의 탐구에 대한 깨달음의 요소'가 일어날 수 있도록 죽음의 위협에 대하여 자세히 살펴봐야 한다.

누구도 죽음에서 벗어날 수 없다.
어느 날인가는 분명히 죽음과 직면하게 된다.

이와 같이 죽음은 피할 수 없는 성품을 가지고 있다는 것에 대하여 숙고해야 한다. 누구도 죽음으로부터 나를 보호해 줄 수 없다. 바로 지금, 죽음이 오기 전에 수행을 시작하면 큰 도움이 될 것이다. 법을 얻을 수 있는 기회를 얻은 것이다.

수행자의 마음속에는 얻기 어려운 네 가지에 대한 '의식의 연속체'

가 있다.

> "내가 인간으로 태어났을 때,
> 내가 살아 있을 때,
> 낮은 세계로의 문을 닫는
> 위빠사나의 성스러운 법이 번영하는 시대일 때,
> 그리고 부처님의 가르침이 있는 바로 지금 이 생이,
> 법을 얻기 가장 좋은 시기이다."

이렇게 숙고함으로써 수행자는 죽음이 오기 전에 수행을 열심히 하기로 결심할 것이다. 이처럼 수행을 하고자 하는 의욕이 일어나서 다시 수행에 전념할 수 있게 된다.

> "인간으로 태어나는 것은 매우 일어나기 어려운 일이다.
> 인간으로 태어나서도 살아남는 것 역시 매우 어려운 일이다.
> 낮은 세계로 향하는 문을 닫고 도와 과로 이끌어 줄
> 위빠사나와 같은 성스러운 법을 들을 수 있는 것은
> 역시 매우 어려운 일이다.
> 모든 부처님께서 이곳에 출현하시는 것은 매우 어려운 일이다."

이와 같이 우리의 마음속에는 인간으로 태어나는 것, 인간으로 태어나도 살아남는 것, 살아남더라도 바로 이생에서 낮은 세계로 향하는 사악도의 문을 닫고 열반에 이를 수 있도록 도와주는 위빠사나를 듣는 것, 부처님의 법이 살아 있는 이 시대에 태어나는 것, 이 네 가지를 얻기 어렵다고 생각하는 '의식의 연속체'가 있다. 그렇다면 더 이상

풀이 죽어 있을 이유가 없다. '지금이 바로 법을 얻을 수 있는 때다.' 이렇게 생각하면 수행자의 의욕이 다시 살아날 것이다. 대상의 탐구에 대한 깨달음의 요소가 형성되는 것이다.

이 생이 언제까지 계속될 것인가? 누구도 알 수 없다. 그러나 살아 있을 때만 수행을 할 수 있다. 누구도 자신이 얼마나 살게 될지 예측할 수 없다. 비록 오늘 살아 있더라도 내일은 살아 있지 않을 수도 있다. 그러므로 기회가 왔을 때 바로 오늘 수행을 해야 한다.

그래서 부처님께서는 이렇게 말씀하셨다.

"번뇌를 제거할 수 있는
보시, 지계, 선정 그리고 위빠사나를 계발하는 수행은,
바로 오늘, 시작해야 한다.
왜 그런가?
내일 죽을 수도 있고, 살아 있을 수도 있다.
누가 그것을 알 것인가?
누구도 그것을 알 수 없는 이유는,
96가지의 질병과 칼, 창, 무기, 독 등 헤아릴 수 없이 많은
죽음의 원인이 있기 때문이다.
이러한 죽음(죽음으로 이끄는 원인)에 대하여 우리는,
시간을 좀 벌어서 죽음과 친숙해지거나,
뇌물을 주어 예정된 죽음의 날짜를 조정하거나,
죽음과 싸워 이겨 낼 수 있는 대책을 강구할 수 없다.
그러므로 내일 죽을 수도 있고 살아 있을 수도 있다.

어느 누가 그것을 알 수 있을 것인가?
그러므로 바로 오늘,
번뇌를 제거할 수 있는 선정수행과 위빠사나 수행을 해야 한다.”

비록 오늘은 살아 있더라도 내일 죽을 수도 있다. 그러므로 오늘 기회가 왔으면, 바로 오늘 열심히 수행해야 한다.

이에 대한 확신을 가지고 위빠사나 수행에 전념할 수 있도록 마하시 사야도는 수행자와 다음 세대를 위하여 다음과 같은 말을 하였다. 마하시 사야도의 은혜에 보답하도록, 부처님께 경의를 표하는 마음으로 기쁘게 따라 해보도록 하자.

≪요약≫　　죽음에 맞설 수 있는 온갖 대책을 세워도
죽을 날짜를 정할 수 없고,
뇌물을 줄 수도 없다.
이들 무리를 퇴치할 수 있는 것은
아무것도 준비되어 있지 않다.
아아! 그러므로
내일도 살아 있을 것이라고 확신할 수 없다.
그러므로 내일로 미루지 말고
바로 오늘 수행을 해야 한다.

수행자가 위의 가르침을 숙고하면, ‘대상의 탐구에 대한 깨달음의 요소’가 일어날 것이다. 수행자는 다시 열심히 수행하기 위해 노력할 수 있을 것이다.

9 위빠사나 수행자의 근기를 돕는 일곱 번째 요인

1. 몸과 생명에 대한 집착에서 벗어나다

주석을 하는 스승들은 다음과 같이 가르쳤다.

"몸이 되었든 생명이 되었든
어느 쪽에도 가담하지 마라."

수행자는 몸과 생명으로부터 자신을 분리하려는 마음으로 수행해야 한다. 대부분의 사람들은 자신의 몸과 생명을 매우 중요하게 여긴다. 사람은 말할 것도 없고 하찮은 동물조차도 자신의 몸과 생명을 중요하게 여긴다.

몸과 생명에 대해 냉정한 태도를 가지기 위해서 우리는 무엇을 숙고해야 하는가?

우리는 수많은 전생에서도 자신의 몸과 생명을 소중하게 여겼고,

바로 그런 이유로 지금까지 성스러운 법을 얻지 못하였다. 그래서 우리는 지금도 늙음, 질병, 죽음이라는 괴로움 속에서 벗어나지 못하고 있다. 지금까지 윤회하면서 자신의 몸과 생명을 소중하게 여겨 왔기 때문에 겪고 있는 것이다.

성스러운 법을 얻을 수 있는 바로 이 순간에, 인간으로 태어나 건강하게 살아 있는 이때에, 그리고 성스러운 법과 가르침이 있는 바로 이 시기에, 그래서 법을 얻을 수 있는 가능성도 아주 높은 이때에, 성스러운 법과 우리의 몸과 생명을 바꾸어야 하지 않겠는가?

바로 이 기회에, 성스러운 법을 얻을 가능성이 높은 이 기간에, 성공적으로 바꿀 수 있을 것이다. 이렇게 하면 미래 생에는 '늙음, 병듦, 죽음'의 모든 위험으로부터 탈출할 수 있을 것이다.

≪요약≫　　　　몸이나 생명
어느 쪽에도 가담하지 않고
공평해야 한다.

집착하면 이룰 수가 없다. 법을 얻으려면 공정한 태도를 취해야 한다. 아주 견디기 어려운 경험을 하는 지혜의 수준에 이르렀을 때, 집착을 떼어낸 수행자만이 그 지혜를 넘어서 앞으로 나아갈 수 있다. 수행자가 여전히 자신의 몸과 생명에 집착하는 태도를 가지고 있으면 어려움에 부딪혔을 때 이를 벗어날 수 없다.

2. 지혜가 높아지려면 집착을 버리는 것이 중요하다

어느 때 한 사원에 나이 든 비구와 사미승이 살고 있었다. 두 비구는 명상을 열심히 하여 높은 단계의 과정果定1)에 도달하여 즐기고 있었다.

당시 비구들은 우안거가 시작하기 전에 여러 비구가 모임을 만들어서 숲으로 들어가 안거기간 동안 집중수행을 할 곳을 살펴보았다. 그래서 노비구와 사미승은 어느 보름날, 숲 속에 있는 한 사원으로 갔다. 그곳은 이미 많은 비구들로 가득 차 있었다. 노비구에게는 우선적으로 거처가 배당되어 우안거 동안 머물 곳이 생겼다. 아직 어린 사미승은 가르침을 받은 지 얼마 되지 않았기 때문에 사원 안에 거처를 구할 수 없었다.

노비구는 사미승이 우안거 내내 빗속에 있어야 한다는 것을 알았다(안거는 6월부터 9월까지 계속된다). 그는 사미승이 병에 걸리지 않을까 염려되었다. 우안거 동안은 모두 열심히 수행을 하기 때문에 서로 왕래할 수도 없었다.

노비구는 과정에 드는 것으로부터 수행을 시작하는 버릇이 있었다. 그러나 과정에 들어가려고 하기만 하면 사미승을 생각하고 있는 것이었다. 노비구는 '괜찮은가? 병에 걸리진 않았을까?' 하면서 사미

---

1) 과정果定을 빨리어로 팔라 삼마빠띠phala samāpatti라고 하는데, 결과에 도달하는 것을 말한다. 열반에는 도와 과의 단계가 있는데, 도道는 지향하는 것이고, 과果는 성취하는 것이다. 그러므로 과정은 열반을 성취한 상태를 말한다.

승을 걱정하였다. 그리하여 그는 과정에 들어서지도 못하였다. 집착한 것이 그 원인이었다.

반면 사미승은 그의 스승이 따뜻하고 안전한 사원 안에 있는 것을 알기 때문에 안심하고 자신이 바라던 대로 과정을 실천하고 있었다. 그는 걱정에서 벗어났기 때문에 수행을 잘할 수 있었다. 우안거가 끝나고 스승과 다시 만난 사미승이 수행이 어땠는지를 묻자, 스승은 자주 사미승을 걱정하다 보니 전혀 수행을 하지 못했다고 대답하였다.

걱정과 집착은 수행을 방해할 수 있다. 수행자 여러분은 이것을 명심해야 한다. 수행자의 지혜가 높아지고 거의 완성의 단계에 도달하였더라도, 사소한 걱정이나 염려를 하거나 집에서 안 좋은 소식이라도 들려오면 지혜가 더 이상 향상되지 않는다.

수행자의 지혜가 높아질수록 법의 성품은 아주 섬세하고 민감해진다. 수행이 잘 될 때는 집에서 오는 아주 사소한 소식을 들어도 수행이 진행될 수 없다는 사실을 기억해야 한다. 그러므로 수행자의 지혜의 수준이 매우 높아졌을 경우에는 가족에게 오지 말라고 하는 것이 현명하다. 가족은 수행자의 수행을 방해하기만 할 뿐이고, 오히려 법을 얻는 데 위협적인 존재이다.

수행자는 지혜가 높아질수록 수행이 섬세해지고 민감해지는 것을 경험한다. 집중이 매우 잘 되는 수행자는 바로 완성에 이를 수도 있다. 그러나 집중이 좀 약한 수행자는 이 점을 주의해야 한다. 어떤 종류의 걱정도 해서는 안 된다. 그렇지 않으면 앞으로 나아갈 수 없다.

3. 소멸의 지혜에서는 집착이 떨어진다

그러나 **소멸의 지혜**에 이르게 되면 자연스럽게 몸과 생명에 대한 집착이 끊어지는 현상이 일어난다. 이때는 알아차리자마자 대상이 사라진다. 알아차리면 곧바로 사라지는 것이다. 마음의 대상이 사라지고 알아차리는 마음도 사라진다. 수행자는 이것들이 계속해서 죽어간다고 말할 것이다. 사라짐은 마치 죽는 것과 같지 않는가? 계속해서 물질은 죽어가며, 정신도 죽어간다. 아무런 집착의 느낌이 없다. **소멸의 지혜**에 이른 수행자는 이런 마음의 상태가 된다.

수행자가 **소멸의 지혜**에 이르면 어떤 느낌이 나타난다. 그들은 스승에게 이 느낌이 마치 바늘에 온몸을 찔리는 것과 같다고 보고한다. 그들은 이것이 어디서 오는지 모른다. 온갖 종류의 통증, 쑤심, 욱신거리는 느낌, 경련 등이 있지만 수행자는 이 통증이 어디서 오는지 모른다. 몸의 모양과 형태가 분명하지 않고 오히려 사라짐이 분명하다. 그러나 통증과 쑤심은 너무 선명하고 알아차림은 어려워진다.

소멸의 지혜에 이른 수행자는 보통 어지러움을 느낀다. 처음 이 지혜에 이르면 수행자는 알아차림이 어려워진다. 그러나 지혜가 강해질수록 알아차림은 더 강해지고 부드러워진다. 그리고 몸과 생명에 집착하거나 염려하지 않는 단계에 도달하게 된다.

예전에 나는 수행지도자가 되기 바로 직전에 마하시 사야도의 수행센터에 있는 작은 방에서 홀로 지낸 적이 있다. 당시 나와 가까운 한 제자는 만성 무릎 통증으로 고생하고 있었다. 그녀는 꽤 잘살아서 여러 병원을 다녔는데도 불구하고 무릎이 완전히 낫지 않았다. 그녀는 무릎이 낫기를 기다리지 않고 수행을 하기로 결정하였다. 수행을 시작하고 그녀는 몸무게와 무릎 통증으로 인해 많은 문제를 겪었다. 약 한 달간 열심히 노력한 결과 그녀는 **소멸의 지혜**에 이르렀다.

그가 수행을 하려고 앉기만 하면 무릎 통증이 더 심해져서 통증이 있는 곳이 타 들어가는 것 같았다. 그러나 그녀는 만약 이 통증으로 죽게 된다면 죽어도 좋다는 결심을 하였다. 그녀는 무릎 통증에 초점을 맞추고 계속하여 알아차렸다. 그 후에 그녀는 나에게 무릎 통증이 사라지고 좋아졌다는 보고를 하였다. 몸과 생명으로부터 자신을 떼어 놓았기 때문에 무릎이 치료된 것이다.

수행자가 오래전부터 앓아 온 만성적 질병들은 **소멸의 지혜**에서 몸과 생명을 분리해서 알아차릴 때 치료된다. 법에 대한 지혜는 성스러운 법을 얻는 그 시점에서 진전될 것이다. '몸이나 생명 그 어느 쪽에도 치우치지 않고 공평해야 한다'는 것은 **소멸의 지혜**에 이른 수행자에게서 일어난다. 그러므로 수행자 여러분은 **소멸의 지혜**에 이를 때까지 열심히 수행해야 한다.

≪요약≫　　　몸이나 생명,
　　　　　　　그 어느 쪽에도 가담하지 않고,
　　　　　　　공평해야 한다.

다음과 같이 생각하는 것은 매우 중요하다.

"내 몸과 생명을 집착하고 염려했기 때문에
나는 윤회의 괴로움을 겪고 있는 것이다.
그것이 내가 아직도 성스러운 법을 얻지 못하고 있는 이유이다.
성스러운 법을 얻을 수 있는 때인 지금,
나는 이 몸과 생명에 대한 걱정을 하지 않을 것이다.
나는 이들과 성스러운 법을 바꿀 것이다."

이렇게 숙고함으로써 몸과 생명을 떼어버릴 수 있는 단계에 이르고, 바라밀 공덕이 얼마나 성숙되어 있느냐에 따라 성스러운 법을 얻을 것이다.

10 위빠사나 수행자의 근기를 돕는 여덟 번째 요인

1. 위빠사나의 인내력이 괴로운 느낌을 제압한다

주석을 가르치는 스승은 다음과 같이 설명하였다.

"몸과 생명에 대한 걱정을 하지 않고 알아차릴 때
반복적으로 일어나는 고통으로부터,
반복적으로 일어나는 괴로운 느낌을 싫어하는 마음으로부터,
벗어나기 위해서 그것을 이겨내고 극복하고 제압함으로써
위빠사나의 지혜가 형성된다.
다시 말하면, 수행자의 근기가 강화된다."

근기를 돕는 일곱 번째 요인은, 몸과 생명에 대한 걱정 없이 수행에 전념하여 노력하라는 것이었다.

여덟 번째 요인은, 몸과 생명에 대한 걱정을 하지 않고 수행하는 동안 괴로운 느낌이 반복해서 일어나고, 이렇게 반복되는 괴로움에

대하여 싫어하는 마음이 일어날 때 이를 극복하기 위해서 위빠사나의 인내력을 발휘하라는 것이다.

≪요약≫　　　알아차릴 때마다 무엇이 일어나든,
　　　　　　그 고통은 제압되어야 한다.

위빠사나 수행의 알아차림을 하는 동안에는 느낌이 일어날 때, 그 고통을 극복하기 위해 알아차리는 것이 좋다. 느낌이 나타나서 알아차리는 바로 그 순간 수행자가 알아차림을 강화하여 느낌을 극복할 수만 있으면, 지금까지 겪었던 다른 느낌들도 해결될 수 있다.

위빠사나 지혜가 강화되어 **소멸의 지혜와 현상에 대한 평등의 지혜**에 이르면, 많은 수행자들이 오래된 불만족과 오래된 느낌들이 사라지는 것을 알게 된다. 어떤 수행자는 사소한 불만 때문에 수행을 할 수 없었다. 그러나 이제는 좌선을 하면서 불만족을 알아차릴 수 있다. 이처럼 '알아차릴 때마다 일어나는 고통'은 극복되어야 한다.

알아차리면서 일어나는 느낌은 지혜의 수준에 따라 그 특징이 다르다.

정신과 물질을 구별하는 지혜에서는 느낌이 분명하지 않다. **원인과 결과를 아는 지혜**에서도 느낌이 분명하지 않다. 그러나 **현상을 바르게 아는 지혜**에 이르면 느낌을 분명하게 알 수 있다. 알아차리는 시점에서 일어나는 모든 괴로운 느낌이 분명하게 드러난다.

이 지혜에 이르면 수행자는 연속적으로 **생멸의 지혜, 소멸의 지혜, 두려움에 대한 지혜, 고난의 지혜, 혐오감에 대한 지혜, 해탈을 원하는 지혜, 다시 살펴보는 지혜**의 순서로 지혜를 경험한다. 이 중에 **다시 살펴보는 지혜**에서는 괴로운 느낌이 아주 분명하게 일어난다.

이 느낌을 경험한 수행자는 이것을 '늦게 나타나는 느낌'이라고 하기도 한다. 초기의 지혜의 단계에서 나타나는 '일찍 나타나는 느낌'을 극복하고 나면, 지혜의 수준이 성숙된 후에도 분명히 같은 느낌을 다시 한 번 경험하게 된다.

아직 수행의 경험이 적은 수행자는 알아차림이 부드럽고 매우 잘 되다가 또다시 괴로운 느낌이 나타날 때 의기소침해져서 수행을 할 의욕이 떨어지게 된다. 그러므로 '일찍 나타나는 느낌'과 '늦게 나타나는 느낌'이 있다는 것을 미리 알아두는 것이 좋을 것이다.

오늘은 모든 위빠사나 지혜에 대하여 설명하겠다.

2. 위빠사나 지혜

1) 정신과 물질을 구별하는 지혜

첫 번째 위빠사나 지혜는 **정신과 물질을 구별하는 지혜**이다. 이는 정신과 물질의 실재하는 것을 아는 것으로서 정신과 물질을 구별하는 통찰지혜를 말한다. 수행자 여러분이 3~4일 정도 수행을 하면 이 지혜에 이르게 된다.

처음에는 이것이 분명하지 않다. 수행자는 '(배의) 일어남, 꺼짐, 앉음, 닿음', '(발의) 들어서, 앞으로, 놓음'이라고 알아차릴 수 있도록 훈련하는 것으로 수행을 시작한다.

처음 수행을 시작할 때는 수행자가 '일어남, 꺼짐, 앉음, 닿음'이라고 알아차리는 경우, '나의 배가 일어나고 내가 알아차린다'라고 생각한다. 앉는 것은 자신의 몸이므로 알아차림도 자신이 하는 것이라고 생각한다. '닿음'은 자신의 몸이 하는 것이므로 알아차림도 자신이 한다고 생각한다. 그에게는 모든 것이 하나로 보인다.

그러나 알아차림을 계속하여 집중과 지혜가 형성되면,
—'일어나는 것'이 하나이고, '알아차리는 것'은 또 다른 별개라는 것을 알게 된다.
—'꺼짐'을 알아차릴 때도 꺼지는 행위와 꺼지는 것이 하나이고, 그것을 알아 기억하고 또 알아차리는 것은 또 다른 별개라는 것을 안다.
—'앉음'을 알아차릴 때도 앉는 대상이 하나이고, 그것을 알아차리는 의식은 별개라는 것을 안다.
—'닿음'을 알아차릴 때도 닿는 것이 하나이고, 닿는 것을 알아차리는 것은 완전히 별개라는 것을 안다.

'일어남', '꺼짐', '앉음', '닿음'은 모두 의식이 없고, 알아차림이 없는 물질적 현상이다. 뒤이어 일어나는 알아차림은 모두 의식이 있는 마음으로, 정신적 현상이다. 이때 비로소 분명하고 꿰뚫어보듯이 **정신과 물질을 구별하는 지혜**가 생긴다.

여기 있는 여러분 중 상당수가 이미 그 수준의 지혜에 이르지 않았는가? 수행자가 꿰뚫어보듯이 집중하면 정신과 물질을 분명하게 구별할 수 있다.

그러나 마음이 산만한 수행자는 수행을 하려고 앉아도 집중이 잘 안 된다. '일어남, 꺼짐, 앉음, 닿음'이라고 알아차릴 때, 그의 마음은 불탑佛塔, 시장, 집, 직장으로 돌아다닌다. 그의 마음은 있어야 할 곳에 있지 않고 여기저기 돌아다닌다. 이때 수행자는 돌아다니는 마음을 따라다니면서 '생각, 생각', '돌아다님, 돌아다님'이라고 알아 차려야 한다.

또 어떤 수행자는 조용히 앉아서 고요하게 알아차리고 있지만, 그의 마음은 꼼짝 않고 앉아 있는 그곳에 머물러 있지 않는다. 몸만 움직이지 않고 앉아 있을 뿐 마음은 한자리에 머물지 않는다. 수행자 는 이것을 괴로워하지만 마음은 다루기가 매우 어려워서 돌아다니는 것을 막을 수 없다는 것을 알게 된다. 돌아다니는 마음을 점점 더 분명히 알게 된다.

전에는 좌선을 하면서 그러한 사실을 분명히 알지 못하였다. 이제 수행자는 돌아다니는 마음을 좀 더 자주 알 수 있게 된다. **정신과 물질을 구별하는 지혜**에 이르렀기 때문에 더 잘 알 수 있다. 그렇기 때문에 이것을 괴로워할 이유가 없다. 몸이라는 물질은 움직이지 않고 앉아 있지만 마음은 계속 움직이고 있다. 수행자는 마음의 움직임을 더 잘 이해한다.

예전에 수행할 때는 물질과 마음은 하나라고 생각하였다. 그러나 이제 몸이라는 물질이 움직이지 않고 고요히 앉아 있더라도 정신은 여기저기 돌아다닌다는 것을 안다. 마음은 항상 움직이고 있다. 이처럼 자신의 마음을 더 잘 알게 되었다는 것은 자신의 물질을 더 잘 이해하게 되었다는 것을 의미한다. 이제 수행자는 마음이 몸과는 따로 존재한다는 사실을 받아들이게 된다.

정신과 물질을 구별하는 지혜가 성숙해지고 돌아다니는 마음을 지속적으로 알아차리면, 그 알아차리는 마음이 계속 이어진다. 수행자가 이를 잘 따라잡을 때 알아차림을 놓치지 않는다. 수행자가 '일어남, 꺼짐'이라고 알아차릴 때 (배가) 일어나는 중간 단계에서 알아차림이 분명하게 나타난다. 일어남의 시작과 끝 부분은 그렇게 분명하지는 않지만 결국 이것도 알아차린다. 그래서 외부 감각대상의 표상表相이 반딧불이의 빛과 같이 알아차리는 마음에 분명하게 기억된다.

여기서 노력을 계속하면 지혜의 수준이 높아진다.

2) 원인과 결과를 아는 지혜

두 번째 위빠사나 지혜는 **원인과 결과를 아는 지혜**다. 수행자가 '일어남, 꺼짐, 앉음, 닿음'을 알아차릴 때, 배의 '일어남, 꺼짐'이 있었기 때문에 그것을 알아차리기 위한 '아는 의식'이 그 뒤를 따른다는 것을 이해한다. 왜냐하면 '앉음, 닿음'이 먼저 일어나고, 그것을 알아차리기 위한 '아는 의식'이 일어났기 때문이다.

'일어남, 꺼짐, 앉음, 닿음'은 원인이다. 그것이 있음으로 해서 알아차리는 마음이 있는 것이다. 먼저 일어난 것이 원인이고, 뒤이어 일어난 알아차림은 결과다. 수행자는 알아차림을 원인으로 해서 '나타남'이 있을 수밖에 없다는 것을 알게 된다.

수행자가 열심히 노력하면 '일어남'과 '꺼짐'은 아주 미세하고 섬세해지며, '일어남'과 '꺼짐'은 점차 희미해져서 분명하지 않다. '일어남'과 '꺼짐'은 정확히 배의 중간 부분에서 일어나는 것이 아니다. 때로는 등 쪽에서도 일어나기도 하고, 때로는 몸의 중간 부분에서 일어나기도 한다. 어떤 때는 '일어남'이 머리끝 정수리에서 일어나기도 하며, 팔에서 일어나기도 한다.

일어남의 위치가 바뀌면 그것을 따라다니며 알아차린다. 일어남이 회오리 모양으로 돌기도 한다.

이럴 때 수행자는 사야도에게 이렇게 묻는다.
"일어나면서 돕니다. 이것을 어떻게 알아차리면 좋겠습니까?"
사야도는 "그것이 일어나는 그대로 알아차리면 된다. '돎, 돎'이라고 알아차리라"고 말해 준다.
수행자가 다시 이렇게 묻는다.
"머리끝 정수리에서 일어납니다. 이것을 어떻게 알아차리면 좋겠습니까?"

사야도는 "정수리에서 '일어남, 일어남'을 알아차리라"고 말해 준다.

일어나는 위치가 바뀌면, 알아차리는 위치도 바뀌어야 하지 않는가? 이렇게 함으로써 수행자에게는 '일어남, 꺼짐'이 원인이고, 알아차리는 마음이 결과라는 것이 더욱 분명해 진다. 곧 일어남과 꺼짐이 매우 섬세해져서 때로는 그것들을 알아차릴 수 없게 된다.

이때 수행자는 이렇게 말할 것이다.
"스승님, 일어남과 꺼짐이 더 이상 분명하지 않습니다."

일어남과 꺼짐을 알아차릴 수 없을 때는 '앉음, 닿음'을 알아차려야 한다. '일어남과 꺼짐'이 없으므로 '일어남, 꺼짐'을 알아차리는 마음도 일어나지 않는다. '일어남, 꺼짐'은 원인이고, 알아차리는 마음은 결과이기 때문이다.

이 지혜에서는 '일어남'의 시작, '꺼짐'의 시작이 분명하다. 통증, 쑤심, 욱신거림, 지침, 경련, 피곤과 같은 모든 괴로운 느낌은 두드러지지 않는다. 약한 통증이나 쑤심과 같은 느낌이 있기는 하지만 거의 없다시피 한다. 외부 감각대상의 표상을 초록색, 노란색, 붉은색, 푸른색과 같이 색깔로 보기도 한다. 절, 사당, 사원도 보이지만 이것들도 분명하지 않고 흐릿하다.

이렇게 계속 알아차리면 다음 단계의 지혜에 도달한다.

3) 현상을 바르게 아는 지혜

세 번째 위빠사나 지혜는 **현상을 바르게 아는 지혜**이다. 이 지혜에 이르면 통증, 쑤심, 경련, 나른함, 가려움, 혐오, 메스꺼움, 흔들림 같은 온갖 종류의 느낌을 경험하게 된다. 외부 감각대상으로 나타나는 표상은 불쾌한 것들이다. 장례식, 군대, 머리의 무거움, 무거운 발걸음 등 어떤 수행자는 사야도에게 귀신이나 무서운 것들을 보았다고 보고한다. 사야도가 그것들을 보고 두려웠느냐고 물으면 두려웠다고 대답한다.

이때 수행자는 '봄, 봄'이라고 알아차려야 한다. 그래도 잘 안 되거나 두려움에 휩싸여 있다면, '두려움, 두려움'이라고 알아차려야 한다.

위빠사나는 나타나는 것이 무엇이든지 두드러지게 나타나는 것, 혹은 마음속에 나타나는 것, 그 어떤 것도 알아차린다는 것을 의미한다. 수행자는 일어나지 않은 것, 분명하지 않은 것, 마음에 일어나지 않은 것은 대상으로 하지도 않고 알아차리지도 않는다.

수행자는 먼저 무서운 감각대상을 '봄, 봄'이라고 알아차려야 한다. 그래도 무서운 느낌이 더 강해지면 '무서움, 무서움'이라고 알아차려야 한다. 수행자가 그것을 알아차려서 두려운 마음을 따라잡을 수 있다면 무서운 느낌은 더 이상 아무것도 아니다. 때로는 무시무시한 감각대상이나 끔찍한 표상이 나타나기도 한다. 몸은 온갖 종류의 괴로운 느낌으로 고통을 겪고 있는데 여기에 끔찍한 모양까지 보인다는 것이다. 수행자는 수행이 '괴로움(苦)'이라는 결론을 내린다.

이렇게 결론지음으로써 수행자는 괴로움이 여러 가지로 그 형태를 바꾼다는 것을 알게 된다. 지금은 이런 형태였다가 곧 다른 형태로 바뀐다. 오늘은 이렇더라도 내일은 또 다르다. 괴로움은 여러 가지로 바뀐다. 괴로움 그 자체는 영원하지 않은 것이므로 '무상無常'이다.

현상을 바르게 아는 지혜에서는 괴로움이 가장 먼저 찾아온다. 이때 수행자에게는 괴로움이 더 분명해진다. 온갖 고통과 쑤심으로 가득 찬 이 몸은 괴로움의 덩어리다. 이와 같은 지혜를 얻게 된 수행자는 스스로 그것을 이해한다. 이렇게 이해하는 것을 현상을 바르게 안다고 한다. 괴로운 느낌은 지금 하나가 일어나면 다음엔 다른 것이 일어나고, 통증도 여기저기에서 일어나며, 항상 다양한 형태로 변한다는 특성을 가지고 있다. 이러한 다양한 느낌은 형태가 바뀌고 장소도 바뀌므로 영원하지 않다. 그래서 느낌은 무상이라는 결론을 내리게 된다.

수행을 하러 왔기 때문에 이런 통증과 쑤심을 겪는 것이 아니냐고 물을 수 있는데, 이에 대한 대답은 아니라는 것이다. 수행자는 편안하고 평화롭게 수행하고, 그러면서도 빨리 법을 얻고 싶어 한다. 수행자 여러분 중에서 통증과 비탄에 빠져서 수행하고 싶은 자가 있는가? 아무도 없다. 그렇다고 하더라도 **현상을 바르게 아는 지혜**의 단계에 이르면 모든 수행자가 고통과 비탄을 경험한다.

"오, 이 몸은 내가 원하는 대로 시켜도 안 되는 것이다. 몸은 스스로 의 의지에 따라서 행동한다. 몸은 스스로의 의지로 쑤시고 아프다."

수행자가 원하는 것은 평화와 편안함 속에서 수행하는 것이다. 그렇게 수행할 수 있는가? 그럴 수 없다. '몸은 내가 다스릴 수 없다! 내가 다스릴 수도, 통제할 수도 없다'라는 것을 '무아無我'라고 한다. 수행을 통해 무아를 이해하는 것이 **현상을 바르게 아는 지혜**이다.

현상을 바르게 안다는 것은 수행을 통해 아는 것으로, 이 몸은 '무상'이고, 이 몸은 '괴로움'이며, 이 몸은 '무아'라는 것을 수행의 결과로 아는 것을 의미한다.

이 같은 모든 무상함과 변화하는 괴로운 느낌들은, 사실 모두 이 몸 안에 있다. 그러므로 이 몸은 무상한 것이다. 온갖 괴로움으로 고통받고 있는 이 몸은 괴로움일 뿐이다. 내가 원하는 대로 되는 것은 아무것도 없다. 평화와 편안함을 원하고 있지만 그것들을 찾을 수가 없고, 오직 통증과 고통만이 있는 이 몸은 다스릴 수도 없고, 통제할 수도 없기 때문에 무아다.

이렇게 이해하면 수행자에게 도움이 된다. 이미 그런 경험을 하고 진전을 본 수행자는 다른 수행자에게 이와 같이 조언하여 도움을 줄 수도 있다. 어떤 수행자는 이것을 극복하여 알아차리지 못했기 때문에 용기를 잃고 의욕을 잃는다.

이 현상은 일반적으로 수행을 시작한 지 열흘 정도 되면 나타난다. 열흘간의 수행을 하고 나서도 수행자는 여전히 **현상을 바르게 아는 지혜**를 극복하지 못한다. 수행자가 이를 극복하여 잘 알아차릴 수 있다면 **현상을 바르게 아는 지혜**의 수준을 넘어설 수 있다.

영민한 수행자는 이틀 정도면 **현상을 바르게 아는 지혜**의 수준을 극복한다. 무디고 알아차림을 지속시키지 못하는 수행자는 열흘 이상 걸린다. 알아차림이 아주 느슨하고 연속적이지 못한 수행자는 한 달 이상 걸릴 수도 있다. 한 달이나 걸려서 겨우 **현상을 바르게 아는 지혜**에 도달한다면, 과연 그것이 제대로 된 것일까? 물론 아닐 것이다.

수행지도자는 계속해서 그를 격려해 주어야 한다.

"수행자여, 이 지혜의 수준에서는 누구나 그런 경험을 한다. 이번 지혜 단계에서 안 좋은 경험을 많이 할수록 다음 지혜에서는 좋은 경험으로 가득할 것이다. 지금 경험하는 것들이 안 좋기 때문에 수행자의 입장에서는 혹시 나쁜 법을 얻은 것이 아닌가 하고 여겨지겠지만, 사실 이렇게 괴로운 느낌이라고 하는 분명한 증상이 드러났다는 것은 아주 훌륭한 법을 얻은 것이다."

지도자는 이렇게 수행자에게 용기를 주어야 한다. 이 단계의 지혜에 이른 수행자 중에는 성격이 급한 사람도 있다. 그들은 스승이 격려로 하는 말씀을 거짓 칭찬이라고 생각한다.

언젠가 한 수행자는 사야도에게 다음과 같이 반박하였다.
"스승이시여, 이것이 좋다고 말씀하셔도 나는 죽어 가고 있다는 생각이 듭니다."

이것이 맞는가? 그렇지 않다. 그러나 수행지도자는 이를 너그럽게 봐줘야 한다. 그 수행자는 아주 혼란스러워하고 있는 것이다. 그는 집에 있을 때는 자신에 대해서 이렇게까지 적의를 가진 적도 없고,

또 이렇게 화가 난 적도 없었다고 하였다. 그는 비구에게 수행센터에 온 이후로는 자신의 성격을 제어할 수 없다고 말하였다. 그는 스승이 고의로 자신을 화나게 한다고 생각하였다.

이때 스승은 고의로 그를 화나게 만든 것이 아니라고 정직하게 말해 주어야 한다. 바로 이 수행자는 수행(지혜)을 통해 법을 이해하게 된 것이고, 이로써 자신의 성냄이란 성품을 발견한 것이다. 스승은 열심히 수행하면 이 모든 것을 극복할 수 있을 것이라며 격려해 주었다.

영민한 수행자는 하루나 하룻밤 사이에 **현상을 바르게 아는 지혜**의 과정을 극복한다. 수행자는 이 괴로운 느낌을 극복하기 위해 인내심을 가지고 수행을 해야 한다. "알아차릴 때 무엇이 일어나거나 그 고통은 극복되어야 한다"는 말은 매우 중요하다. 아픈 느낌, 쑤심, 욱신거리는 느낌, 경련과 같은 모든 느낌이 강해질 때, 우선적으로 수행자는 스스로에게 자신은 이것들을 극복하고 잘 견뎌 낼 것이라고 상기시켜야 한다. "인내가 열반으로 이끈다"고 한 옛말은 위빠사나 수행에 매우 유용하다.

인내심을 가진 수행자가 아라한에 이른 사례는 매우 많다. 그 한 예가 웨다나사마시시라는 아라한에 관한 것이다.

그는 비구였는데 임종을 맞이하고 있었다. 임종을 맞이하면서 그는 고통스러운 느낌을 계속 알아차리고 있었다. 그리고 그 느낌이 사라진 순간 아라한이 되어 숨을 거두었다. 처음에 그는 임종의 느낌이 너무 강했기 때문에 그 느낌을 극복할 수도 없고 살아 돌아올 수도 없다는 사실을 알았다. 죽어 가는 사람은 대부분의 경우, 죽기 하루나 이틀 전에 이 사실을 알게 된다. 수행 경험이 많은 수행자도 수행해 보아야 별 소용이 없다는 것을 알기 때문에 이 사실을 알고 수행을 포기하는 경우가 있다. 어떤 사람들은 몇 시간 전에 그것을 알기도 한다.

처음에 그 비구도 이 느낌을 살아서는 극복할 수 없다고 생각하였다. 그러나 그는 이 느낌으로는 더 이상 살 수 없으니 몸과 생명에 대한 걱정을 버리기로 결심하고, 모든 주의를 모아서 수행에 집중하였다. 그는 느낌에 대한 알아차림을 놓치지 않고 노력하여 죽기 바로 직전에 성스러운 법을 얻을 수 있었다.

이렇게 수행자는 참고 견디어야 한다는 것을 숙고해야 한다. 인내로 열반에 이른 수행자의 또 다른 사례가 있다.

옛날 한 비구가 아라한이 되겠다는 목표를 세우고 열심히 수행하고 있었다. 그는 밤에도 낮에도 수행을 하였다. 어느 날 밤, 그는 한 번도 쉬지 않고 수행을 하였다. 그러다 감기에 걸렸는데 아침에는 복통이 너무 심해서 죽을 것만 같았다. 서 있을 수도, 앉아 있을 수도 없어서 누워 있어야 했다. 위의 통증이 너무 심해서 요동을 치다가 침대 위에서 떨어지고 가사가 흐트러졌다. 그래서 옆에 있던 다른 비구가 흐트러진 옷을 바로 입혀 주어야 했다.

대장로大長老로 알려진 한 지혜로운 비구가 그 장면을 보고 말하였다. "오, 비구여, 그대는 인내하고 견뎌야 하지 않겠는가?"

"그렇습니다."

병든 비구는 겨우 이 한마디 대답을 하였다. 이제 병든 비구는 더 이상 뒹굴지 않고 고요하게 임종을 맞이하였다.

그 비구는 그 느낌을 인내하기로 결심하였다. 복통을 따라다니면서 알아차리기 위해 노력하였다. 복통이 배꼽에서 시작하여 가슴까지 곧바로 올라왔다. 복통이 가슴까지 왔을 때 그는 아나함도를 얻었다. 그는 아나함으로서 열반을 향한 마음을 가지고 죽음을 맞이하였다. 그는 범천에 태어났다. 인내를 가지고 견뎠기 때문에 높은 세계에 태어난 것이다. 다른 비구가 이를 상기시켜 주지 않았더라면, 그래서 계속 통증으로 고통스러워하고 있었더라면, 집중이 생기지 않아서 위빠사나 지혜도 형성되지 않았을 것이다. 도의 지혜와 과의 지혜에 도달하지 못했을 것이다. 인내가 그를 열반으로 인도한 것이다.

수행자는 수행 중에 일어나는 통증과 쑤심에 대한 걱정을 버리고, 인내하는 마음으로 '이 느낌은 통증의 성품으로 인한 것이다. 이것을 알아차리는 것만이 할 일이다'라는 냉정하고도 침착한 태도를 유지해야 한다.

느낌이 강해질 때, 통증을 견디다 보면 몸과 함께 마음도 긴장하게 된다. 수행자는 그렇게 되지 않도록 해야 한다. 긴장하게 되면 너무 많은 노력을 해야 하므로 느낌이 있는 바로 그 자리에 알아차림의 초점을 맞출 수 없다. 그러면 이것이 더 많은 통증의 원인이 되어 집중이 되지 않는다. 그러므로 느낌이 더 강해지면 몸과 마음의 긴장을 약간 늦춰야 한다. 그러고 나서 느낌이 있는 바로 그 자리에 알아차림의 초점을 맞추도록 해야 한다. 이렇게 하면 수행을 계속할 수 있게 된다.

　　―통증이 피부에 있는가?
　　―살에 있는가?
　　―신경에 있는가?
　　―아니면, 뼈를 건드리고 있는가?
　　―아니면, 뼈 속에 있는가?”

수행자는 느낌이 있는 바로 그곳에 마음을 겨냥하도록 해야 한다.

그곳이 어디인지를 찾으면 통증이 얼마나 긴지, 깊은지, 통증의 성품을 알게 된다. 그러면 ‘통증’, ‘쑤심’, ‘욱신거림’이라고 알아차릴 수 있다. 통증의 정도를 꿰뚫어보듯이 겨냥하여 지켜보면 집중을 할 수 있다. 수행자는 피상적으로 알아차리거나 성급하게 알아차려서는 안 된다. 이렇게 해서는 더 많은 통증만 나타나게 된다. 수행자는 ‘통증’이나 ‘쑤심’, ‘욱신거림’이라고 완전하게 알아차려야 한다.

두 번째 알아차림도 마찬가지로 통증의 넓이와 깊이를 재고, 그러고 나서 그 통증을 깊고 완전하게 알아차린다. 이렇게 수행자는 다시 한 번 통증의 정도와 크기를 선택하고 깊고 완전하게 알아차린다.

세 번째와 네 번째도 같은 방법으로 알아차리기를 계속한다. 네 번째나 다섯 번째의 알아차림에서 통증이 더 커질 수 있다. 통증이 최고조에 이르면 조건에 따라 그 통증은 줄어든다. 그전보다 통증이 약하게 시작되더라도 알아차림을 늦춰서는 안 된다. 이때도 수행자는 통증의 깊이와 넓이를 재고 완전하고 꿰뚫어보듯이 알아차려야 한다. 그렇게 하지 않으면 통증이 줄어들기는커녕 점점 더 커질 수도 있기 때문이다. 이럴 때의 통증은 심한 고문을 받는 것과 같이 강렬하여 알아차림을 하는 것도 불가능하게 된다. 그러면 자세를 바꾸게 될 것이다.

그러나 이때 갑자기 자세를 바꿔서는 안 된다. 수행자는 우선 '바꾸려 함', '바꾸려 함'이라고 의도를 알아차린다.

수행자는 자세를 바꾸려는 마음을 먼저 알아차려야 한다. 이렇게 의도를 알아차림으로써 실제로 자세를 바꾸지 않고서 수행을 계속할 수도 있다. 이때 수행자는 고요한 집중의 상태가 되어 실제 통증보다 더 아프다고 생각한다. 그래서 주의를 바꾸게 되면, 이것이 보통의 통증이었다는 것을 알게 되어 수행을 계속할 수 있다.

그러나 여전히 통증이 강하다면, 그때는 자세를 바꿔야 한다. 이때 수행자는 몸의 모든 움직임을 세세하게 알아차리고, 신중하고 느리게 움직여야 한다. 무릎을 세우는 것을 알아차리고, 무릎이 올라오는 것을 알아차리고, 무릎이 다른 쪽으로 내려지는 것을 알아차리면서 이 모든 움직임을 천천히 한다. 아주 천천히 조금씩 움직이고 세세하게 알아차릴 때 자세를 바꿈에도 불구하고 끊어지지 않고 주의 깊은 알아차림을 할 수 있는 기회가 주어진다.

이렇게 연속적으로 알아차림을 하면 집중과 지혜가 강화될 것이다. 통증과 쑤심을 꿰뚫어보듯이 알아차리면, 매번 알아차릴 때마다 통증이 커지는 것을 알 수 있다. 통증이 가장 커지고 난 후, 느낌은 저절로 줄어들 것이다. 여기에 필요한 것은 오직 인내뿐이다. 통증이 줄어들더라도 알아차리는 방법과 알아차리는 마음의 긴장을 풀어서는 안 된다. 알아차릴 때마다 통증이 커지고 나서 줄어들고, 다시 그 위치를 바꾼다는 것을 알게 된다.

느낌은 계속해서 자신을 아프게 하는 것이 아니라, 이 또한 변하는 것이라는 결론을 내린다. 이렇게 하여 수행자는 느낌의 성품을 이해한다. 변화를 아는 것은 느낌의 참 성품을 아는 것이다.

4) 생멸生滅의 지혜

네 번째 위빠사나 지혜는 **생멸의 지혜**이다.

≪요약≫　　　**성품을 알아야**
일어남(生)과 사라짐(滅)을 볼 수 있다.

대상의 '성품'을 이해할 때, '일어남(통증의 일어남)'과 '사라짐(통증의 사라짐)'을 알게 된다. 대상의 '성품'을 이해한다는 것은 수행에 있어 첫발을 내딛는 것이다. 위빠사나 수행에서는 대상의 성품을 이해하는 것이 가장 중요하다. 처음부터 그리고 무엇보다도 먼저 수행자는 성품을 알기 위한 수행을 해야 한다.

성품을 이해하지 못한 채로 '일어남, 사라짐'이라고 알아차리기 시작한다면 오히려 법을 아는 것이 늦어진다. 성품을 진정으로 이해하지 못한 상태에서 '일어남, 사라짐'을 '한 덩어리의 고통의 과정'이라고 알아차리면, 그것은 일어남과 사라짐을 아는 것에 '가까운 것'이라고 말한다.

이렇게 알아차리면 집중이 안 된다. 짐작으로는 위빠사나 수행을 할 수 없다. 수행자는 바로 현재를 알아차리는 훈련을 해야 한다. 그러므로 수행자는 성품을 알려고 하는 데 초점을 맞추고, 꿰뚫어보듯이 알아차린다. 그러면 '통증, 쑤심, 욱신거림' 하고 알아차릴 때 그 통증이 나타나고 나서 사라진다는 것을 알게 된다. 이는 통증이 일어나자마자 즉시 사라진다는 것이 입증되는 것이다.

낮은 지혜의 단계에서는 '사라짐을 보기 위해 알아차린다'고 하지만, 이때는 일어남과 사라짐이 분명하지 않다. 그러나 이제는 '아픔'이라고 알아차리자마자 일어난 통증이 즉시 사라진다. 일어남과 사라짐이 분명한 것이다. 여기에서 느낌이 일어나는 것을 '일어남(生)'이라고 하고, 느낌이 사라지는 것을 '사라짐(滅)'이라고 한다.

이때부터는 알아차림이 느낌을 극복하기 시작한다. 아직도 여전히 통증은 있지만, 통증을 느낀다 하더라도 거기에는 '일어남과 사라짐'이 있다. '일어남, 사라짐'이 같이하므로 통증에 대해 오래 생각할 겨를이 없다. 통증이 알아차림으로 제압되기 시작한 것이다. 이렇게 계속 알아차리면 집중과 지혜가 강해지기 때문에, 통증을 알아차릴 때도 통증의 일어남은 분명하지 않고 사라짐만이 분명해진다.

이때부터는 통증을 한번 알아차리면 즉시 사라진다. 알아차릴 때마다 즉시 사라진다는 것을 알게 된다. 꿰뚫어보듯이 알아차릴 때 일어남은 더 이상 분명하지 않고 사라짐만이 명확하다. 낮은 지혜의 수준에서는 괴로운 느낌이 일어날 때, 그것이 일어날 때도 고통스럽고, 사라질 때도 고통스럽다. 그러나 이제는 일어남은 보이지 않고 사라짐만 보인다. 이때 수행자는 느낌이 일어났을 때 고통이 좀 적어지지 않았는가? 이는 아는 마음이 그 느낌을 제압하기 시작한 것이다.

계속 알아차려서 집중과 지혜가 더 강해지면, 영민한 수행자의 경우에는 '아픔' 하고 알아차릴 때 통증이 사라지고, 통증을 알아차리는 마음도 따라서 사라진다는 것을 알게 된다.

매우 영민한 수행자는 다음의 세 가지 사실을 알게 된다. '아픔'이라고 알아차릴 때 통증은 사라지고, 통증을 아는 마음도 사라지고, 이것을 알아차리는 마음 또한 사라진다. 이렇게 되면 그의 지혜 수준이 빠르게 진전된다. 한번 알아차리면서 그는 세 단계의 절차를 밟은 것이다.

이와 같이 통증은 영원한 것이 아니고, 통증이라고 아는 의식도 영원한 것이 아니며, 그것을 통증이라고 알아차리는 마음 또한 영원한 것이 아니다. 영원하지 않다는 것을 '무상無常' 또는 '느낌의 무상'이라고 한다.

사라짐의 속도가 너무 빨라서 사라짐을 좇아가는 것은 괴롭다. 괴롭다는 말을 빨리어로 둑카(dukkha, 苦)라고 한다.

이 사라짐, 이 고통스러운 괴로움을 어떻게 막을 수 있을 것인가? 이들로부터 자신을 보호하거나 막을 방법은 없다. 이들은 스스로 사라지고, 스스로 고통스러우며, 따라서 이들을 통제할 수 있는 방법이 없다. 다스릴 수 없고 통제할 수 없는 성품을 '무아無我'라고 한다.

수행자의 마음은 비로소 느낌의 무상, 느낌의 괴로움, 느낌의 무아를 이해하게 된다. 존재의 세 가지 특성인 '무상, 고, 무아'를 이제는 경험을 통해 분명하게 알게 된다.

과거부터 쌓아 온 바라밀이 있었으므로 무상, 고, 무아의 진정한 성품을 이해할 수 있는 것이고, 이로써 수행자는 확실하게 성스러운 법을 얻을 수 있다. 수행자가 하나의 성품을 깨달으면, 예를 들어 무상을 이해했다면, 나머지 두 가지인 고와 무아도 알 수 있다.

≪요약≫　　　진정한 성품
　　　　　　　그중 하나를 알면,
　　　　　　　나머지 성품도 알게 될 것이다.

현상을 바르게 아는 지혜의 단계에서는 괴로운 느낌을 제압하기 위해 꿰뚫어보듯이 알아차렸는데, **생멸의 지혜**에 이르면 괴로운 느낌이 즐거운 느낌으로 바뀐다. **현상을 바르게 아는 지혜**와 **생멸의 지혜**는 이렇게 상반된다. **현상을 바르게 아는 지혜**를 넘어서기만 하면 흔들림, 동요, 메스꺼움, 어지러움, 가려움, 무거움, 짓눌림과 같은 온갖 괴로움을 더 이상 경험하지 않는다. **생멸의 지혜**의 단계에서는 다음과 같은 특성이 나타난다.

(1) 몸의 가벼움, 마음의 가벼움
(2) 몸의 부드러움, 마음의 부드러움
(3) 몸의 적합함, 마음의 적합함

정신과 물질을 구별하는 지혜, 원인과 결과를 아는 지혜, 현상을 바르게 아는 지혜와 같은 낮은 단계의 지혜에서는 한 시간 좌선을 할 때 한두 번은 자세를 바꿔야 하던 수행자가 **생멸의 지혜**에 이르면 자세를 바꾸지 않는다. 몸도 적합하고, 마음도 적합하다. 수행자는 스스로 **생멸의 지혜**에 이르렀다는 것을 알게 된다.

몸과 마음이 가볍고,
몸과 마음이 유연하다.
몸과 마음이 수행을 하기에 적합하다.

(4) 몸의 능숙함, 마음의 능숙함

수행자가 앉아서 바라보기만 해도 마음의 대상과 아는 마음이 저절로 일어난다. 어떤 수행자는 "앉아 있기만 하고, 아무것도 하지 않고 바라보기만 합니다"라고 사야도에게 보고하기도 한다. 이것은 수행자가 **생멸의 지혜**의 수준에 이르렀다는 것을 의미한다.

(5) 몸의 편안함, 마음의 편안함
(6) 몸의 바름, 마음의 바름

이런 현상들은 모두 **생멸의 지혜**에 이른 수행자에게 나타난다.

이 지혜에서는 마음과 마음의 작용[1]이 정확하고, 정직하며 알맞다. 하다못해 젊은 날에 얼마나 방탕하게 살았는지에 대해서 말해 달라고 해도 정직하게 이야기한다. 능력(학습능력)도 더 좋아진다. 젊었을 때 들어서 지금은 잊어버린 법에 대한 가르침도 다시 기억하게 된다. 이것이 생멸을 아는 지혜에 이르렀다는 것을 보여주는 것이다.

주석을 가르치는 스승은 수행자를 보기만 하여도 이 사실을 안다. 그의 얼굴 표정이 온화하고 은은하며 깨끗하다. 그는 스승을 향해서 공손하고 부드럽게 인사를 할 것이다. 또한 스승에게 예의가 바르고 조용하게 보고한다. 이는 매우 훌륭한 일이다. **현상을 바르게 아는 지혜**의 수준에서 **생멸의 지혜**로 올라선 것이다.

이제 어떤 느낌이 일어날 것인가? 이 지혜의 단계에서 일어나는 느낌은 즐거운 느낌이다. 위빠사나 희열의 즐거움이라고 하는 만족스러운 기쁨에 몰두하고 그것을 즐기게 된다.

"홀로 사원의 동떨어진 곳에 들어가
'일어남'과 '사라짐'의 성품을 가진
모든 물질적 대상과 정신적 대상에 대하여
바르고 완전한 방법으로

---

1) 오온五蘊은 정신과 물질을 말하는데, 그중 수, 상, 행, 식 4가지는 정신에 해당한다. 이를 다시 마음(citta, 識)과 마음의 작용(cetasika, 心所)으로 분류하는 데 마음의 작용에는 수(受, 느낌), 상(想, 지각, 기억), 행(行, 마음의 형성력)이 속한다. 마음인 식은 수상행과 함께 일어나고 함께 사라진다. 이것을 구생법俱生法이라고 한다. 마음의 작용에는 수가 1가지, 상이 1가지, 행이 50가지로서 모두 52가지가 있다. 이들 52가지 마음의 작용은 모두 알아차릴 대상이다.

고요한 마음을 가지고
통찰을 얻고자 하는 수행자,
위험을 아는 성스러운 수행자는
범부는 물론이고 천상의 존재들조차 경험할 수 없는
즐거움과 만족을 경험할 것이다.
위빠사나 희열과 위빠사나 즐거움에 몰두한 수행자는
이를 경험할 것이다.”

부처님께서는 이렇게 설명하셨다.

“조용한 곳에서 수행을 하는 수행자가
생멸의 지혜에 이르면
물질적, 정신적 대상의 ‘일어남과 사라짐’의 성품을 알아차릴 때
위빠사나 희열의 즐거움을 느낀다.
위빠사나 희열의 즐거움에서 느끼는 즐거움은
천상에서 느끼는 즐거움과는 완전히 다른 것이며,
범부가 느끼는 즐거움과는 비교도 할 수 없는 것이다.”

그러나 이 희열의 즐거움에 집착하는 것은 옳지 않다.

“알아차림이 즐거울 때,
그것에 집착하면
멈춰지는 것은 수행자의 진전이다.”

즐거움에 집착하면 수행의 진전이 없어진다. 아무리 괴로운 느낌을

극복했더라도 지금 즐거운 느낌을 극복하지 않으면 더 이상 법을 얻을
수 없을 것이다. 즐거운 느낌에는 탐욕의 성향이 잠재되어 있다. 느낌
에 집착하는 것, 즐거운 느낌을 좋아하는 것을 '즐거운 느낌에 머무르는
탐욕'이라고 한다. 이는 알아차림이 없는 것으로 그곳에 머무르는 결과
를 부른다.

수행자는 수행을 통해서 만족스럽고 편안한 느낌을 갖고 싶어 한다.
다음에 좌선을 할 때도 이와 똑같이 즐거운 느낌이 오기를 바란다.
수행자는 이렇게 생각할 것이다.
'내가 이렇게 계속 알아차린다면 편안한 단계에 이를 것이다. 그러
면 한 시간 수행을 편안하게 할 것이다. 다음번에도 지금과 같이 편안한
단계에 이를 것이며, 역시 한번 앉기만 하면 만족스럽게 시간을 보낼
수 있을 것이다.'

과연 이 수행자에게 어떤 일이 생길 것인가? 집착하다 보면 수행이
더 이상 진전되지 않는다. 즐거운 느낌에는 '즐거운 느낌에 머무르는
탐욕'이 있다.

≪요약≫   즐거움에 머무르는
             그 탐욕은 버려야 한다.

즐거운 느낌, 간절한 열망(탐심, 갈애), 즐거움에 집착하여 좋아하는
것을 탐욕이라고 한다. 알아차릴 때마다 기쁨이 일어나고, 계속해서
반복적으로 일어나고, 알아차리고 또 알아차려도 일어나고, 수행을
하는 동안 내내 일어나는 것을 '머문다'고 한다. '머무름'이 일어나면,

법을 얻음에 있어 진전이 없고, 성스러운 법도 얻을 수 없다. 수행자는 즐거운 느낌에 머물고자 하는 탐욕을 버릴 수 있어야 한다. 그러기 위해 수행자는 어떻게 해야 하는가?

"오, 윤회의 두려움을 알고 어떤 일이 생길지를 아는
나의 사랑하는 아들, 딸들아,
좋아하는 느낌을 고통으로 보고
그것을 고통이라고 알 수 있을 때까지 알아차려야 한다."

위대한 부처님께서는 그렇게 설명하셨다.

"즐거운 느낌이 일어날 때
수행자는 그것이 괴로운 고통이라는 것을 알 수 있을 때까지
알아차려야 한다."

생멸의 지혜에 이른 수행자는 알아차리자마자 즐거운 느낌이 일어나고, 즉시 그것이 사라진다는 것을 분명히 알게 된다. 그러나 수행자가 만족스러운 느낌에 집착하면 꿰뚫어보듯이 알아차릴 수 없게 된다. 만족스러운 느낌에 집착하는 것이 수행자에게 계속 머물러 있을 것이다. 그래서 수행자는 일어남과 사라짐을 볼 수 없다. 그러므로 수행자는 주의 깊게 꿰뚫어보듯이 알아차릴 수 있도록 주의해야 한다.

몸에 편안함이 있다면 몸의 편안함을 꿰뚫어보듯이 주시해야 한다. 정신적인 편안함이 분명하다면 정신적인 편안함에 초점을 맞춰야 한다. 일반적으로 정신적 편안함이 더 분명하다. 이때 수행자는 '편안함,

편안함'이라고 꿰뚫어보듯이 알아차린다.

생멸의 지혜에 이른 수행자가 '편안함, 편안함'이라고 알아차리면 편안한 느낌은 나타나자마자 즉시 없어진다. '나타남'은 '일어남'이고, '없어짐'은 '사라짐'이다. 집중과 지혜가 더 성숙해지고 강해지면, '일어남과 사라짐'의 속도가 더 빨라진다. '일어남, 사라짐'이 너무 빨라서 심한 고통을 받는 것처럼 느끼게 된다. 이것은 편안한 것이 아니라 일종의 고통이다. 너무 빠르기 때문에 그것을 따라다니면서 바로 알아차린다는 것이 괴로운 일이다.

다섯 가지 근기가 균형 잡혀 있고 강화되어 **생멸의 지혜**에 도달한 수행자들이 사야도에게 가장 많이 보고하는 것이 '일어남, 사라짐'이 너무 빨라서 그것들을 따라다니면서 바로 알아차릴 수 없다는 것이다. 이것은 정말 비참한 일이다. 그들은 어떻게 그것을 알아차려야 할지 물어 본다. 그때 수행자는 '앎, 앎'이라고 알아차려야 한다. 속도를 좇아갈 수 없고, 일어났을 때 바로 알아차릴 수 없으므로, 그것을 알고 있다는 사실을 알아차려야 한다. 정말 괴로운 일이 아닌가? 고통스럽지 않은가?

'일어남, 사라짐'이 너무 빠르기 때문에 수행자는 그것이 비참하다. 진정한 편안함은 어디에 있는가? 이것 역시 고통의 하나이다. 이제 수행자는 이것이 괴로움이라는 것을 안다. 수행자는 더 이상 만족하지 않고, 이 괴로운 느낌에 더 이상 집착하지 않을 것이다. 그는 '즐거움에 머무르는 탐욕'을 버린 것이다.

≪요약≫   즐거움이 일어날 때
             그것이 괴로움이라는 것을 아는 것이
             바르게 알아차리는 것이다.

엄밀히 말하면, 수행자는 그것을 괴로움이라고 생각하는 것이 아니라, 이를 극복하기 위해서 알아차리는 것이다. 즐거움을 제압할 수 있을 때까지 알아차리는 것이다.

5) 소멸의 지혜

다섯 번째 위빠사나 지혜는 **소멸의 지혜**이다. 수행자가 계속 알아차리면 소멸의 지혜에 이르게 된다. 일어남은 더 이상 분명하지 않고 사라짐만이 분명하다.

－배의 '일어남'을 알아차릴 때, 일어남의 시작은 분명하지 않고 배의 일어남의 끝이 분명하며, 그 일어남은 즉시 사라진다.
－배의 '꺼짐'을 알아차릴 때, 꺼짐의 시작은 분명하지 않고 배의 꺼짐의 끝이 분명하며, 그 꺼짐은 즉시 사라진다.
－'앉음'을 알아차릴 때, 앉아 있는 모습은 즉시 사라진다.
－'닿음'을 알아차릴 때, 닿음의 모습은 즉시 사라진다.
－'들어서, 앞으로, 놓음'을 알아차릴 때, 이 모든 모양은 즉시 사라진다.

나중에 집중과 지혜가 더 성숙하여 강화되면, 마음의 대상만 즉시 사라지는 것이 아니라 그것에 따라서 아는 마음도 바로 사라진다.

배의 '일어남'을 알아차릴 때, '일어나는' 모양이 바로 사라질 뿐만 아니라 그것을 아는 마음도 따라서 사라진다. 두 가지가 모두 사라지며, 두 가지가 모두 존재하지 않는다는 것을 알게 된다.

그러므로 수행자는 정신적 요소는 영원하지 않으며, 물질적 요소도 영원하지 않다는 결론을 내린다. 영원하지 않음을 '무상'이라고 한다. 정지의 속도가 너무 빨라서 수행자는 이것을 심한 고통으로 느낀다. 이는 비참한 일이다. 비참한 고통은 '고'라고 한다.

이런 사라짐과 이렇게 심한 고통에서 어떻게 자신을 보호할 수 있겠는가? 그것을 막을 방법은 아무 곳에도 없다. 그것은 스스로 사라진다. 누구도 이것을 통제하거나 다스릴 수 없다. 통제할 수 없음을 '무아'라고 한다.

소멸의 지혜에서 수행자가 사라짐을 발견할 때 무상, 고, 무아의 삼법인을 저절로 이해할 수 있다.

6) 두려움에 대한 지혜

여섯 번째 위빠사나 지혜는 **두려움에 대한 지혜**이다. 수행자의 마음에 두려움 가득한 공포가 일어난다. 언제나 바로 사라져 버리는 오온은 정말로 공포인 것이다. 이들은 즉시 사라지기를 반복하고, 계속해서 몸을 쇠퇴하게 만들며, 몸을 두려움에 떨게 만든다는 것을 알게 된다.

7) 고난의 지혜

일곱 번째 위빠사나 지혜는 **고난의 지혜**다. 이 지혜에 이르면 오온이 잘못된 것임을 알게 된다. 이 오온에는 좋은 것이라고는 하나도 없기 때문이다. 모든 것들이 쇠퇴하는 것과 마찬가지로 몸도 계속해서 늙어 가고 있다. 수행자는 오온에 영원한 것이라고는 하나도 없다는 사실을 알고, 실제로 썩은 것들이나 피가 흐르는 장면을 보기도 한다.

8) 혐오감에 대한 지혜

여덟 번째 위빠사나 지혜는 **혐오감에 대한 지혜**이다. 수행자는 오온이 진저리쳐질 만큼 싫어진다. 오온에는 어느 것도 안정적인 것이 없고, 정말로 오온이 싫다고 느낀다.

9) 해탈을 원하는 지혜

아홉 번째 위빠사나 지혜는 **해탈을 원하는 지혜**이다. 수행자는 오온을 없애고 싶어 한다. 오직 오온으로부터 벗어나기만을 바라고 있다. 그는 더 이상 31천의 존재로 태어나고 싶지 않다. 그 모든 것으로부터 벗어나고 싶어 한다.

아주 영민한 수행자라면 더 이상 아무것도 원하지 않는다. 그는 알아차림을 계속하는 것도 원하지 않고, 알아차려지는 대로 그냥 내버려두기를 원하며, 어떤 때는 알아차림조차도 그냥 놔 버린다.

그렇더라도 저절로 알아차림은 계속된다. 수행자는 알아차리지 않고 놔두어도 저절로 알아차려진다는 것을 알게 된다.

10) 다시 살펴보는 지혜

열 번째 위빠사나 지혜는 **다시 살펴보는 지혜**이다. 이제 수행자는 그렇게 놓아둘 수 없다는 것을 깨닫는다. 이렇게 해서는 그가 이르고자 하는 진정한 평온, 진정한 재산인 열반에 이를 수 없다는 것을 알게 된다.

그래서 수행자는 알아차림을 다시 시작하기로 결심한다. 이렇게 숙고하고 알아차림을 다시 시작하는 것은 **다시 살펴보는 지혜**에 이르렀기 때문이다. 이것을 **다시 살펴보는 지혜**라고 한다. 이전의 모든 지혜는 한 수준에서 다음 수준을 구별하는 것이 쉽지 않다. 그 단계들은 매우 유사하다. 이렇게 아주 비슷한 경험을 하는 지혜의 수준을 밟아 올라가는 과정에서는 수행자가 알아차림을 유지하는 것이 쉽지 않다.

《어망을 가진 사람의 비유》

주석을 하는 스승들은 이것을 다음과 같이 비유한다.

수행자 여러분은 여름에 어망을 가지고 연못에서 물고기를 잡고 있는 어부를 본 일이 있을 것이다. 어부는 무릎까지 물이 닿는 곳에서 커다란 대나무 망을 가지고 있다. 어부는 물고기가 잡히기를 기다리면서 몇 번이고 어망을 물속으로 던져 넣는다. 그리고 어망의 움직임에 집중한다. 물고기가 어망에 잡혔다고 생각되었을 때, 물을 향하여 몸을 기울여서 물고기의 목 부분을 꽉 잡고 바로 물 밖으로 꺼낸다. 먼저 그는 물고기의 목에서 '세 개의 줄무늬'가 있음을 안다. 그것은 무엇인가? 바로 맹독을 품고 있는 뱀이다. 그가 물고기라고 생각했던 것이 세 개의 줄무늬를 가진 독사로 돌변한 것이다.

그것을 알고 그는 두려움(두려움에 대한 지혜)에 떤다. 위빠사나 수행자인 그는 첫 번째 줄무늬가 무상이고, 또 하나의 줄무늬는 괴로움이며, 세 번째 줄무늬는 무아라는 것을 알 수 있다. 무시무시하고(고난의 지혜), 고달픈(혐오감에 대한 지혜) 그것을 버리지 않고는 더 이상 견딜 수 없다는 결론을 내린다. 그래서 그는 독사를 더 꼭 쥐어 머리 위로 들어올려 힘껏 돌리고는 멀리 던져버린다. 그는 독사를 가능한 한 멀리 던져버린다.

위빠사나 수행자에게 있어서 세 개의 줄무늬를 가진 독사는 '무상, 고, 무아'의 삼법인과 유사하다. 손이 물속에 있을 때 어부는 큰 물고기를 잡을 것을 생각하며 기쁨과 기대에 차 있다. 이와 마찬가지로 수행자도 수행을 하기 전 진정한 무상, 고, 무아를 깨닫기 전까지는 오온이 즐겁고 기쁜 것이라서 그 진정한 가치가 헤아릴 수 없이 크다고 생각한다.

그러나 무상, 고, 무아의 진정한 성품을 깨닫고 나면 오온을 세 개의 줄무늬를 가진 독사와 다름없다고 생각한다.

그는 오온을 무시무시한 것이라고 느낀다(두려움에 대한 지혜). 뱀을 쥐고 있는 동안 어부는 뱀에 대해 안 좋은 것만 생각한다. 마찬가지로 수행자도 오온에서 결점만 찾아낸다(혐오감에 대한 지혜). 어부는 뱀을 쥐고 있는 것이 정말로 지치고 끔찍하다고 생각한다. 수행자도 오온이 고달프다는 것을 알게 되고, 이것은 전혀 쓸모없는 것이라고 생각한다. 수행자가 무상, 고, 무아를 깨달을 때는 고달프다는 감정이 생긴다. 어떤 때는 너무 고달파서 수행을 그만두고 싶어지기도 한다.

그리고 정말로 수행을 포기하기도 한다. 그러나 이렇게 하면 게을러지게 된다. 그래서 이렇게 극단적으로 가지 않도록 주의해야 한다. 과연 알아차림을 지속하지 않는데도 성스러운 법을 얻을 수 있겠는가? 그는 결코 성스러운 법을 얻을 수 없을 것이다. 그러므로 이 점을 주의해야 한다.

그는 독사를 꽉 쥐고 있는 동안 뱀을 버리고 싶어 한다(해탈을 원하는 지혜). 수행자는 알아차림을 버리고 싶어 하고, 오온을 버리고 싶어 한다. 그는 31천의 어떤 존재로도 다시 태어나고 싶지 않다.

그러나 쉽게 뱀을 버릴 수가 없다. 뱀을 바로 옆에다 버리면 문제를 다시 일으킬 것이다. 그러므로 그는 다시 뱀을 꽉 쥐고 조여야 한다. 이것이 **다시 살펴보는 지혜**이다. 여기서 수행자는 알아차림을 다시 시작한다. 여기서는 열심히 하고자 하는 마음을 가지고 알아차리게 된다. 괴로운 느낌이 다시 찾아온다.

현상을 바르게 아는 지혜에서 괴로운 느낌이 적었던 수행자(일찍 나타나는 괴로운 느낌이 적었던 수행자)가 **다시 살펴보는 지혜**에 이르면, 이루

헤아릴 수 없이 많은 '뒤늦게 나타나는 괴로움'에 직면하게 된다. 그러나 초기에 괴로운 느낌이 많았던 수행자의 경우에는 나중에 느끼는 괴로움은 상대적으로 적다.

이때가 한 달간 수행센터에 머무르는 수행자의 20일째가 될 즈음이다. 이때부터 수행자는 다시 한 번 매우 괴로운 느낌 때문에 고통을 겪는다. 쑤심, 통증, 욱신거리는 느낌, 경련, 압박, 무거움, 동요 등의 현상이 수행자에게 명백하게 나타난다. 한 수행자는 머리 꼭대기에서 무거운 것이 내리누르는 것 같은 느낌을 갖는다고 토로한다. 그 누르는 힘 때문에 허리가 꺾여서 거의 바닥에 닿을 지경이 될 정도로 무겁다. 이때 수행자는 **다시 살펴보는 지혜**에 이른 것이다.

바로 이 지혜의 수준에서는 고통과 아픔이 나타난다. 수행자가 그것들을 알아차리면 사라진다. 그리고 그것들은 다른 곳에서 다양한 형태로 다시 나타난다. 그 고통은 **현상을 바르게 아는 지혜**에서 느끼던 고통과 같다. 그러나 느낌이 사라지는 방식에서는 다르다. 알아차릴 때마다 그 느낌은 사라진다. 느낌의 일어남도 빠르고, 느낌의 사라짐도 매우 빠르다.

지금까지는 알아차리는 것이 즐거웠던 수행자였지만 이번에는 즐겁지 않다. 수행자는 이렇게 즐겁지 않은 경험을 하게 된 것을 자신의 지혜의 수준이 떨어졌기 때문이라고 생각한다. 그리고 이제는 더 이상 성스러운 법을 얻을 수 없을 것이라고 생각하고 의욕을 상실하게 된다.

수행지도자는 이것이 잘못되었다는 것을 바르게 알려줘야 한다. 스승은 이런 일이 일어나는 것은 하나도 이상한 것이 아니라고 말한다. 이 수준의 지혜에 이르면 누구나 그런 경험을 한다. 이것은 마지막으로 겪는 느낌으로, 두 번째 단계의 느낌이라고 말하기도 한다. 수행자가 이 느낌을 수행으로 견뎌 내기만 하면, 미소를 띠며 지금까지 거쳤던 모든 수준의 지혜를 다시 살펴볼 수 있는 단계에 이를 것이다. 그러므로 스승은 수행자에게 용기를 줘야 한다.

젊어서부터 위빠사나 수행을 하고자 했던 한 나이 든 수행자가 모든 지혜의 수준에 도달하여 수다원이 되었다. 그는 교육을 받았지만 부모를 봉양하느라 수행에 오랜 시간을 보낼 기회가 없었다. 마침내 쉰 살이 되어 그에게 기회가 왔다. 그는 정말로 죄를 짓지 않고 계율을 잘 지키고 살았다. 그는 선정수행(빨리어 경전이나 부처님에 대한 공경을 떠올리는 것 등)의 과제도 받았다. 그는 자신이 수행을 하면 성스러운 법을 얻을 수 있을 것이라고 확신하고 있었다. 마침내 위빠사나 수행을 할 기회가 생겼을 때 그는 열심히 수행하였다.

그리고 정말로 수행이 잘 되어 **다시 살펴보는 지혜**에까지 이렀다. 이 지혜의 수준에서 그는 괴로운 느낌을 다시 한 번 겪게 되었다. 알아차리는 것이 너무 어려워지고, 느낌들은 여기저기서 일어났다. 그러자 그간 그가 가지고 있던 확신이 무너졌다. 그는 사야도에게 자신이 너무 자신감을 가지고 있었던 것 같다고, 현실에서는 목적을 이룰 수 없을 것 같다고 보고하였다. 사야도는 지금 나타나는 현상은 진전을 본 것이며, 이 지혜의 수준에서 나타나는 일반적인 과정이라고 말해 주었다.

이것은 두 번째 단계의 느낌이며, 이 느낌은 알아차리기가 너무 어렵다. 수행자가 이 수준의 지혜를 넘어서서 수행을 할 수 있게 되면, 목적지에 거의 다다른 것이다. 그러나 그는 스승의 말씀을 믿지 않았다. 그는 자신이 지나치게 자신감에 차 있었다고 생각하고 수행을 그만두어 버렸다.

그는 낙담하여 수행센터 관리나 하면서 지내기로 하였다. 그는 센터에서 허드렛일을 도우며 열흘 정도를 지냈다. 그렇게 하였지만 그의 주시하는 습관과 알아차리는 습관은 없어지지 않았다. 그는 주의 깊게 알아차리면서 허드렛일을 하였다. 결국 수행처를 떠난 지 열흘 만에 그는 다시 돌아와 앉았다. 그리고 마침내 그가 원하는 지혜의 수준에 도달하게 되었다.

그에게는 몸의 느낌이 분명하였다. 그러나 어떤 수행자에게는 정신적인 불편함이 더 명백할 수도 있다. 대부분의 수행자는 정신적인 불편함을 느낀다. 이 수준의 지혜에서 정신적인 불편함을 느끼는 수행자는 예전의 자신과는 전혀 다른 태도를 보인다. 전에는 불법승 삼보에 대한 공경심을 가졌었는데, 그 반대되는 극단의 행동을 하기도 한다. 불법승 삼보에 대한 공경심을 잃고 스승과 부모를 비난한다. 선한 태도는 사라지고 불선하고 저급한 태도를 가진다. 한 수행자는 다른 사람을 저주하고 있는 것처럼 느껴지기도 한다. 다른 사람들을 보면 겁을 주려고 한다. 그는 또한 사야도에게 자기가 위빠사나 수행을 하였기 때문에 예전에는 없었던 성난 태도가 더 계발되었다고 보고한다. 그러면서 자신이 지옥에 가게 되지 않을까 걱정한다.

이 모든 것이 **다시 살펴보는 지혜**에서 일어나는 일반적인 경험으로, 느낌이 두 번째 단계에 이른 것이다. 이것은 정말로 어려운 단계이다.

그의 태도가 정 반대로 변했기 때문에 수행자는 알아차림을 어떻게 해야 할지도 모른다. 사야도가 무슨 일이 일어났느냐고 물어 보면, 무슨 일이 일어나고 있는지 모르겠다고, 내가 미쳐 가는 것 같다고 대답한다. 이때 사야도는 '미쳐 감, 미쳐 감' 하고 알아차리라고 말해 준다.

수행자는 항상 그 순간에 분명한 것을 알아차려야 한다. 지금 현재 분명한 것을 알아차리지 못한다면 그것은 알아차리는 것이 아니다. 수행의 힘이 강한 수행자는 하룻밤을 지나면 이 단계를 지날 수 있을 것이다. 그러고 나서 사야도가 수행자에게 아직도 미쳐 가고 있느냐고 물어 보면 아니라고 대답할 것이다. 정말로 대단한 일이 아닌가? 모든 수행자에게 필요한 것은 자신에게 닥친 상황을 다룰 수 있는 지혜를 가지는 것과, 여러 가지 상황에서도 알아차리는 방법을 아는 것이다.

수행자가 그 느낌을 극복하지 못하고 포기한다면, 나중에는 그것이 문제가 된다. 그는 스승이 만류함에도 불구하고 센터를 떠날 수도 있다. 그러나 얼마 지나지 않아서 다시 수행을 하러 돌아오게 된다.

수행자는 두 번째로 이를 극복하려고 하지만 그것을 극복하기 어려울 수도 있다. 그러면 세 번째로 또다시 선원으로 돌아와서 수행을 할 것이다. 이렇게 여러 번 시도를 하고 나서야 비로소 그 수준의 지혜를 넘어설 수 있을 것이다. 이 지혜의 수준에서 수행자는 이 점을 매우 조심해야 할 것이다. 그렇지 않은가?

이 지혜의 수준은 뱀을 다시 한 번 꽉 쥐는 것과 같은 노력을 필요로 한다. 수행자가 스승의 지도에 따라 알아차리면 지혜가 성숙되어 다음 수준에 이를 수 있을 것이다.

11) 현상에 대한 평등의 지혜

열한 번째 위빠사나 지혜는 **현상에 대한 평등의 지혜**이다. 전 단계의 지혜인 **다시 살펴보는 지혜**에서 수행자는 수행 중 가장 어려운 경험을 하게 된다.

수행자는 몸도 안정적이지 않아서 자주 자세를 바꾸려고 한다. 알아차림은 부드럽게 잘 되는 것 같은데, 손을 움직이려고 한다. 그래서 '움직이려 함', '움직이려 함'이라고 알아차리면서 손을 움직인다. 또 그는 손을 약간 흔들고 싶고, 머리도 약간 끄덕이고 싶으며, 아직 좌선 시간이 끝나지도 않았는데도 자리에서 일어나고 싶어진다. 그래서 그는 일어나서 경행을 한다. 그러나 경행도 오래 할 수 없다. 이번에는 다시 좌선이 하고 싶어진다. 너무 들떠 있는 것이다.

이것은 매우 불쾌한 지혜의 수준이다. 이 수준에서 수행자는 가만히 앉아 있을 수 없다. 그렇다는 사실이 있다는 것을 알고 있으면 어려운 역경이 오더라도 견뎌 내는 데 도움이 될 것이다.

모든 수행자가 그러는 것은 아니다. 그러나 대부분의 수행자가 그로 인하여 괴로움을 겪는다. 하지만 알아차리는 힘이 매우 강한 수행자는 계속 잘 알아차려서 다음 수준의 지혜에 이를 수 있다. 그러나 알아차리는 힘이 약하고 집중이 약한 수행자는 많은 인내와 참을성을 가져야 이 단계를 지날 수 있다. 수행자는 특히 이 점을 주의하여 자신을 타일러야 한다.

스승의 가르침을 듣고 지혜가 많이 성숙되어서 **현상에 대한 평등의 지혜**에 이른 수행자는 이와는 상반되는 경험을 하게 된다. 그는 몸은 물론이고 손도, 발도 움직이고 싶지 않다. 거기에는 아무런 느낌이 없다. 마치 마음의 대상과 알아차리는 마음이 거의 동시에 일어나는 것을 바라보고 있는 것만 같다. (배의) 일어남, 꺼짐이 무의식적으로 일어나고, 알아차리는 마음도 저절로 일어난다. 이제 알아차림이 대단히 좋아진 것이다.

수행자는 더 이상 '두려운' 마음이 들지 않으며, 더 이상 무엇에 '집착하는' 마음도 생기지 않는다. 그는 **생멸의 지혜**에서 그랬던 것처럼 더 이상 감각기관과 외부의 감각대상에 집착하는 마음이 생기지 않는다. **소멸의 지혜와 두려움에 대한 지혜**에서 그랬던 것처럼 또다시 놀라는 일은 없다. 그는 '즐거운 것'이거나 '참을 수 없는 것'이거나 신경 쓰지 않는다. 이 수준의 지혜에 이른 수행자는 마음이 평온하고 정신이 모아져 있다.

그러면 수행지도자는 그의 지혜의 수준을 제대로 판단하기 위해 그를 세심하게 관찰한다. 만약 그가 여기에서 더 높은 지혜에 이르지 못한다면, 그것은 집중의 능력이 불충분하거나 과거의 바라밀이 충분하지 못한 때문이다.

그렇다면 모든 위빠사나 지혜의 수준에서 경험하게 되는 것에 대하여 설명해 놓은 것을 듣기로 한다.

≪요약≫   '두려움'과 '기쁨'에서 벗어나서
'즐거운 것'도, '참을 수 없는 것'도
수행자는 평등하게 바라볼 수 있다.
그에게는 걱정이 없고,
알아차림이 쉬워진다.
현상에 대한 평등의 지혜에서는
세 가지의 특징이 안정적이고,
세 가지 면에서 평등하다.

여기서 평등 또는 평정이라는 것은 마음의 형성력인 행(行, saṅkhāra)과 평등upekkā이 결합된 말이다. 여기에는 두려움도 즐거움도 없다. **소멸의 지혜와 두려움에 대한 지혜**의 수준에서 법을 이해하게 되면서 가졌던 두려움은 더 이상 남아 있지 않다. **생멸의 지혜**에서 가졌던 즐거운 느낌도 없다. 외부의 감각대상에 대한 두려움이나 즐거움이 없으며, 수행자는 안정적이어서 즐거움이나 불쾌함 때문에 흔들리지 않는다.

그는 자신과 관련된 즐거운 느낌에서의 즐거움이나 괴로운 느낌에서의 불쾌함에 더 이상 연연하지 않는다. 그는 그것들을 평등하게 바라본다. 걱정도 없다. 알아차림을 하기도 아주 쉬워져서 알아차리기 위해 많은 노력을 할 필요가 없다. 감각대상과 알아차리는 마음은

알아서 작용한다. 이는 마치 수행자가 구경꾼이 되어 바라보는 것과 같아서 긴장에서 벗어나 편안하다.

여기에서 수행자는 초점을 맞추는 것과 꿰뚫어보듯이 주의를 기울이는 것을 잊어버리기 쉽다. 이렇게 되면 알아차리는 것이 혼돈스럽고 체계가 없어진다. 이때는 어리석음이 일어난 것이다.

이와 같이 **현상에 대한 평등의 지혜**에는 어리석음이 머무르고 있다. 그러면 수행의 진전을 보지 못한다. 수행자가 어리석음에 이르렀다는 것을 알게 되면, 이것이 '평등심에 머물러 있는 일상의 느낌'이라는 것을 깨닫고, 그 어리석음을 버리기 위해 더 열심히 수행해야 한다.

≪요약≫　　　　평등심에 머무르는
　　　　　　　이 어리석음은
　　　　　　　반드시 버려야 한다.

현상에 대한 평등의 지혜에서는 알아차리는 것이 너무 쉽다 보니 어리석음이 일어나서 머무른다. 수행자는 자신이 혼란스럽고 사라지는 것을 잘 알아차리지 못한다는 것을 발견한다. 이때 수행자는 '머물러 있는 어리석음'을 반드시 제거할 것이라고 스스로에게 상기시켜야 한다.

"오, 윤회의 위험을 이미 알고 있는
나의 사랑하는 아들과 딸들이여!
혐오스럽지도 않고, 즐겁지도 않은

평등심의 느낌으로부터 벗어나려면
그것이 영원한 것이 아니라는 것을 알기 위해서
알아차려야 한다.”

부처님께서는 즐겁지도 괴롭지도 않은 느낌이 영원하지 않음을
알기 위해 알아차려야 한다고 말씀하셨다. 꿰뚫어보듯이 집중하면
‘일어남’이 사라지고, ‘꺼짐’이 사라진다는 것을 알 수 있을 것이다.
수행자는 **소멸의 지혜**에서 이미 이것을 경험하였기 때문에 모든 현상
의 정지(머묾)를 찾아낼 수 있을 것이다.

이렇게 수행자는 그것이 영원하지 않다는 것(무상)을 깨닫는다. 무
상의 지혜가 일어나자마자 ‘즐겁지도 괴롭지도 않은 느낌에 머물러
있는 어리석음’을 버릴 수 있다.

이상으로 세 가지의 느낌을 어떻게 알아차려서 극복하여 버리는
가에 대한 바른 설명을 하였다. 이 장에서는 수행자의 근기를 돕는
여덟 번째 요인을 설명하면서 세 가지 느낌을 극복하고 알아차리는
방법에 대하여 말하였다. ‘알아차릴 때마다 일어나는 그 괴로움은
제압되어야 한다’는 것에 관한 이야기를 모두 마쳤다.

11 위빠사나 수행자의 근기를 돕는 아홉 번째 요인

1. 완성에 이를 때까지 알아차림을 멈추지 않겠다는 결심

주석을 지도하는 스승들은 다음과 같이 부연설명을 해주었다.

"여기에서부터 도와 과에 이를 그때까지
멈추지 않고,
지속적으로 알아차리고,
완성에 이를 때까지
멈추지 않고 수행을 계속함으로써
위빠사나 지혜가 형성되고,
수행자의 근기를 강화시킬 수 있을 것이다."

수행자가 목표로 삼고 있는 성스러운 법을 얻기 전까지는 수행에 장애가 되는 그 어떤 일이 있더라도 알아차림만은 방해 받지 않도록 해야 한다. 모든 시간 동안 모든 행위를 함에 있어서 멈추지 않고 지속적으로 알아차릴 수 있는 것만이 수행자의 근기를 강화하고 법을 성취하는 데 도움이 되는 중요한 요인이 된다.

≪요약≫　　　수행의 마지막 길에 이르기 전에는
두 손을 높이 들어올리지 말고,
불굴의 의지를 가지고 계속해야 한다.

이것은 마하시 사야도가 쓴 글이다. 여기서 '마지막 길'이라는 말은
매우 적절한 표현이다. 모든 불교도가 가는 마지막 길은 도道의 법과
과果의 법이다. '두 손을 높이 들고'라는 말은 '포기한다'는 의미다.

"가고자 하는 마지막 목적지에 도달하기까지는,
도의 법과 과의 법, 열반에 이르기까지는
포기하지도 않을 것이며,
알아차림을 멈추지도 않을 것이다."

수행자는 위와 같은 태도를 가지도록 해야 한다. 나는 이곳에 온
수행자 여러분이 위와 같은 태도를 가질 수 있을 것이라고 믿는다.
쉬지 않고 모든 행위를 알아차리는 능력이란 수행자의 근기를 강화시
키는 데 도움을 주는 한 요인이다.

수행자 여러분의 마음속에 흐르고 있는 '의식의 연속체'에는 여러
분이 가고자 하는 최종 목적지가 있다. 그 '의식의 연속체' 속에는
얼마나 많은 목적지가 있을까?

(1) 대상에 대한 사고思考가 형성되는 수다원도의 지혜, 수다원과의

지혜를 통해 성취하는 열반이라고 하는 최종 목적지

(2) 사다함도의 지혜, 사다함과의 지혜를 통해서 아는 열반이라고 하는 최종 목적지

(3) 아나함도의 지혜, 아나함과의 지혜를 통해서 아는 열반이라고 하는 최종 목적지

(4) 아라한도의 지혜, 아라한과의 지혜를 통해서 아는 열반이라고 하는 최종 목적지

이렇게 네 가지의 최종 목적지가 있다. 수행자는 이번 생에서 무엇을 목적으로 할 것인지를 정해야 한다. 수행자는 이번 생에 적어도 어느 목적지에 이를 것인가를 정해야 한다. 부처님 시대에는 그 생에서의 최종 목적지가 대부분 아라한도의 지혜, 아라한과의 지혜를 통해 도달하는 열반이었다.

오늘날은 가르침이 쇠퇴하는 시기이기는 하지만, 수행자는 적어도 이번 생에 '수다원도의 지혜, 수다원과의 지혜를 통해 이르는 열반'을 성취할 것이라는 목표를 가지고 있어야 한다. 최종 목적지에 이르기 전에는 두 손을 들어 포기하지 말고, 알아차림을 멈추지 않아야 한다.

부처님께서는 이렇게 말씀하셨다.

"위빠사나 선법善法은,
위에 열거한 열반에 이르기 위한 노력을 게을리 하지 않고,
위에 열거한 짐으로부터 벗어나거나 내려놓지 않고 사는 것이다."

수행자는 가고자 하는 최종 목적지에 도달하기까지는 결코 수행을 게을리 해서는 안 된다. 더 이상 수행을 하지 않겠다고 해서도 안 된다. 또한 수행을 통한 위빠사나 선善을 더 이상 쌓지 않겠다는 생각을 해서도 안 된다. 바로 지금이 도의 법, 과의 법이라는 마지막 목적지에 이를 수 있는 때라는 것을 의심해서도 안 되며, 수행을 계속해야겠다는 의지가 흔들려서도 안 된다.

노력을 해도 성취할 수 없다는 생각이 들어오기 전에 그간의 노력과 시간을 헛되이 보내지 않도록 하는 것이 바람직하다. 성공하지 못할 것이라면 차라리 지금 세속의 일을 돌보는 데 시간과 노력을 기울이는 것이 낫다는 생각으로 결심이 흔들리는 일은 없어야 한다. 수행자는 최종 목적지에 도달하기 위한 시간이 바로 지금이라는 것을 의심하지 말아야 한다.

2. 네 가지 얻기 어려운 기회

지금 여기서 수행을 하고 있는 수행자 여러분은 지금이 최종 목적지에 도달하기 위한 시기라고 믿고 있다. 그러나 다른 믿음을 가지고 있는 사람들도 있다. 지금은 가르침이 쇠퇴하는 시기라고 하는 '의식의 연속체'가 있기 때문에 도의 법, 과의 법, 열반이라는 최종 목적지에는 더 이상 이를 수 없다고 생각한다. 그러나 지금이 바로 최종 목표에 이를 수 있는 그 시간이다.

부처님께서는 다음과 같이 말씀하셨다.

"부처를 믿는 사람들의 마음속에
네 가지 얻기 어려운 기회라고 하는 '의식의 연속체'가 있으면,
도와 과, 열반이라는 최종 목적지에 도달할 수 있는
최고의 바탕을 갖추는 것이다."

부처님께서는 우리가 분명히 최종 목표에 도달할 것이라고 말씀
하셨다. 이 얻기 어려운 기회가 충족되어 있는 시기에 노력을 게을리
하지 않는다면 최종 목표에 도달할 수 있다.

한때 부처님께서는 제자들과 함께 바나라스로 가는 길에 갠지스
강 옆 일곱 개의 나무 밑에 계셨는데, 전생에 인간이었지만 수행할
기회를 잃고 용이 된 에라까빠따 나가라는 천상의 용을 염두에 두고
이렇게 법문을 하셨다.

"인간으로 태어나는 것은 매우 어려운 일이다.
인간으로 태어나서 살아 있는 것도 매우 어려운 일이다.
낮은 세계로 가는 문이 닫히고,
도와 과에 이를 수 있는 위빠사나와 같은
성스러운 법을 들을 수 있는 것은 매우 어려운 일이다.
모든 부처님들이 이 세상에 출현하는 것도 매우 어려운 일이다."

─인간으로 태어나는 것은 매우 어려운 일이다.
─인간으로 태어나서 살아 있는 것도 매우 어려운 일이다.
─지금 이 생에서 낮은 세계로 가는 문이 닫히고, 도와 과, 열반에
이를 수 있는 위빠사나와 같은 성스러운 법을 들을 수 있는 것은

매우 어려운 일이다.

　―부처님의 가르침이 있는 때에 태어나는 것도 매우 어려운 일이다.

　이러한 네 가지 기회를 만나기가 어렵다고 하는 '의식의 연속체' 가 여러분의 마음속에 있다. 그러므로 여러분은 도와 과의 최종 목표 에 도달할 수 있는 것이다. 주석을 하는 스승들은 다음과 같이 부연설 명을 해준다.

　(1) 부처님의 가르침이 있는 때에 태어나는 것은 얻기 어려운 기회이다. 이는 최종 목표에 이르기 위한 어렵기도 하고, 또 기회이기 도 한 첫 번째 요인이다.

　(2) 부처님의 가르침이 번성하고 있는 미얀마와 같은 곳에 태어나 는 것은 행운이다. 부처님 시대에는 인도의 마지마 데사라는 곳이 그런 곳이었다. 지금 인도는 부처님의 가르침이 번성하지 않는다. 그러나 미얀마에는 삼장(경률론의 가르침)을 하는 비구가 많이 있고, 수행 으로 도와 과에 이른 수행자가 많이 있다. 그들은 진리를 향한 수행방 법을 가르칠 수 있다. 이것이 최종 목적지에 이르기 위해 갖춰야 할 두 번째 요인이다.

　(3) 수행자의 '의식의 연속체'에는 자신의 업은 자신의 것이라고 하는 올바른 견해가 있다. 수행자는 자신이 행한 선업은 좋은 결과를 가져올 것이라고 믿는다. 반대로 불선업은 결과가 좋지 않을 것이라 고 믿고 있다. 자신의 업은 자신의 것이라고 하는 올바른 견해가 수행자 여러분의 마음속에 있는 것이 성스러운 법을 얻기 위한 세

번째 가치 있는 기회를 마련하는 것이다.

(4) 수행자의 '의식의 연속체'에는 눈, 코, 귀, 입, 몸과 마음을 가지고 있는 것이 행운이라는 생각이 있다. 이와 같이 온전한 감각기관과 건강을 갖추는 것이 바로 이 생에서 최종 목적지에 이를 수 있는 어려운 기회를 만나는 것이다.

주석을 하는 스승들은 수행자에게 네 가지의 기회를 만나기 어렵다고 하는 '의식의 연속체'가 있는 지금 이 시간, 바로 이 순간이 최종 목적지인 도와 과, 열반에 이를 수 있는 최고의 순간이며, 가장 확실한 순간이라고 설명한다. 수행자에게 이러한 믿음이 있기 때문에 가능한 한 많은 시간을 수행에 전념하게 되는 것이 아닌가? 우리는 지속적으로 알아차리고, 움직이는 모든 모습을 가능한 한 많이 알아차리고 있다. 이것이 위빠사나 근기를 강화시키는 한 요인이다.

3. 완전한 가르침, 완전한 수행

수행자는 수많은 전생으로부터 쌓아 온 바라밀과 선업이 있어서 성스러운 법을 얻을 수 있게 된다. 그러나 아무리 바라밀과 선업을 많이 쌓았더라도 지속적으로 알아차리려는 노력을 하지 않고, 알아차림이 계속되지 못하여 어느 수준까지 도달하지 못한다면 성스러운 법을 얻을 수 없다. 스승의 가르침이 완전하고, 스승이 완전한 수행지도를 하더라도 수행자가 이를 따르지 않고, 완전한 알아차림을 위해 노력하지 않는다면, 이 생에서 성스러운 법을 얻을 수 없을 것이다.

이것은 어미 닭과 달걀의 경우와 같다. 어미 닭이 달걀을 품고 정해진 시간만큼 온전히 앉아 있으면 병아리가 태어난다. 하지만 어미 닭이 달걀을 품지 않고 다른 곳으로 가거나, 혹은 죽기라도 한다면, 달걀은 부화되지 못하고 썩어버리게 될 것이다.

이와 마찬가지로 수많은 전생으로부터 많은 바라밀과 선업을 쌓아서 충분히 성숙해 있더라도, 이 생에서 완전하게 지속적으로 수행할 수 없다면, 이 모든 선업과 바라밀은 이 생에서 그 결과를 얻지 못하고 기회를 놓치게 된다. 그래서 지속적으로 알아차리는 것이 중요하다.

열흘간 수행센터에 머무르는 동안 여러분은 모두 최선을 다해서 알아차리려고 할 것이다. 열흘간의 수행이 끝나면 집으로 돌아가게 된다.

'센터에서의 알아차림이 끝났다. 이제 집으로 돌아가서 편안하게 지내야겠다.'

이렇게 마음먹는다면 수행자의 알아차림이 계속되겠는가? 그렇지 않다. 이렇게 생각하는 것이 현명한가? 그렇지 않다. 수행의 알아차림은 무엇보다도 자기 자신에게 좋은 것이다. 알아차림은 열반이라는 궁극적인 목적지에 이르게 해준다.

그러므로 수행자가 알아차림을 버리는 것은 값비싼 보석을 버리는 것과 마찬가지다. 그런 사람을 똑똑하다고 해야 하겠는가, 아니면 어리석다고 해야 하겠는가? 수행자라면 그와 같이 어리석은 생각을 해서는 안 된다. 집에 돌아가서도 알아차림을 해야 하지 않겠는가?

이것은 가장 정교하고도 복잡한 가르침이다.

"이 생에서 부처님의 가르침을 만나는 것은,
나쁜 결과를 불러오는 원인의 뿌리를 뽑고
선한 결과를 가져오게 하는 축복이다.
부처님의 가르침은 매우 심오하여 알기가 너무 어렵다.
그 '심오하고', '알기 어려운' 가르침을
수행을 통해 피난처로 삼으면,
모든 고통으로부터 벗어날 수 있는 곳으로 갈 것이다."

완전한 분인 부처님께서는 이렇게 말씀하셨다. 이 생에서 성스러운 가르침, 성스러운 법을 만나는 것은 축복으로서, 모든 나쁜 결과를 불러오는 원인의 뿌리를 뽑아 선한 결과를 가져오도록 한다. 많은 사람들이 부처님의 가르침을 따르고 수행하여 번창하게 되면, 그 결과 훌륭한 발전을 이루는 사람들도 역시 많아질 것이다. 이것은 참으로 축복이다. 법은 심오하다. 그래서 오직 성자만이 이해할 수 있다.

바로 이 축복된 알아차림을 확립하는 위빠사나를 통하여 부처님께서 출현하셨기 때문에 우리는 다음과 같은 내용을 이해할 수 있는 것이다.

―정신의 법, 물질의 법에 대한 성품

―'무상, 고, 무아'의 성품

―원인과 결과

―'원인과 결과'에 상호 의존하는 성품

―오온에서의 일어남과 사라짐

수행자가 수행을 통해 이런 것들을 깨달으면, 모든 고통으로부터 벗어날 수 있는 피난처를 확보했다는 것을 의미한다. 그리하여 모든 고통에서 벗어나서 최종의 목적지인 열반에 이르게 된다.

그러므로 최종 목적지로 이끌어 줄 알아차림의 긴장을 늦추지 말아야 한다. 수행처에서는 물론 알아차림을 소홀히 하지 말아야겠지만, 집으로 돌아가서도 마찬가지로 최대한 많이 알아차려야 한다. 가능한 한 몸의 움직임을 많이 알아차려야 할 것이다.

이렇게 숙고하는 태도를 가지고 알아차리려고 노력하는 것이 근기를 강화시키는 하나의 요인이다.

≪요약≫   **수행의 마지막 길에 이르기 전에는
두 손을 높이 들어올리지 않고
불굴의 의지를 가지고 계속해야 한다.**

이 말에는 집으로 돌아가서도 포기하지 않을 것이라는 의지가 포함되어 있다. 이미 수행의 마지막 길까지 가겠다고 결심했다면, 집에 돌아가서도 알아차림을 놓치지 않을 것이다. 가르침과 수행이 모두 완전하다면 마지막 지점인 도과에 도달할 수 있을 것이다. 가르침이 완전해도 수행이 완전하지 못하다면 최종 목표에 도달할 수 없다. 그러므로 수행자는 모든 시간을 주의 깊게 보내야 한다. 지속적으로 알아차리기 위해서는 모든 행동을 계속 알아차려야 한다.

이 시대에는 대체로 수행의 가르침이 완전하다. 마하시 사야도와 같은 스승들이 직접 수행하고 경험하여 얻어낸 방법을 가르치는 것이므로, 그 방법은 수행자가 도와 과에 이르게 하는 데 확실한 도움을 줄 수 있다. 이제 가능한 한 많이 알아차리려는 수행자 자신의 노력만이 남아 있다. 이것은 수행자의 근기를 강화시키는 하나의 요인으로서 법을 향상시켜 최종 목적지에 이르게 한다.

    ≪요약≫   가르침과 수행,
                       그중 하나라도 완전하지 못하면,
                       성스러운 법을 얻을 수 없다.

만약 스승이 수행의 마지막 단계에서 어떻게 지도하여야 할지 모른다거나, 또는 도와 과에 이를 수 있도록 지도할 능력이 없다면, 수행자도 최종 목적지에 이를 수 없을 것이다. 반대로 도와 과에 이르는 마지막 관문에서의 가르침이 완전하더라도, 수행자의 알아차림이 온전하게 지속적이지 못하다면, 또한 최종 목적지에 이를 수 없을 것이다.

    ≪요약≫   가르침과 수행,
                       그 두 가지가 모두 완전하다면,
                       바로 지금 이 생에서
                       성스러운 법을 얻을 수 있다.

이 두 가지가 완전하다면 수행자는 이번 생에서 최종 목적지에 이를 수 있을 것이다. 수행자는 이것을 믿는가? 그렇다. 부처님의 가르침에 의하면, 그리고 주석을 지도하는 스승에 의하면, 네 가지 얻기 어려운 기회가 지금 여기에 있기 때문에, 이번 생이야말로 최종 목적지에 도달할 수 있는 바로 그때인 것이다. 수행자에게 필요한 것은 오직 이것을 믿고 수행하는 것뿐이다.

4. 목적지에 이르지 못한 이유

1) 가르침은 완전했으나 수행이 완전하지 못함

부처님 시대에도 가르침은 완전했으나 최종 목적지에 이르지 못한 사례가 있다. 반대로 가르침이 완전하지 못한 사례도 있다. 이러한 사례는 지금도 찾아볼 수 있다. 알아차림이 완전하면 어느 때, 어떤 행동을 하더라도 법을 얻을 수 있다.

주석을 하는 스승들은, 모든 수행자는 지속적으로 알아차릴 필요가 있다고 설명한다.

깨달음은 어떤 행동이 되었든 그것을 알아차리다가 온다. 이것은 마치 사진을 찍는 것과 같다. 사진을 찍으려 할 때, 첫 번째 단계는 사진기 앞에서 자세를 잡는 것이다. 카메라맨도 카메라의 노출을 최적의 상태로 조정해야 한다. 렌즈의 초점을 맞추고, 최고의 장면을 잡는 데는 시간이 걸린다. 그리고 카메라 셔터를 누르고 나면 사진이 찍힌다.

이와 같이 사진을 찍는 것 자체는 오랜 시간이 걸리지 않지만 사진을 찍기 전에 준비하는 데는 시간이 걸린다. 사진작가와 피사체는 카메라의 노출을 맞추는 데 시간을 보내지만, 사진은 단 한 번 셔터를 누르면 찍힌다.

마찬가지로 수행자도 지속적으로 주시하여 계속 알아차려야 한다. 도과에 이르는 것은 언제든지 일어날 수 있다. 이것은 시간이 오래 걸리지 않는다. 단 한 번의 알아차림으로 도의 지혜와 과의 지혜에 이를 수 있다.

그러므로 지속적으로 알아차리는 것은 전적으로 본인의 책임이다. 다섯 가지 근기가 강화되고 균형이 잡히기만 하면, 다시 말해 알아차림이 완전하기만 하면, 아주 짧은 시간 안에 수다원, 사다함, 아나함에 이를 수 있다.

그래서 주석을 하는 스승들은 최종 목표는 언제라도, 또 어떤 행동을 하면서도 도달할 수 있다고 이야기하는 것이다.

"어떤 사람이 불, 법, 승 삼보와 업의 존재 및 업에 대한 과보 등 다섯 가지를 믿고 있다. 그의 믿음이 확고하여 위빠사나 수행을 하기로 결심한다. 이런 사람에게는,
　―걸을 때, 걷는 것을 '걸음, 걸음' 하고 알아차리면서,
　―서 있을 때, 서 있는 것을 '서 있음, 서 있음' 하고 알아차리면서,
　―앉아 있을 때, 앉아 있는 것을 '앉음, 앉음' 하고 알아차리면서,
　―잠자기 위해 누울 때, 눕는 것을 '누움, 누움' 하고 알아차리면서,

―과일이나 사탕을 먹을 때, 과일과 사탕을 먹는 것을 '먹음, 먹음'이라고 알아차리면서,

―음식을 먹을 때, 음식 먹는 것을 '먹음, 먹음'이라고 알아차리면서, 도와 과의 지혜를 꿰뚫어보는, 불가능할 것 같은 일이 일어날 수 있다. 다만 그것이 언제일지는 아무도 모른다."

주석을 하는 스승들은 이렇게 상세하게 설명하고 있다. 법에 대한 믿음이 확고한 수행자는 일어남, 꺼짐, 앉음, 닿음, 듦, 들어서, 앞으로, 놓음, 먹음, 마심, 씹음, 삼킴과 같은 모든 행동을 알아차리는 동안 그 알아차림이 완전해졌을 때 성스러운 법이 일어날 수 있다는 믿음을 가지고 있다. 그 믿음이 있기 때문에 그는 위빠사나 수행을 더 열심히 할 것이다.

이 두 가지를 갖춘 수행자는 걸으면서도 성스러운 법에 도달할 수 있다. 또한 서 있으면서도 도과의 법을 얻을 수도 있고, '앉음'을 알아차리면서도 성스러운 법을 얻을 수 있다. 아니면, 몸을 기울이면서, 후식이나 음식을 먹으면서도 성스러운 법을 얻을 수 있다. 그는 어떤 행동이 되었든 그것을 알아차리다가 분명히 법을 얻을 것이다.

도와 과는 존재하지 않는 것을 부정하는 것이다. 여기에는 두 번의 문법적인 부정否定이 있다. 존재하지 않는 것(natthi, 無)이 하나의 부정이고, 이것을 없다(Nahotîti)고 하는 것이 또 다른 부정이다. 이 두 번의 부정은 있다(atthi)고 하는 긍정이 된다. 그러므로 얻을 수 없다고 하는 것은 맞는 말이 아니다. 어느 행동을 통해서든 반드시 얻을 수 있다.

여기에는 두 가지 조건이 있다. 그가 이 사실에 대하여 진지하게, 마음으로부터 우러난 믿음을 가진다면(확신에 찬 믿음)[1], 그리고 부지런히 수행한다면, 어떤 행동을 하다가도 법을 얻을 수 있다. 주석을 하는 스승들은 이렇게 부연설명을 해준다.

이것이야말로 진정으로 의지할 만한 가치가 있는 피난처다. 그러므로 수행자는 최종 목적지에 이를 때까지 계속 알아차려야 한다. 걸으면서, 서 있으면서, 앉아 있으면서, 기울이면서, 먹으면서, 언제든지 알아차린다. 언제가 되었든 수행이 완전해질 때 목적지에 이를 수 있다.

부처님 시대에도 가르침은 완전했으나 수행이 완전하지 못하여 법을 얻지 못한 수행자가 있었다.

부처님이 삼빠라고 하는 곳에 머물고 계실 때의 일이다. 삐따라는 사람이 카란따가라고 하는 은둔자와 함께 부처님을 뵈러 왔다. 부처님께서는 사람의 네 가지 유형에 대하여 법문을 하셨다.

두 사람은 부처님이 짧은 법문을 마칠 때까지는 귀를 기울였다. 그러나 부처님이 상세하게 설명을 하기 시작하자 그들은 자리를 떠나고 말았다. 그들은 부처님에게 한 집안의 가장은 돌보아야 할 일이

---

1) 믿음(信, saddha)은 수행을 이끌어주는 원동력이다. 불교의 믿음은 불佛, 법法, 승僧 3보에 대한 믿음이다. 불교의 믿음은 맹목적인 것이 아니라, 자신의 몸과 마음을 있는 그대로 알아차린 결과로 생긴 지혜와 더불어 갖게 되는 것이다. 그래서 이것을 확신에 찬 믿음이라고 한다.

많다고 말했다. 그들은 가장이기 때문에 집안일을 돌보기 위하여 부처님 곁을 떠나야 했던 것이다.

부처님께서는 법문을 마치고 난 뒤 청중들에게, 만약 삐따가 이 법문을 끝까지 들었더라면 그는 수다원에 이를 수 있었을 것이라고 말씀하셨다. 부처님의 법문은 완전하였으나 법문을 듣는 것(실행)이 완전하지 못했던 것이다.

2) 좋지 못한 친구

주석을 지도하는 스승들은 두 가지 이유로 최종 목적지에 이르지 못한다고 설명한다.

하나는 가르침과 수행이 모두 완전하지 못한 경우이고, 다른 하나는 좋지 못한 친구와 어울린 경우이다. 비록 그가 전생에 많은 바라밀을 쌓아서 최종 목표에 이를 수 있을 정도로 성숙했더라도 잘못된 동료와 함께 어울린다면 이 생에서 법을 얻을 수 없을 것이다.

그 사례로 아자따 사뚜에 관한 이야기가 있다. 아자따는 '태어나기 전에'라는 의미가 있고, 사뚜는 '적'이라는 뜻을 가지고 있다. 태어나기 전부터 그는 적이었다. 태어나기 전 어머니의 자궁에 들어서기 전부터 아버지의 피를 원했다. 점술가들은 그가 자기 아버지를 죽일 것이라고 예언했다.

그는 자라서 초능력을 갖고 있는 데와다따와 친구가 되었다. 데와다따는 아자따사뚜에게 신비한 힘을 보여주면서 그를 현혹하여 아버지인 빔비사라 왕을 죽이라고 설득하였다. 데와다따는 부처님을 죽일 계획을 가지고 있었다. 아자따사뚜는 아버지를 가두고 다리에 상처를 내어 소금을 뿌린 후 불에 지져 결국 아버지를 죽여 버렸다. 이렇게 아자따사뚜 왕자는 무간업無間業의 끔찍한 업을 지어 성스러운 법을 얻을 수 없게 되었다.

사실 아자따사뚜 왕자는 사문의 공덕경이라는 부처님 법문을 들을 기회가 있었다. 그리고 이 법문을 듣고 나면 낮은 세계로의 문이 닫히는 수다원을 성취할 가능성이 있었다. 그러나 그는 잘못된 사람들을 만나서 성스러운 길 대신 구리 솥 지옥에 이르게 되었고, 지금도 그는 그곳에서 고통을 당하고 있다.

나쁜 친구들이 무섭지 않은가? 오늘날은 초능력을 가지고 있는 사람이 많지 않지만 나쁜 친구들은 여전히 많이 있다. 잘못된 신념, 잘못된 믿음을 가진 사람이 아직도 많다. 이미 나이 든 사람은 염려하지 않아도 되겠지만, 젊은 세대는 그들의 영향을 받지 않도록 조심해야 한다. 잘못된 신념을 가진 사람들과 함께하여 잘못된 신념을 따른다면 아무리 훌륭한 선업과 바라밀을 쌓았더라도 법을 얻을 수 없다. 그러므로 매우 주의해야 한다.

여기 있는 수행자 여러분은 확고한 믿음을 가지고 있다. 그러나 수행을 하지 않은 보통 사람들은 확고한 믿음을 가지고 있지 않으므로 잘못된 친구와 손을 잡을 수 있다. 무섭지 않은가? 그렇게 되면 최종 목표에 이르지 못하고, 가장 성스러운 법에 이르지 못할 뿐만 아니라,

결국 지옥으로 떨어지고 말 것이다.

가르침은 완전했으나 수행이 완전하지 못했던 사례가 바로 삐따의 경우이고, 잘못된 친구의 사례는 아자따사뚜의 경우이다.

3) 불완전한 가르침

가르침이 완전하지 못하여 법을 얻지 못한 사례로는, 다난자니라고 하는 브라만의 이야기가 있다. 부처님께서 라자가하의 웰루와나 사원에 머물고 계실 때, 그곳에는 다난자니라고 하는 브라만이 살고 있었다. 그들은 범천을 믿고 또 모시고 있었다. 이것은 사실 잘못된 믿음이다.

어느 날 그 브라만은 길에서 우연히 사리불 존자를 만나게 되었다. 사리불 존자도 브라만 출신이었다. 비록 서로 다른 옷을 입고 있고, 서로 다른 믿음을 가지고 있었지만 그들은 같은 혈족이었기 때문에 이야기를 나누고 싶었다. 다난자니는 비구에게 다가가서 말을 걸었다.

사리불 존자는 부처님의 제자 중에서 가장 지혜가 많은 사람으로서 그의 태도와 몸가짐은 나무랄 데가 없었다. 그는 걸을 때 눈을 아래로 향하고 걸었다. 그 모습을 본 브라만은 사리불 존자에 대한 존경심을 가지고 다가갔다. 그는 점성술에 정통한 브라만으로 자신이 잘 알지 못하던 몇 가지 것들을 비구에게 물었다.

기대했던 것 이상으로 훌륭한 대답을 해주었기 때문에 그는 매우 기뻐하여 사리불 존자를 존경하게 되었다. 그 브라만은 이렇게 훌륭한 비구의 스승인 부처님도 공경하게 되어 불자가 되었다.

그 다난자니가 나이가 들어 몸이 쇠약해졌다. 시간이 얼마 남지 않게 되자 그는 통증으로 고생하고 있었다. 침대에 누워서 신음하고 있던 다난자니는 부처님과 사리불 존자를 생각해 내었다. 그는 하인에게 부처님께 가서 절을 하고 발을 만지면서 공경을 표한 후, 다난자니가 부처님께 공경을 표한다는 말을 전하라고 하였다. 그러고 나서 사리불에게도 가서 절을 한 후 다난자니가 더 이상 병상에서 일어설 수 없다고 전하고 시간이 있을 때 한번 방문해 줄 것을 청하라고 하였다.

이 이야기를 들은 사리불 존자는 다난자니의 집으로 가서 다난자니의 침대 옆에 있는 방석에 앉았다. 사리불은 브라만에게 시간이 얼마 남지 않았음을 알고 그에게 법문을 해주었다.

사리불 존자는 브라만에게 동물이 겪는 고통과 지옥에서의 고통 중에서 어느 쪽의 고통이 덜한지 물었다. 브라만은 동물이 겪는 고통이 덜하다고 대답하였다. 사리불은 다시 동물이 겪는 고통과 아귀가 겪는 고통 중 어느 쪽의 고통이 덜한가를 물었다. 브라만은 아귀가 겪는 고통이 덜하다고 대답하였다. 사리불은 또다시 아귀가 겪는 고통과 아수라가 겪는 고통 중 어느 쪽이 덜한가를 물었다. 브라만은 아수라의 고통이 좀 덜하다고 대답하였다. 이어 사리불은 아수라와 인간 중에서 더 잘살 수 있는 기회를 가진 것은 어느 쪽인가를 물었다. 브라만은 인간에게 그 기회가 더 많다고 대답하였다. 이와 같은 순서로 비교하여 검토하고 나서 다난자니가 대답하였다.

　　다음은 낮은 단계와 높은 단계의 세계에서의 고통과 행복을 비교
한 것이다.

두 세계의 비교	높은 세계
지옥의 고통과 동물이 겪는 고통 중에서	동물의 고통이 덜하다
동물과 아귀가 겪는 고통 중에서	아귀의 고통이 덜하다
아귀와 아수라가 겪는 고통 중에서	아수라의 고통이 덜하다
아수라와 인간이 누리는 행복 중에서	인간에게 더 많다
인간과 사천왕천에서 누리는 행복 중에서	사천왕천에 더 많다
사천왕천과 삼십삼천에서 누리는 행복 중에서	삼십삼천에 더 많다
삼십삼천과 야마천에서 누리는 행복 중에서	야마천에 더 많다
야마천과 도솔천에서 누리는 행복 중에서	도솔천에 더 많다
도솔천과 화락천에서 누리는 행복 중에서	화락천에 더 많다
화락천과 타화자재천에서 누리는 행복 중에서	타화자재천에 더 많다
타화자재천과 20개의 범천 에서 누리는 행복 중에서	범천에 더 많다

　　사리불 존자는 아래에서 위의 순서로 말하여 브라만의 마음이
범천으로 향하도록 도와주었다. 원래 그들의 조상은 범천을 믿고
있었기 때문에 다난자니는 매우 기뻐하였다. 사리불은 그가 범천에

이를 수 있도록 도움을 주는 법문을 하였다. 네 가지 범천의 법인
자애(慈), 자비(悲), 기쁨(喜), 평정(捨)에 대한 법문을 하였다.

"이 세상의 모든 존재가 위험에서 벗어나고, 행복해지이다.
육신의 고통에서 벗어나며, 정신의 고통에서 벗어나소서.
마음과 몸이 모두 행복한 상태로 오온을 지키소서."
다난자니는 이 자애로움이 가득한 축원에 매우 기뻐하였다.

"이 세상의 고통을 겪는 모든 존재가
모든 고통에서 벗어나게 하소서."
다난자니는 이 자비로움이 가득한 축원을 받아들였다.

"부와 행복을 누리는 이 세상의 모든 행복한 존재들이
영원히 부와 행복을 누리게 하소서.
항상 부유하소서."
다난자니는 이 기쁨이 가득한 축원에 기뻐하였다.

"이 세상의 모든 고통을 겪는 존재와 모든 행복한 존재들이
고통을 겪기도 하고, 행복을 누리기도 하는 것은
그들이 지어놓은 업 때문이다.
자신이 지은 업은 자신의 것이다."
다난자니는 평정심(평등심)을 숙고하면서 기뻐하였다.

네 가지 범천의 법인 자애, 자비, 기쁨, 평정심에 들어선 다난자니
는 매우 기뻐하여 바로 수행을 시작하였다. 수행을 하고 있는 다난자

니를 남겨두고 사리불 존자는 사원으로 돌아왔다. 사리불이 사원으로 반쯤 왔을 때 다난자니는 죽어서 범천에 태어났다.

부처님께서는 죽림서원에 계시면서 이 사실을 모두 알고 계셨다. 이때 부처님께서는 비구들에게 사리불이 법문을 끝까지 하지 않았다고 말씀하셨다. 사리불 존자가 완전한 법문을 하지 않았기 때문에 다난자니는 지금 낮은 세계인 범천에 태어난 것이다.

"저 낮은 범천의 세계에 그가 태어났다."

사실 범천은 매우 높은 세계다. 그곳에 있는 사람들은 항상 자애, 자비, 기쁨, 평정심을 내보내고 있다. 이렇게 수행하여 일어나는 희열에 가득 차 있으며, 그 희열로 인하여 만족감이 가득하다. 그들은 우리처럼 음식을 먹을 필요도 없다. 그들의 한 생은 몇 겁 동안 계속되며 만족이 가득한 곳이다.

그러나 부처님께서는 '낮은' 곳이라고 하셨다. 아무리 그가 높은 세계인 범천에 태어났다 하더라도 그는 아직 윤회에서 벗어나지 못한 것이다. 성스러운 법을 찾지 못했기 때문이다. 아무리 범천에 태어났더라도 수다원, 사다함, 아나함, 아라한의 법을 얻지 못했기 때문에 여전히 낮은 곳에 있다고 하는 것이다. 그는 여전히 낮은 세계와 연결되어 있다.

미얀마에는 이런 격언이 있다.
"범천에서 빛나더라도 돼지우리에서는 꿀꿀거리네."

몸에서 나는 빛으로 반짝이는 광채로 가득한 범천에서의 삶이 끝나고, 그의 선업의 결과와 선정의 힘이 다하면 그 즉시 돼지와 같은 축생으로 태어날 가능성이 높다. 그러므로 부처님께서는 사리불의 가르침이 완전하지 못했기 때문에 다난자니가 낮은 세계인 범천에 이르렀다고 말씀하신 것이다.

부처님께서는 사리불을 나무라셨다. 그래서 사리불은 부처님의 허락을 받아 범천으로 가서 다난자니에게 나머지 법문을 하였다. 결국 다난자니는 성스러운 법을 얻게 되었다. 그러나 그는 인간세상에서는 성스러운 법을 얻지 못했다. 그렇지 않은가? 자비희사慈悲喜捨의 네 가지 범천의 법으로도 그 가르침이 완전하지 못했기 때문이다.

그 법문에 의한 네 가지 범천의 법은 세속을 떠난 것이 아니라, 세속의 이익을 위한 처방일 뿐이었다. 그 법문은 도와 과에 이르는 것을 언급하지 않고 있다. 여기에서는 알아차림의 확립에 관한 법을 말하지 않았기 때문에 네 가지 성스러운 진리(四聖諦)에 대한 숙고를 할 수 없다. 그래서 그는 성스러운 법을 얻을 수 없었던 것이다.

5. 수행자의 알아차림이 완전해질 때

오늘날의 가르침은 거의 완전하다. 필요한 것은 오직 수행뿐이다. 그러나 많은 수행자들은 세속적인 삶을 살아가고 있다. 그렇다고 항상 그 중간에 있을 수는 없는 일이다. 사야도에게 어떻게 하면 수행을 완수할 수 있느냐고 물으면, 집에 돌아가서도 일상의 알아차림을 완전하게 하라고 대답한다.

처음에는 일상의 알아차림을 하기 위해 천천히 움직이면서 알아차림을 지속시켜야 한다. 이것이 익숙해지면 모든 면에서도 알아차리는 마음으로 할 수 있게 된다. 수행자는 최종 목적지에 이르기 전까지는 이렇게 계속 알아차려야 한다.

예전에는 허드렛일을 하면서 성스러운 법을 얻은 사람이 많이 있었다. 옛날 스리랑카에 말리야데와라는 젊은 비구가 있었는데, 경전을 공부하면서 때때로 틈을 내어 위빠사나 수행의 알아차림을 하였다. 그는 세 번째 안거가 끝나면서 아라한이 되었다.

세 번째 안거가 되었을 때 이 젊은 비구는 경전을 공부하기 위해 한 사원으로 갔다. 동틀 무렵 젊은 비구는 근처 마을로 탁발을 나갔다. 마을의 한 여인이 그에게 음식을 공양하기 위하여 밖으로 나왔고, 비구는 주의 깊게 행동하면서 음식을 받았다. 눈을 아래로 향한 채 음식을 받고 있는 비구를 보면서 그녀는 깊은 애정을 느꼈다.

그녀는 비구가 경전공부를 하면서 머물고 있는 사원을 찾았다. 그녀는 그가 사원에 머무르는 동안 모든 음식을 공양하였다. 때로는 비구가 그녀의 집에서 음식을 먹기도 하였다. 또 그녀는 비구에게 필수품인 공양물을 올리기도 했다. 그럴 때마다 비구는 이에 대한 보답으로 그녀에게 축원을 해주었다. 그는 비구가 된 지 얼마 안 되었기 때문에 그렇게 훌륭한 축원을 하지는 못하고 아주 짧은 축원만을 해주었다.

"평화와 기쁨이 함께하소서.
모든 고통에서 벗어나소서."

보시자가 평화롭기를, 보시자가 모든 고통에서 벗어나기를 축원한 것이다. 그는 매일 공양을 받을 때마다 이렇게 축원하고 사원으로 돌아왔다. 그는 열심히 공부하면서 시간이 날 때마다 위빠사나 수행을 하였다. 우안거가 끝나기 직전 모든 알아차림이 완전해져서 그는 네 가지 도와 네 가지 과에 이르러 삼장을 꿰뚫어 아는 분석지分析智를 갖춘 아라한이 되었다.

그 당시에는 우안거雨安居의 마지막 날에 행사가 있었다. 그 사원에 상주하는 다른 비구도 많이 있었지만, 마지막 날 행사에는 말리야데와에게 법문을 청하였다. 원로 비구가 그에게 법문을 청하고, 그가 승낙을 하여 결정된 것이었다. 사원의 젊은 사미승은 그동안 비구를 돌보았던 보시자에게 가서 말리야데와께서 저녁에 법문을 할 것이니 참석하여 법문을 들으라고 하였다.

이 말을 들은 여인은 그 비구가 법문을 하는 방법을 모를 것이라고 하면서 자신을 놀리지 말라고 하였다. 또 그녀는 비구가 아는 것은 오직 두 문장뿐인데 어떻게 그렇게 긴 법문을 할 수 있겠느냐고 반문하였다. 그럼에도 불구하고 그녀는 꽃과 초를 가지고 사원으로 갔다. 그러나 그 비구가 저녁 내내 법문의 시작도 끝맺음도 없이 말을 빙빙 돌릴 것이 부끄러워 그녀는 청중과 좀 떨어진 곳에 앉았다.

말리야데와가 부채를 들고 안으로 들어와서 방석에 앉았다. 그리고 그의 법문은 다음날 새벽이 되어서야 끝났다. 그는 "모든 행복이 함께하소서. 모든 고통에서 벗어나소서"라는 것으로, 보시자가 매일 들어서 익숙해진 그 축원으로 법문을 시작하였다. 그러고 나서 열반을 통해 얻는 궁극적 행복이 무엇인지를 설명하면서 행복의 의미를 상세히 설명하였다.

다음으로는 궁극적 진리에서의 열반의 행복에 대하여 상세하게 설명하였다. 멸성제滅聖諦로서 열반의 기쁨에 대하여 정의하고, 고성제苦聖諦를 통하여 모든 괴로움을 설명하였다. 이 두 가지는 결과이다. 그는 삼장을 알았기 때문에 해설이 이렇게 능숙하였던 것이다.

그다음으로는 두 가지 원인인 집성제集聖諦와 도성제道聖諦에 대하여 자세하게 설명하였다. 그는 어떻게 하면 도성제를 숙고할 것인가, 어떻게 하면 집성제의 뿌리를 뽑을 것인가에 대하여 설명하였다. 그는 결과에서 시작하여 곧바로 원인까지, 삼장의 문구와 문언을 인용하면서 빨리어로 능숙하게 설명하였다.

아마도 한 시간 법문과 한 시간 수행을 번갈아 가면서 밤을 지새웠을 것이다. 새벽이 되어서 그의 보시자는 수다원이 되었다. 대단하지 않은가? 말리야데와는 위빠사나 수행만을 하면서 모든 시간을 보내지 않았다. 그는 경전공부를 하는 중간중간 수행을 해서 최종 목적지에 이르게 된 것이다. 위빠사나 수행을 하여 매 순간 알아차리면 수행자는 사성제四聖諦를 이해하게 된다.

6. 배의 일어남을 알아차리는 순간에 사성제를 이해하는 것

이제 수행자가 배의 일어남을 알아차리면서 사성제를 이해하는
방법을 간단하게 설명할 것이다.

≪요약≫　　숙고하고, 완전히 이해하고, 버리고, 알기 위해서,
　　　　　일어나는 순간을 알아차림으로써
　　　　　이상 네 가지를 모두 이해하게 된다.

일어나는 순간에 알아차리면서 도성제를 숙고하고, 고성제를 완
전히 이해할 수 있다. 집성제를 버리고, 멸성제를 아는 것도 일어남을
알아차리면서 성취할 수 있다.

1) 도성제道聖諦를 알게 됨

'일어남'을 알아차릴 때 거기에는 여덟 가지 성스러운 길(八正道)이
있다. 여덟 가지 성스러운 길은 세 가지의 계율(戒), 세 가지의 집중(定),
두 가지의 지혜(慧)로 나눈다.

계율에는 정어正語, 정업正業, 정명正命이 있으며 이것들은 말이나
행동 때문에 지키기가 어렵다. 그러나 수행자가 알아차리는 순간에는
말이나 행동으로 계율을 어기지 않을 뿐만 아니라 정신적으로도 어기
지 않게 된다. 그 순간은 가장 순수하다. 알아차리는 매 순간 수행자의
의식은 그 행동에 완전히 고정되어 있다.

집중에는 정정진正精進, 정념正念, 정정正定이 있다. 배의 '일어남'을 알아차릴 때, 일어남을 알아차리려는 정신적 노력이 정정진이다. 일어나자마자 즉시 알아차리는 것은 현재에 알아차림이 있기 때문이므로 이것을 정념이라고 한다. '일어남'의 시작과 '일어남'의 끝에 마음을 겨냥하고 지속되기 때문에 이것을 정정이라고 하며, 이상 세 가지가 없으면 '알아차림'이 있을 수 없다. 수행자가 매번 알아차릴 때마다 위의 세 가지 집중이 있다. 알아차릴 때마다 이러한 법을 안다는 것이 좋지 않은가?

지혜에는 정사유正思惟와 정견正見이 있다. 배의 '일어남'에 아는 마음을 두고 노력하는 것을 정사유라고 한다. 여기서 사유(思惟, vitakka)[2]는 '마음을 감각기관에 두는 것'을 말한다. 마음이 '일어남'에 정확하게 초점을 맞추고 있으면 이것을 정견이라고 한다. 수행자는 '일어남'과 '일어남을 아는 것'이 별개라는 것을 안다. '일어남'은 알아차림이 없는 물질적 요소이고, 알아차리는 마음은 아는 마음으로 정신적인 요소이다. 이렇게 수행자는 진리를 깨닫는다. 정견은 진리를 안다는 의미로, 바르게 이해하는 것을 말한다. 그래서 이 두 가지는 지혜이다.

그래서 알아차림에는 여덟 가지의 성스러운 길이 모두 들어 있다. **정신과 물질을 구별하는 지혜**에서부터 시작해서 수행자가 알아차려야 하는 데는 여덟 가지의 성스러운 길이 있다. 수행의 과업을 성취하는 것이다.

---

2) 정사유(正思惟, vitakka)는 8정도의 계정혜 3학 중 지혜의 부분에 속한다. 정사유를 빨리어로 위따카vitakka라고 하는데 숙고, 생각, 사고, 사유로 해석되고 있으나 수행에서는 '대상에 마음을 기울인다'는 의미이다.

2) 고성제苦聖諦를 완전히 이해함

배의 '일어남'에서 '일어남'은 알아차림이 없는 물질적 요소인 몸의 고성제이다. 알아차리는 마음은 그것이 일어났다는 것을 아는 것으로, 정신적 요소인 마음의 고성제이다.

수행자의 마음에는 오온을 집착하는 마음(五取蘊)이 계속되고 있다. 모든 오온은 비록 탐욕이 없어져서 제외한다 하더라도, 나머지 모든 오온은 고성제이다.

수행자는 '일어남'이 물질의 고성제라는 것을 알고, 이를 기억하여 알아차리는 의식이 정신의 고성제라는 것을 안다. 수행자는 이를 분명하고 완전하게 이해한다. 지혜의 수준이 높아질수록 더 분명하게 이를 알 수 있다.

3) 집성제集聖諦를 버림

'일어남'이라고 알아차리는 순간에는 탐욕이 들어올 여지가 없다. 이것을 집성제를 버렸다고 말할 수 있는가? 그렇다. 집성제를 버린 것이다.

4) 멸성제滅聖諦의 깨달음

탐욕이 들어올 여지가 없기 때문에 탐욕이 없음으로 해서 갈애의 뿌리가 뽑힌다. 갈애가 없으면 업이 생성되지 않으므로 업이 사라진다. 이렇게 하면 업도 생성되지 않는다. 업이 생성되지 않으므로 태어남이 없고 늙음, 병듦, 죽음, 걱정, 비탄의 모든 윤회의 괴로움이 생성되지 않는다.

매번 알아차릴 때마다 이렇게 일시적으로 번뇌를 끊는 것이다. 이것으로 사성제를 이해했다고 할 수 있을 것인가? 그렇다. 위빠사나 알아차림을 통해 사성제가 매 순간 수행자와 함께하는 것이다.

수행자의 알아차림이 완전해져서 수다원도에 이르게 되면, 이 모든 것이 영원히 없어져서 번뇌가 완전히 끊어진다. 수행자는 곧이어 사성제를 깨닫는다. 수다원도에 이르자마자 어리석음으로 인하여 시작도 끝도 없는 수없이 많은 생 동안 지어 왔던 모든 불선업, 그로 인해 낮은 세계로 갈 수밖에 없었던 모든 악업이 그 순간 소멸된다. 낮은 세계로 가는 문이 닫히는 열반을 만나게 되어 다시는 사악도에 떨어지지 않는다. 수다원도의 지혜는 이를 완전히 끊어 버린다. 어떤 법이 수행자를 여기까지 이르게 하는가? 위빠사나 법으로 여기까지 온 것이다.

바로 이 생에서도 그는 젊은 날의 어리석음으로 인하여 지옥으로 떨어질 불선업과 악업을 지어 왔다. 수다원도의 지혜에 이르면 이들 불선업과 악업은 한번에 그리고 영원히 사라진다. 그들은 다시는 사악도로 떨어지지 않는다. 이것은 번개에 의해 쓰러진 나무와 같다. 이렇게 쓰러진 나무는 다시는 자라지 않는다. 마찬가지로 그는 다시는 사악도로 떨어지지 않는다. 수다원도의 지혜에 이름으로써 그 뿌리가 뽑히는 것이다.

미래 생에는,

─다른 사람을 죽이기도 하고,

─다른 사람의 것을 훔치게도 하는 거친 탐욕, 거친 성냄,

─다른 사람의 부인과 딸을 범하기도 하고,

─다섯 가지 계율을 어기게 하는 거친 탐욕과 거친 성냄, 거친 어리석음,

이러한 거친 탐욕, 거친 성냄, 거친 어리석음이 완전히 제거된다.

그는 오계를 지킨다. 오계를 지키기 때문에 다시는 사악도에 떨어지지 않는다. 그는 최종 목적지 중 어디에 도달하였는가? 그는 첫 번째 목적지인 수다원도와 수다원과에 이른 것이다.

수행자가 한번 최종 목적지에 이르고 나면 다시는 사악도에 떨어지지 않는다. 그가 윤회를 좋아하고 있다 하더라도 그는 최고 일곱 생까지만 윤회한다. 일곱 번째 생에서는 후회하고 참회하며 열심히 수행하여 모든 번뇌가 사라진 아라한이 되어 열반에 들게 된다. 그는 완전하고 역행하지 않는 최종 목적지에 이르는 것이다.

이상으로 위빠사나 수행을 하는 수행자의 근기를 강화시키는 아홉 번째 요인에 대한 설명을 마치도록 한다.

옮기고 나서

이 책은 총 2권으로 구성되어 있는 것을 하나로 묶은 것이다. 제1권은 위빠사나 수행자의 근기를 돕는 아홉 요인 중 첫 번째 요인에서 다섯 번째 요인까지 서술한 것이고, 제2권은 여섯 번째 요인에서 아홉 번째 요인까지 서술한 것이다. 이것을 한국 위빠사나 선원 홈페이지를 통해 약 1년간 번역하여 연재하였고, 몇 개월간의 교정, 교열 과정을 거쳐 출판하기로 결정하였다. 그런데 막바지 교정 작업을 하던 중, 미얀마에 다녀오신 묘원 선생님께서 새로 출판된 제2권을 가져오셨는데, 기존의 책에서 다루지 않았던 내용도 있고, 좀 더 자세하게 설명이 되어 있기 때문에 후반 부분은 새로운 책으로 대체하기로 하였다. 또다시 번역과 교정, 교열 작업에 들어가 예정했던 기간을 훨씬 넘기고 나서야 이 책이 나오게 되었다는 것을 말씀드리고 싶다.

이 책은 '위빠사나 실전 수행 지침서'라고 하면 이해가 쉬울 것이다. 효율적인 위빠사나 수행을 하기 위해 갖춰야 할 필수 요소들을 다루고 있으므로 위빠사나에 관심을 가지고 수행을 하고자 하는 분들이나, 이미 수행을 하고 있는 분들에게는 더없이 훌륭한 참고서가 될 것이다.

또한 생소한 용어나 이해하기 어려운 부분은 주해(이 책에서는 각주
형식을 빌렸음)에서 자세하게 설명하고 있으므로 이 한 권만으로도
위빠사나 수행을 제대로 이해할 수 있는 지침이 될 것이라고 본다.
특히 마하시 선원 방식에만 국한하지 않은 위빠사나 수행방법이 간간히
언급되어 있어서 신수심법 사념처를 폭넓게 이해하는 데 도움이 될
것이라고 본다.

사실 번역자로 참여하였기는 하지만 묘원 선생님의 세심한 교정과
주해가 없었더라면 책으로 완성되지 못했을 것이다. 선생님과 문장
하나하나를 다듬고 수정하는 시간은 번역자가 아닌 수행자의 마음가짐
으로 임했으며, 그 시간은 개인적으로 다시없는 소중한 수행의 시간이
었다. 선생님의 깊은 지혜와 가르침은 어떤 감사의 말로도 다 전할
수 없을 것이다. 또한 내게 번역할 수 있는 기회를 주셨을 뿐만 아니라
교정에 열정을 다해 힘써 즈신 황영채 선생님 그리고 이종숙 선생님에게
도 깊은 감사의 뜻을 전한다.

이 책을 읽은 모든 수행자 여러분이 바른 믿음과 바른 노력으로
지혜를 얻어 도과에 이르기를 기원한다.

2008년 11월
김 봉 이